BVT

Lea, die Chronistin von *Melonenschale*, ist bereits sieben Jahre alt und es hat sie und ihre Familie nach Moskau verschlagen, wo sie in einer staubigen Siedlung untergekommen sind und Lea sich erstmals als »Emigrantin« fühlt. Angefangen hat ihre Geschichte im menschenüberfüllten, farbenprächtigen aserbaidschanischen Baku, wo sie als Tochter jüdisch-armenischer Eltern auf die Welt kam. Die Kriegsjahre werden sie nach Baschkirien, dann nach Stalingrad führen. Später wird sie viele Jahre in Prag verbringen, von dort mit ihrer Familie als politische Emigrantin nach Hamburg gelangen – zurückbleiben musste auf dieser letzten Etappe das alte Klavier, ein Familienheiligtum, das immerhin bereits die Wirren der Oktoberrevolution überstanden hatte.
Rada Billers autobiographischer Roman zeichnet in geschliffenen literarischen Bildern die Erinnerungen der Autorin an Heimatlosigkeit, Migration und Krieg nach. Auf einzigartige Weise und in einer klaren und präzisen Sprache erzählt, spiegelt hier ein Einzelschicksal zentrale Erfahrungen des 20. Jahrhunderts wider.

Rada Biller wurde 1930 in Baku geboren. 1937 wanderte die Familie nach Moskau aus, in den Kriegsjahren lebte sie in Baschkirien und Stalingrad. Nach dem Zweiten Weltkrieg studierte sie in Moskau Geographie und zog in den fünfziger Jahren nach Prag. Nach der Niederschlagung des »Prager Frühlings« emigrierte sie 1970 mit ihrer Familie nach Hamburg. Dort forschte sie am Außenwirtschaftsinstitut der Hamburger Universität. Nebenbei schrieb sie in all diesen Jahren Prosaskizzen und kurze Geschichten in ihrer russischen Muttersprache.

Rada Biller

MELONENSCHALE

Lebensgeschichte der Lea T.

Autobiographischer Roman
Aus dem Russischen von Antje Leetz

Berliner Taschenbuch Verlag

Mai 2005
BvT Berliner Taschenbuch Verlags GmbH, Berlin

Umschlaggestaltung: Nina Rothfos und Patrick Gabler, Hamburg
unter Verwendung eines Privatfotos der Autorin
Gesetzt aus der Stempel Garamond
durch Offizin Götz Gorissen, Berlin
Druck & Bindung: Clausen & Bosse, Leck
Printed in Germany · ISBN 3-8333-0299-2

Für meine Eltern

Inhaltsverzeichnis

Wovon und wie schreiben – ich weiß es nicht, obwohl ich wie ein wimmelnder Ameisenhaufen bin. Alles in mir regt und bewegt sich unlenkbar in verschiedene Richtungen: Reflexionen, Erinnerungen, Gefühle – vergangene, gestrige, heutige, augenblickliche und sogar zukünftige.

Aber ich bin jetzt nicht in der rechten Stimmung, und ohne die geht es nicht. Ich habe Maxim angerufen und ihm mein Leid geklagt. Er hat gesagt: »Stimmung brauchst du nicht dazu. Geht auch ohne. Setz dich hin und schreib.« Dann sagte er noch, wenn ich ihn schon etwas frage, dann müsse ich ihn auch ausreden lassen. Da waren die Ameisen schon aus dem Ameisenhaufen herausgekrabbelt. Ich versuchte sie zurückzuhalten. »Schreib Szenen. Ein Schluss ist überflüssig. Literatur kommt ohne aus.«

Ich legte den Hörer auf – in meine Wohnung brach wieder der Alltag ein.

Die Tür schlug zu, die Stille kehrte wieder ein, und ich vergaß, dass ich nicht allein zu Hause war, sondern mit meinem braungetupften Adon. Maxim rief ich nicht mehr an.

Einfach anfangen. Einfach hinsetzen und los. Aber wie? Womit? Meine Rettung war eine alte Erfindung der Menschheit – an den Anfang gehört ein Vorwort. Mit dem Vorwort ist der Anfang gemacht. Obwohl nicht unbedingt eine Fortsetzung folgen muss.

Aber selbst für einen so bescheidenen Anfang braucht

man Papier und Bleistift. Aus dem Haufen meiner fast historischen Bestände wählte ich ein großes altes schwarzes Heft aus, bei dem die ersten Seiten schon irgendwann einmal herausgerissen worden waren. Auf dem weißen Aufkleber stand von Lenkas Hand ausdrucksvoll draufgeschrieben »Griechisch«, drum herum der Aufdruck »ČSN 50 6210, Krkonošské papírny, Kčs 3,—«. Ein altes Heft, noch aus Prag, heute mag es fünfundzwanzig Jahre alt sein. Die leeren Seiten sind vergilbt, wie in einem alten Roman. Der Kugelschreiber, den ich mir aussuchte, war das Einfachste vom Einfachen, ein Kugelschreiber aus Israel: »Isrotel« konnte ich entziffern, weniger nach den Buchstaben als intuitiv, es waren hebräische Schriftzeichen.

Bei der Suche nach dem passenden Kugelschreiber fand ich in meinen »Beständen« eine Gebrauchsanleitung für das Spiel »Glückspilz«, hergestellt von der Firma »Lachindustrie« in Odessa: »Den Würfel lässt man über eine ebene Fläche rollen, zeigt er eine Sechs, dann wird bei Ihnen alles gut.« Dazu ist zu sagen, dass dieser Würfel auf jeder Seite eine Sechs hat.

Vielleicht bringt das wirklich Glück, dachte ich. Mein Vater war ein abergläubiger Armenier, meine Mutter auf jüdische Weise abergläubig. Ich habe beides geerbt.

Szenen kommen hoch und verschwinden, kehren wieder, lösen sich ab. Und ich weiß nicht, was besser ist: sich genau die Dinge in Erinnerung zu rufen oder auszudenken.

Dieses Buch habe ich eigentlich schon vor langer, langer Zeit begonnen, als ich noch gar nichts aufschrieb. Und nie habe ich daran gedacht, dass aus meinen Notizen ein Buch entstehen könnte. In stillen Momenten – wenn ich allein war, zu Hause oder im Institut, im Zug oder am Strand, sogar bei irgendwelchen Feierlichkeiten – wenn ich allein war mit mir selbst, mit meinen Gedanken, mit Erinnerungen an Dinge, die lange zurücklagen oder gerade erst geschehen waren –, kamen mir Szenen aus meinem Leben in den Sinn, und ich schrieb sie auf. Vielleicht hätte ich einige gerne noch einmal erlebt. So unangenehm manche auch sein mochten, sie waren immerhin ein Teil meines Lebens. Ich habe das ganz gewöhnliche Leben eines ganz gewöhnlichen Menschen unserer Zeit gelebt. Und diese Zeit hat sich mit allem Schwierigen in meinem Leben abgebildet. Von allen Erfahrungen möchte ich allerdings nichts missen, es hat mich wachsen lassen und hat mich sehen gelehrt.

I. BAKU – AMIRADSHANY

Ohne Überschrift

Die zwanziger Jahre hatte sie verpasst. Als Lea zur Welt kam, begannen schon die dreißiger Jahre. Die Zwanziger, das waren die Studentenjahre ihrer Eltern gewesen. Das Schrecklichste – unübersehbare Gewalt und Krieg (nicht das Versteckte, Furcht einflößende, über das man schwieg oder nur flüsternd und in Andeutungen sprach) – lag hinter den Menschen, die gewissermaßen wieder ihr normales Leben aufnahmen. Leas Mama hatte inzwischen ihr Studium beendet und ihrer Ausbildung entsprechend in Binagady und Surachany bei Baku zu arbeiten begonnen. Leas Vater musste sich noch auf der untersten Stufe abquälen – als Sohn eines Kapitalisten von der Uni geflogen, war er im selben Erdölunternehmen wie Mama, aber als kleiner Lagerarbeiter tätig. Sie waren jung, verliebt, glücklich.

1930 wurde Lea geboren. Der nachrevolutionären Zeit entsprechend und gleichsam aus Trotz gegen die alten Sitten, waren die Eltern damals noch unverheiratet. Sie heirateten dann doch, als Lea ein halbes Jahr alt war – damit sie eine Geburtsurkunde bekam, in der Vater und Mutter eingetragen waren. Diese Urkunde und den Trauschein der Eltern entdeckte Lea im Familienarchiv, als sie in der ersten Klasse gerade lesen gelernt hatte. Ihr fiel sofort auf, dass sie vor der Hochzeit der Eltern geboren war. Außer ihrer Geburtsurkunde fand sie noch ein Papier, auf dem die Scheidung ihres Papas von einer unbekannten Frau bescheinigt wurde. Wahrscheinlich war auch sie ein Grund für die verspätete Eheschließung der Eltern. Wie die Großmutter Lea später erzählte, hatte sich diese Frau, die viel älter war als Papa, irgendwohin nach Mittelasien schicken lassen und wollte Papa nachholen, doch da verliebte er sich in Leas Mama und blieb in Baku.

Leas Mama war sehr weiblich und von Natur aus eine emanzipierte Frau – kein »Blaustrumpf«, nein, emanzipiert ihrer Psyche nach, von Kopf bis Fuß. So dass sie ganz in die moderne Zeit passte. Leas Mama hieß Zelda Perlstein. Diesen jüdischen Vor- und Nachnamen behielt Mama auch nach der Heirat und über die ganzen Jahre der antisemitischen Anfeindungen in der Sowjetunion, obwohl sie Papas armenischen Namen hätte annehmen können, was unter den damaligen Verhältnissen günstiger gewesen wäre. Leas Papa hieß Akop Tschachmachtschew. Akop nannten ihn seine Mutter, Leas Großmutter also, Papas Schwester und die übrigen armenischen Verwandten. In seinen Papieren stand Jakow. Mama nannte ihn Jascha, und aus Spaß liebevoll Jaschugin. Der armenische Nachname Tschachmachtschjan war schon lange vor der Revolution russifiziert worden.

Lea hatte zwei Großmütter. Die eine, deren Namen sie erhielt, starb, als Lea im Bauch ihrer Mama erst ein halbes Jahr alt war. Lea hatte sie zwar nie gesehen, erfuhr aber viel über sie aus Mamas Erzählungen. Mama erzählte gern von ihrer Kindheit, von ihrer Mutter, an der sie sehr gehangen, vom Vater, den sie gefürchtet und nicht gemocht hatte: Er war ein strenger und spröder Mensch. Leas Mama war ein Mädchen, das gerne lachte, wofür sie vom Vater oft einen Rüffel bekam. Diese Großmutter hatte vier Kinder gehabt, die sie vergötterte und die der Mittelpunkt ihres Lebens waren. Sie war eine gläubige Jüdin, die die koscheren Regeln einhielt und am Seder ein besonderes Pessachgeschirr benutzte.

Die andere Großmutter, die Gajane hieß, kannte Lea gut, sie war ihr Liebling, und Lea hatte ihrerseits die Babuschka sehr lieb – sie war wie eine gute Freundin für Lea. Sie war ein kleines, molliges, nicht hübsches, aber bezauberndes Mädchen gewesen, das früh die Mutter verloren hatte und beim verwitweten Vater aufgewachsen war, einem Offizier von hohem Rang und mütterlicherseits – oder vielleicht auch väterlicherseits – adliger Herkunft. Für die damalige Zeit hatte Großmutter als Mädchen eine ausgezeichnete Bildung erhalten. Sie machte ihr Abitur an einem klassischen russischen Gymnasium, konnte fließend Französisch sprechen und schreiben und nahm Gesangsunterricht – sie hatte einen schönen Koloratursopran. Großmutter Gajane selbst hielt sich für nicht besonders schön und sagte oft zu Lea: »Großvater hat mich wegen der Mitgift geheiratet, und ich habe mich wegen seiner Schönheit in ihn verliebt.«

Leas Großvater sprach außer Russisch – mit starkem Akzent allerdings – zwei kaukasische Sprachen perfekt: seine Muttersprache Armenisch und das fremde Aserbaidshanisch. Im damaligen »Nobel'schen« Baku hatte er einen großen Seilerladen. Lea hatte immer die im Geschäft herumliegenden Haspeln mit dicken Seilen und die riesigen Trommeln mit Schiffstauen vor Augen, und den Großvater, wie er hoch erhobenen Hauptes, wie ein Professor zwischen all diesen Sachen hin und her ging. Er war groß, schön, von stolzer, vornehmer Haltung, was ungewöhnlich war für einen einfachen armenischen Kaufmann.

Der Großvater liebte und verehrte Großmutter Gajane, die ihm zuerst drei Töchter schenkte und dann noch hintereinander sechs Söhne. Aus unerfindlichen Gründen beeindruckte ihn jedoch die Geburt der eigenen Kinder weniger als die der Enkelin. Mama erzählte Lea, wie der Großvater, als er den gerade erst geborenen Winzling betrachtete, seine frohe Verwunderung über die Weisheit der Natur und über den neuerlichen Familienzuwachs geäußert habe.

Zerstreuung fand Großvater beim Kartenspiel und beim Spekulieren an der Börse. Morgens las ihm Großmutter beim Frühstück die Zeitung vor und gab ihm Hinweise, welche Aktien gerade gut standen und welche nicht. Am Abend kam er oft zufrieden nach Hause und brachte Großmutter eine neue Perlenkette mit oder einen Smaragdring. Was bedeutete, dass er mit Großmutters Tipps an der Börse Erfolg gehabt und anschließend auf dem Heimweg gleich in einem Juweliergeschäft vorbeigeschaut hatte. Großvater war ein Ästhet, er liebte alles Schöne, aber nicht nur schöne Dinge, sondern auch gute charakterliche Eigenschaften, und er schätzte westeuropäische Bildung sehr: seinen älteren Neffen konnte er noch das Studium in Zürich und Bern finanzieren. Als Lea geboren wurde, lebten Großvater und Großmutter bereits in sowjetischer Armut.

Als Papa von der Uni flog, wurde er, wie gesagt, Lagerarbeiter in einem Erdölbetrieb. Mama absolvierte dort gerade ihr Vordiplomspraktikum. So lernten sie sich kennen. Als Mama Papas Fähigkeiten erkannte, redete sie ihm zu, er solle beim Chef um eine interessantere Arbeit bitten. Aber Papa konnte sich nicht dazu entschließen, verschob es immer wieder und versprach jedes Mal, am nächsten Tag ganz bestimmt mit dem Chef zu reden. Mama verlor schließlich die Geduld, und eines schönen Tages, als beide am Arbeitszimmer des Chefs vorbeigingen, klopfte sie an die Tür, öffnete sie einen Spalt und schubste Papa hinein.

Papa verließ das Arbeitszimmer des Chefs als Buchhalter. Später stieg er noch weiter auf, wurde zunächst Chef der Planungsabteilung des Unternehmens und viele Jahre später sogar der gleichen Abteilung in einem Ministerium.

In sowjetischen Zeiten kam kein Betrieb ohne diese Planungsabteilung aus, die wohl die »kreativste« im System der Planwirtschaft war. Und Leas Papa war natürlich der kreativste Planungschef.

Lea kam auf die Welt, als überall im Land Hunger herrschte und die Menschen in den Städten auf der Straße umfielen und starben, von den Dörfern ganz zu schweigen. Sie wurde geboren, als ihre Eltern dreißig waren. Beide arbeiteten in einem privilegierten Industriezweig, und obwohl sie nur kleine Angestellte waren, bekamen sie eine der besten Lebensmittelkarten und genossen den Vorzug einer ordentlichen Warenversorgung. Sie waren fröhlich, tanzten gern, waren abends mit Kollegen, Nachbarn und Freunden zusammen, um zu reden und Karten zu spielen. Festgelage gab es nicht, aber oft wurde noch eben ein Huhn für alle gekocht, das sich einmal freilich als derart alt erwies, dass es den ganzen Abend kochte und nicht weich wurde. Obwohl allen schon der Magen knurrte, sorgte auch dieses zähe Huhn für stürmisches Gelächter. Diese jungen Leute waren laut, fröhlich und gastfreundlich. Kam Besuch, stand Papa im Zentrum der Aufmerksamkeit, und mit ihm auch Lea, denn sie klebte förmlich an ihm. Sie saß auf Papas Schoß, schaute in seine Karten, freute sich mit ihm, und ihr blieb selbst fast das Herz stehen, wenn Papa eine neue Karte zog und freudig aufschrie: »Ich krieg einen Herzschlag!« Lea bekam dann solche Angst um Papa, dass sie sich wünschte, er möge keine Karten mehr spielen.

Wenn Leas Eltern abends Gäste empfingen, wurden Schallplatten aufgelegt. Alle schwärmten für Keto Dshaparidse, Tamara Zereteli, Alexander Wertinski und Pjotr Leschtschenko, auch der Charleston war noch nicht vergessen. Die Erwachsenen sprachen im Flüsterton – wie über etwas Verbotenes – von Ordshonikidse und Kirow. Die Beerdigung Ordshonikidses. Alle nannten ihn hinter vorgehaltener Hand Sergo ... Trotzdem war alles noch wie ein sich in die Länge ziehendes Fest, sicher weil Mama und Papa fröhlich waren und gesellig, Papa auf dem Klavier spielte, Besuch kam und viel und laut gelacht wurde. Das war das südliche Temperament.

Das alles fand in Amiradshany, einem kleinen Vorort von Baku, statt, in einer für damalige Verhältnisse unerhört komfortablen Wohnung – sogar Gas mit normalem Druck gab es. Manchmal kam mit dem Vorortzug Großvater aus Baku, um bei ihnen zu baden. Einmal rutschte er in der Wanne aus und brach sich eine Rippe. In Baku hatte er kein Bad, und das Gas hatte in der Stadt keinen Druck, nicht so wie bei Lea. Das Leben in Erdölnähe hatte auch etwas Gutes für sich.

Vor allem war es keine sowjetische Gemeinschaftswohnung mit mehreren Familien, sondern eine abgeschlossene Wohnung mit drei Zimmern – Wohnzimmer, Schlafzimmer, Kinderzimmer, Küche, Bad und Toilette. In den Zimmern standen Möbel, die die Eltern von den Großvätern und den Großmüttern bekommen hatten. Im Wohnzimmer schwarze viktorianische Stühle und ein hoher Porzellanständer in Form einer Säule für Blumen vom armenischen Großvater und im Schlafzimmer ein Bett und ein Toilettentisch mit großem Spiegel von der jüdischen Großmutter. Der Kartentisch mit dem grünen Tuch war überhaupt ein antikes Wunderstück, Papa zeigte sich seinen Partnern gegenüber sehr stolz darauf. Dieses Tischchen stand mitten im Zimmer, und Papa nannte es mit einer schönen und unverständlichen französischen Bezeichnung »Lombertisch«. Nur das Kinderzimmer war ganz einfach, allerdings hing an der Wand ein Teppich mit Applikationen: weiße Zicklein, ein kleiner Hirte mit einer Hirtenflöte unter einem grünen Baum. Wurde den Gästen die Wohnung vorgeführt, dann zeigte man im Kinderzimmer aus irgendeinem Grund immer auf diesen Teppich, auf die hauchdünnen, glatten, verschiedenfarbigen Leder-, Samt- und Wollstoffstückchen, aus denen die Applikationen gemacht waren. Dieser Teppich muss wohl besonders wertvoll für die Eltern gewesen sein, vielleicht des Künstlers wegen oder wegen seiner Herkunft.

Von außen sah das Haus, in dem Lea wohnte, wie eine gewöhnliche sowjetische Baracke aus – ohne jeglichen architektonischen Willen, ein rechteckiger Kasten mit zwei Eingängen. Die Fenster und die Balkontür auf der einen Seite gingen auf die Erdölarbeitersiedlung hinaus, zu der dieses Haus gehörte. Vor der Baracke standen weitere Häuser, die genauso aussahen, in einem davon befand sich Leas erster Kindergarten. Zwischen den Häusern schlängelte sich ein Weg, der ins Zentrum der Siedlung, zum Bahnhof der Vorortverbindung führte. Schaute man auf der anderen Seite aus dem Fenster, konnte man ganz weit in der Ferne die Fördertürme der Ölfelder sehen. Einmal sah Lea sogar, wie eine Erdölfontäne aus der Erde schoss und orangefarbenes Feuer als große Fackel emporstieg. Hochspritzend, schien das schwarze Öl beim Aufprall auf den Himmel zu kleinen Tropfen zu zersprühen, die bis zur Siedlung flogen und sich auf den Fenstern niederschlugen. Alle sprachen nur von dieser brennenden Fontäne und wie gefährlich sie für die Siedlung werden könne. Es sah wirklich schrecklich aus, war aber weit weg. Die kleine Lea kletterte aufs Fensterbrett, um das brennende Bohrloch besser beobachten zu können, und beschmierte sich mit schwarzen Tropfen, die auf der Scheibe saßen und sogar in die Wohnung drangen, als ob da ein gigantischer Aladin gegen ihre Siedlung bliese.

Gleich nebenan hinter einer hohen Mauer aus ungleichmäßig großen, aufeinander geschichteten weißen Steinen lag ein aserbaidshanisches Dorf – still, ruhig, irgendwie sehr schweigsam. Die Muezzine waren von der neuen Macht längst abgeschafft, und die Stimmen von der Dorfstraße drangen nicht bis zu ihnen nach oben. Frauen mit schwarzen Schleiern gingen lautlos auf dem Weg ins Dorf oder, mit Lasten auf dem Kopf, aus dem Dorf zum Basar. Im Frühling blühten Pistazienbäume hinter der Mauer, und durch die geöffneten Fenster zog es den kräftigen Knoblauchgeruch des jungen wilden Bärlauchs herein, der nur im zeitigsten Frühjahr gut schmeckt.

An den arbeitsfreien Tagen fuhr Mama manchmal nach Baku, um ihre Schwester zu besuchen, oder einfach, um auf andere Gedanken zu kommen. Lea blieb zu Hause mit Papa.

Der war ein Stubenhocker und liebte alle Spiele der Welt. Es gab keins, das er nicht kannte. Wenn Mama sonntags in die Stadt fuhr, brachte er sie zur Tür und sagte, sie brauche sich keine Sorgen zu machen, er werde Lea zu essen geben und sie schlafen legen, sich um alles kümmern.

Dann rief er nacheinander alle seine Kartenfreunde an und lud sie zum Préférence-Spiel ein. Sie saßen um den bereits erwähnten Lombertisch herum, schrieben die ganze Zeit etwas auf und strichen es wieder durch, auf großen ungewöhnlichen Blättern, die Papa noch aus der Zeit vor der Revolution besaß. Das Papier war angenehm anzufassen und schön rot liniert, Lea hätte es am liebsten ständig berührt. Alle rauchten, über dem Tisch stand Qualm, und Lea konnte tun und lassen, was sie wollte: Papa war so ins Spiel vertieft, dass er sie vergaß. Préférence-Ausdrücke flogen durch die Luft: »Lusche, Piksieben, Herzacht«, »Stich mit dem Buben«, »Zieh ihm die Hosen runter!«. Gegen Abend hatten sie ihr Spiel zu Ende gebracht, aus den überfüllten Aschenbechern quollen die Kippen – da kam auch schon Mama zurück, erfüllt von neuen Eindrücken. Und musste feststellen, dass Papa wieder mal vergessen hatte, für Lea Brei zu kochen.

Manchmal fuhren sie am Sonntag alle drei mit der Vorortbahn nach Baku, um die Großeltern zu besuchen, die direkt im Stadtzentrum wohnten, in der Artistengasse, die die Gymnasitscheskaja-Straße mit der Torgowaja-Straße verband, einer der belebtesten Straßen der Stadt, mit mehrstöckigen Häusern im Jugendstil und vielen Geschäften. Damals gab es auf der Torgowaja noch aus alten Zeiten eine deutsche Konditorei, die berühmt war für ihr Gebäck. Dorthin ging Tante Bljuma manchmal mit Lea und kaufte ihr ein saftiges Rumtörtchen, von dem das Mädchen später immer träumte und das es nie wieder im Leben zu essen bekam. In der Konditorei strahlte alles lichtübergossen, und die Augen gingen einem über von den malerischen Torten und dem vielen Gebäck. Der Überfluss war so groß, dass die Ladentische zu klein schienen. Diese Konditorei wurde noch lange Zeit die »deutsche« genannt, obwohl es schon längst keine Torten mehr gab und das Gebäck bei weitem nicht mehr so gut schmeckte.

Großmutter wohnte in dem Haus, das einst der großen Familie der Tschachmachtschew-Brüder gehört hatte. Sie wohnte im Parterre, in einem Teil der ehemals riesigen, die ganze Etage einnehmenden Herrschaftswohnung.

An Großmutters Tür brauchte man nicht zu klopfen oder zu klingeln: Sie war nie verschlossen, sonst hätten die Nachbarn nicht jeden Morgen ihre Schlüssel bei ihr hinterlegen und abends wieder abholen und aus ihrer Wohnung telefonieren können. Überhaupt gab es allerhand, worum man Großmutter Gajane bitten, was man von ihr borgen oder über sie weiterleiten konnte. Als Großmutter einmal allein zu Hause war, kamen zwei Diebinnen durch die offene Tür herein. Doch Großmutter ließ sich nicht aus der Fassung bringen und rief laut alle ihre sechs Söhne beim Namen: »Akop, Wartan, Mimik, Wagan, Aljoscha, Grischa«, obwohl Wagan zu dieser Zeit längst gestorben war und die anderen nicht mehr zu Hause lebten. Die Diebinnen erschraken und rannten weg.

Wenn Lea mit Papa und Mama die Wohnung betrat, kamen ihnen Großvater und Großmutter schon entgegen: Ihre Augen leuchteten, und die Arme streckten sich Lea entgegen. Hinter ihr standen mit ebenso frohen Gesichtern Mama und Papa. Für Mama waren solche Fahrten eine Erholung, und Papa zeigte gern seinen Liebling vor. Lea rannte immer gleich an allen vorbei zum Fenster an der gegenüberliegenden Seite des Saals. Als Zimmer konnte man diesen riesigen Raum nicht bezeichnen – einst waren hier Empfänge und Tanzabende veranstaltet worden, jetzt teilten ihn Schränke in zwei große Zimmer. Das Fenster hatte ein Fensterbrett, so breit wie ein Tisch – im Süden wurden die Häuser damals mit dicken Wänden gebaut, damit es im Sommer kühl und im Winter ohne Heizung warm war. Auf dem Fensterbrett konnte Lea laufen, sitzen und auf die Straße gucken – die Höhe war gerade richtig: hoch genug, um sehen zu können, wie die Jungen »Knöchelchen« spielten und die Mädchen »Steinchen« und »Hopse«, und niedrig genug, um zu hören, wie die Jungen auf Aserbaidshanisch schimpften.

Direkt unter dem Fensterbrett stand ein Bett mit schneeweißer Atlasdecke.

Mama und Papa schrien: »Wo willst du hin? Nicht aufs Bett!«

Aber die Großmutter hielt nicht Lea, sondern die Eltern zurück. »Macht nichts, Lea-dshan, kletter nur rauf«, sagte sie zu ihr, sah dabei aber eher Mama und Papa an.

Lea machte es großen Spaß, mit ihren Schuhchen über die raschelnde, gestärkte schneeweiße Decke zu tapsen. Natürlich hinterließ sie Spuren, aber Großmutter war nicht böse, sie verstand, dass für Lea das Fenster wichtiger war als die beschmutzte Decke. Das wiederholte sich jedes Mal, wenn sie zu den Großeltern kamen, und für Lea war das die erste Erfahrung erkämpfter kindlicher Freiheit und echten Vergnügens: Sie konnte machen, was sie wollte!

Eine Zeit lang kam ihnen aus der dunklen rechten Ecke des Saals langsam, gleichsam tastend, eine kleine, gütig aussehende alte Frau in Schwarz entgegen. Das war Großmutters blinde Schwester, die zu dieser Zeit bei ihr wohnte. Sie ist noch vor dem Krieg gestorben. Großmutter hatte noch einen jüngeren Bruder, Ossik, doch der lebte nicht in Baku, sondern in der Ukraine, in Kiew. Als der Krieg begann und die Deutschen Kiew besetzten, versteckte er seine jüdische Frau. Die Deutschen erfuhren davon, holten und folterten ihn, um herauszukriegen, wo sie sich verbarg. Aber er verriet sie nicht. Da wurde er erschossen, während sie am Leben blieb.

Als Lea noch ganz klein war, brachte Papa ihr Gedichte bei, zum Beispiel brachte er ihr bei, das neue Gedicht des berühmten russischen Lyrikers Michail Swetlow »Granada, Granada, Granada mein« ausdrucksvoll aufzusagen. Das war während des Bürgerkriegs in Spanien.

Bei ihrem nächsten Besuch bei Großvater und Großmutter stellte Papa Lea auf den Stuhl und sagte stolz: »Sag das Gedicht über die spanischen Kinder auf!« Alle schauten auf Lea: der große schöne gutherzige Großvater mit dem grauen Schnurrbart, die kleine gutherzige Großmutter und der stolze, glückliche Papa. Nur Mama war gegen solche Dressur. Lea stand auf dem Stuhl, in der vom Vater vorgeschriebenen Pose, und deklamierte laut und expressiv »Granada, Granada, Granada mein …«. An der Stelle, wo die Flugzeuge die Busse einholten, die die Kinder in Sicherheit bringen sollten, und die Faschisten Bomben auf die Kinder warfen, bebte Leas Stimme vor Angst um die spanischen Kinder.

Einmal brachte Mama Lea aus der Stadt ein hellblaues Strickkleid mit, die Farbe nannte sich »Elektrik«. Gott weiß, wo Mama es aufgetrieben hatte und aus welchem Märchenland es nach Baku gelangt war. Dieses Kleid stammte aus einem Auslandspaket, das für die in die Sowjetunion gebrachten spanischen Kinder bestimmt war. Es wurde Leas Lieblingskleid, sie trug es noch viele Jahre: Anfangs reichte es ihr fast bis zu den Füßen, und später, als sie schon zur Schule ging, konnte sie es, da sie zierlich war, als Pullover tragen.

Die Ohrfeige

Lea kam ohne Schrei zur Welt, womit sie ihrer Mama einen Schreck einjagte, die, um den Schmerz auszuhalten, den Lea ihr bei der Geburt zufügte, noch krampfhaft die Hand der Schwester festhielt. Diese nahm es ihr nicht übel, während die andere Schwester sich nicht aus der Ruhe bringen ließ und Lea links und rechts eine Ohrfeige gab, was ihre Mama nie übers Herz gebracht hätte, weder damals noch später, wenn Lea es vielleicht tatsächlich einmal verdiente. Dann tauchte die Schwester den Krümel schnell in heißes, dann in kaltes Wasser. Und das mehrmals hintereinander. Wenn Mama später Lea davon erzählte, hatte die aus irgendeinem Grund immer das Bild einer Schüssel mit siedend dampfendem Wasser vor Augen. Als Lea zum wiederholten Male in kaltes Wasser getaucht wurde, fing sie plötzlich ganz empört zu schreien an, und Mama beruhigte sich sofort.

Aus Aberglauben durfte man wegen des Unholds Herodes vor der Geburt eines Kindes nichts bereitlegen. Und solange Mama in der Entbindungsklinik lag, musste

Papa nun die Geschäfte und Apotheken abklappern und alles kaufen, was man für ein Neugeborenes brauchte – vom Bettchen bis zum Thermometer. Die Zeiten waren schwer und alles nur mit Mühe zu beschaffen, Papa musste oft seinen ganzen Charme dazu aufbieten. Auf das originelle runde Thermometer war er besonders stolz, aber Hemdchen konnte er nirgendwo ergattern. Da nähte Mama, als sie aus der Klinik kam, für Lea Hemdchen aus Mull – anderer Stoff war zu dieser Zeit einfach nicht aufzutreiben – und war sehr stolz auf die besten Hemdchen der ganzen Welt: weich und luftig.

In den Geschäften erzählte Papa immer begeistert, dass er eine Tochter gekriegt hatte.

Dabei hatte er Lea noch gar nicht zu sehen bekommen. In der Sowjetunion, möglicherweise zu dieser Zeit auch überall, pflegte man die Wöchnerinnen und die Neugeborenen von der Außenwelt strengstens abzusondern, um sie vor Infektionen und den damals noch grassierenden Epidemien zu schützen.

Leas Großvater war froh und stolz, als seine erste Enkelin, die Tochter seines ältesten Sohns, geboren wurde, sogar noch stolzer als Papa. Er konnte es nicht erwarten, dass Lea nach Hause gebracht wurde, gleich am nächsten Tag besorgte er sich einen weißen Kittel und fuhr zur Klinik. Seine stattliche Statur und seine würdige Haltung flößten Ehrfurcht ein. Er ging den Gang entlang und suchte das Krankenzimmer, in dem Leas Mama lag. Die Schwestern, die Großvater begegneten, hielten ihn für einen Professor oder einen hoch gestellten Gast und grüßten ihn hochachtungsvoll. Bereitwillig erklärten sie ihm, wo Mama lag. Als sie Großvater vor sich sah, war sie ganz erstaunt, wie es ihm gelungen war, die Sperre der Hindernisse und Verbote zu überwinden. Zwar bekam der Großvater Lea nicht zu Gesicht, machte aber Mama mit einem Strauß roter Rosen eine große Freude.

Nach Hause beförderte Papa Mama und Lea mit einem Phaeton, den es damals in Baku noch oft zu sehen gab.

Wenn die kleine Lea ins Bett gebracht wurde, lag sie bald quer und stampfte mit den Füßchen gegen die Wand. Quer schläft sie noch heute, wenn niemand sie stört. Mit den Füßen gegen die Wand tritt sie allerdings nicht mehr.

Dass sie auch noch als Erwachsene quer im Bett lag, erfuhr Lea während ihrer ersten Studentenexpedition, als alle Mädchen in einem Klassenraum nebeneinander auf dem Fußboden schlafen mussten. Das war in Kirowsk, jenseits des Polarkreises, während der weißen Nächte, wenn man nachts sowieso im Hellen kaum schlafen kann, und da streckte Lea auch noch ihre Beine über die Mädchen, die neben ihr lagen.

Die Schaben

Jeden Tag ging Mama morgens zur Arbeit und kam erst abends wieder. Lea überließ sie zu Hause der Njanja, dem Kindermädchen, das bei ihnen wohnte. In dieser Zeit der Armut war das Luxus. Leas Eltern waren alles andere als reich, lebten von zwei niedrigen Gehältern, aber viele waren noch ärmer. Solch eine Njanja kümmerte sich nicht nur um das Kind (damals begnügten sich arbeitende Frauen meistens mit einem Kind), sondern führte auch den Haushalt: kochte, machte sauber, wusch. Diese Hausangestellten, die der Familie die Köchin, die Gouvernante und die Großmutter ersetzten, wurden zu einer neuen sozialistischen Institution. In den Rang gleichberechtigter Werktätiger erhoben, konnten sie sogar Gewerkschaftsmitglieder werden. Frauen, die nach dem Studium, den Männern gleichgestellt, ihre berufliche Tätigkeit ausübten, überließen ihre Kinder der Fürsorge der Njanja, das heißt der Hausangestellten, die zum Mitglied der Familie wurde. Für gewöhnlich war das ein Mädchen vom Lande, manchmal erst fünfzehn Jahre alt. Für die »Mitgliedschaft« in der Familie erhielt sie ein kleines Gehalt, ansonsten hatte sie freie Kost und Logis. Einen Tag in der Woche hatten sie frei. Diese Mädchen gingen schon vor dem sechzehnten Lebensjahr aus den Dörfern in die Städte, um sich so der »Arbeitsverpflichtung« für die Kolchose zu entziehen. Mit sechzehn bekamen sie, wenn sie in der Stadt lebten, einen Ausweis und wurden dadurch gewissermaßen von der »sozialistischen Sklaverei« befreit, denn Kolchosemitglieder, und das waren praktisch 99 Prozent der Landbevölkerung, bekamen keinen Ausweis. Und ohne Personalausweis konnten sie sich nicht frei bewegen, geschweige denn die Kolchose verlassen.

Leas Njanjas wechselten von Zeit zu Zeit, aber das störte sie nicht, sie nahm es als gegeben hin. Das war nicht ihr Problem, sondern das der Eltern. Von den Njanjas erinnert sich Lea an Marussja, Tanja und Amalia.

Marussja war ein hochgewachsenes, dickes, rosiges Stadtmädchen, offensichtlich gesunder ländlicher Abstammung, gutmütig und laut. Um mit Lea, die frech und trotzig sein konnte, fertig zu werden, drohte sie ihr manchmal: »Wenn du nicht hörst, rufe ich die Miliz!« Sie telefonierte dann tatsächlich, und die Milizionäre kamen zu ihnen nach Hause. Kaum klingelten sie an der Tür, bekam Lea Bauchschmerzen. Später stellte sich heraus, dass die Milizionäre eigentlich immer deshalb erschienen, weil Marussja mit ihnen verabredet war, und dass sie mit dem gesamten Milizrevier schlief. Als sie nicht mehr bei ihnen arbeitete, erzählten die Nachbarn Mama, sie habe mit der Kleinen Spaziergänge zur Station der Vorortbahn unternommen, wo die Milizionäre Dienst schoben. Marussja flirtete mit ihnen am Ende des Bahnsteigs, während Lea spielte und sogar auf den Gleisen herumlief. Einmal hatten die Nachbarn gesehen, wie ein Milizionär Lea im letzten Moment vor einem einfahrenden Zug von den Schienen zerrte.

Irgendwann wollte Papa von Lea wissen, welcher Nationalität sie denn sei? Lea teilte die Lehne des Stuhls mit ihrem Händchen auf und erklärte, in dieser Hälfte sei sie Armenierin, in dieser Jüdin und in der dritten Russin. Als Papa sie fragte: »Warum Russin?«, entgegnete sie: »Weil Tanja Russin ist.«

Tanja war Leas beste und liebste Njanja. Damals war sie drei Jahre alt. Dieses stille sechzehnjährige Mädchen mit dem sympathischen Gesicht und den rötlich blonden, zu einem Zopf zusammengeflochtenen Haaren wurde von allen geliebt. Beide Mädchen, das große und das kleine, wohnten zusammen im Kinderzimmer. Einmal im Jahr fuhr Tanja zu sich nach Hause aufs Dorf und nahm Geschenke mit, die Mama ihr einpackte. Meist waren das Lebensmittel. Da Leas Eltern in der Erdölindustrie arbeiteten, bekamen sie großzügige Lebensmittelzuteilungen, so dass Mama immer Zucker, Pflanzenöl, Hirse, Grieß und Mehl übrig hatte, denn backen konnte sie nicht, und in ihrer Familie zogen sie ohnehin Kartoffeln vor.

Eines Morgens wachte Lea auf und konnte die Augen nicht öffnen, so verklebt und geschwollen waren sie. Mama fuhr gleich mit ihr nach Baku zum Augenarzt. Tanja nahm sie auch mit. Der Arzt warf nur einen kurzen Blick auf Lea und sagte: »Ein Trachom!«

Diese schreckliche und ansteckende Augenkrankheit, damals praktisch unheilbar, war in Aserbaidshan überall dort verbreitet, wo die Menschen unter schlechten hygienischen Bedingungen lebten. Der Arzt wunderte sich, so etwas bei Lea zu entdecken, Mama noch mehr. Als Tanja, die im Korridor gewartet hatte, Lea dann auf den Arm nahm, fragte der Arzt sofort: »Und wer ist das?«

Mama sagte, das sei das Kindermädchen. Beim Anblick von Tanjas Augen und ihrer leicht geröteten Lider war dem Arzt sofort alles klar – sie hatte ein chronisches Trachom.

Tanja musste zurück in ihr Dorf, und bei Lea wurde eine seltene Operation vorgenommen – damals die einzige Möglichkeit, ein Trachom zu kurieren. Papa hielt Lea mit seinen großen kräftigen Armen fest, sie schrie und strampelte auf seinem Schoß, und der Arzt kratzte ihr die Trachomkörner von der Innenseite der nach außen gestülpten Lider. Lea kann sich gar nicht mehr daran erinnern, ob es ihr wehtat oder nicht, findet es jedoch erstaunlich, dass ihr Papa das alles aushielt: den Eingriff und das Geschrei und den sich in seinen Armen windenden Kinderkörper. Anschließend fuhr Mama noch über ein halbes Jahr lang trotz ihrer Arbeit fast täglich mit Lea von Amiradshany nach Baku zur Behandlung, bis Leas Augen endgültig geheilt waren.

Amalia war Leas letzte Njanja. Sie war eine vertrocknete, noch nicht alte Frau, ganz unauffällig, sowohl was die Figur als auch das Gesicht, die Augen, die Haare und die Frisur betraf. Lea kann sich noch gut an sie mit Schürze erinnern, an ihre ewige Betriebsamkeit. Den Haushalt bewältigte sie mit Leichtigkeit: machte sauber und kochte, und zwar nicht nur für Lea und sich, sondern für die ganze Familie. Das alles tat Amalia sehr sachlich und schweigsam – mit Lea redete sie kaum, spielte auch nicht mit ihr, was diese nicht störte. Nachdem Amalia morgens geputzt hatte, erlaubte sie Lea nicht einmal, im Kinderzimmer zu spielen, bloß in der Küche, damit sie bis zu Mamas Rückkehr die Ordnung, die Amalia geschaffen hatte, nicht zerstörte. Lea holte Spielzeug in die Küche und spielte auf dem Fußboden, während Amalia kochte. Sie durfte nur neben der Tür am Herd spielen. Deshalb erinnert sich Lea noch so gut an den großen Gasherd mit den vier Flammen, an den Holzfußboden, der mit dunkelbrauner Ölfarbe gestrichen war, und an die schmutzige Scheuerleiste zwischen Gasherd und Fußboden, an die

Amalia mit ihrem Scheuerlappen nicht herankam und von wo von Zeit zu Zeit große Schaben hervorkrochen, um sich bei Leas Anblick gleich wieder zurückzuziehen.

Amalia war Deutsche, aber Lea erinnert sich weder daran, wie sie sich mit ihr unterhalten hat, noch an ihre Stimme, noch ob sie gut Russisch sprechen konnte. Amalia blieb bei ihnen bis zum Schluss, bis sie von Baku wegzogen.

Schüsse

Die Schüsse hörte Lea, als sie noch nicht einmal drei war.

Baku ist eine heiße Stadt. Im Sommer unerträglich heiß. Mit Kindern in der Stadt zu bleiben hieß, dass sie sich unweigerlich die Ruhr einfingen. Deshalb versuchte jeder, dem es irgendwie möglich war, aus der Stadt hinaus auf eine Datscha zu fahren – in den Nordkaukasus, die Ukraine oder einfach irgendwohin, wo der Sommer normal heiß war. Immer wieder wurde darüber gesprochen, wer schon mal wo war, wo es am besten, am billigsten war, wo es frische Milch zu kaufen gab, frische Eier, Obst direkt vom Baum. In einem dieser Sommer – Lea war gerade drei geworden – beschlossen die Eltern, ins Dorf Iwanowka zu fahren. Papa war der Hauptorganisator, drei Familien unternahmen die Fahrt: Lea mit Mama und Papa, Mamas Schwester Tante Bljuma mit den Kindern Sascha und Galja und Papas Schwester Tante Katja mit den Kindern Rafik und Schotik. Lea war die Kleinste. Papa bekam von seiner Arbeitsstelle zwei Lastautos. Das waren keine geschlossenen Laster, sondern offene Pritschenwagen, aber zu dieser Jahreszeit war im Süden kein Regen zu befürchten.

Papa beschloss, eine Abkürzung zu nehmen, dazu aber mussten sie über einen Pass. Die Lastwagen fuhren also in die Berge. Auf dieser Strecke sollten angeblich nachts Banditen ihr Unwesen treiben. Deshalb wollte Papa dieses Wegstück noch bei Tageslicht hinter sich bringen, doch schon brach die Dunkelheit herein, und bald war es ganz finster und sogar kalt, wie immer nachts in den Bergen. Lea und Mama lagen in Decken gehüllt hinten auf dem ersten Laster. Auf dem zweiten fuhren die beiden anderen Familien. Papa saß neben dem Fahrer und wies ihm den Weg.

Lea wachte jedes Mal auf, wenn der Weg besonders holprig war und sie tüchtig durchgerüttelt wurde, schlief dann aber wieder ein. Plötzlich riss sie lautes Geschrei aus dem Schlaf: »Anhalten, oder ich schieße!«

Der Kopf eines fremden Mannes – unrasiert und mit Turban – tauchte über der Seitenwand auf, er schien aufspringen zu wollen. Ein zweiter, auch mit Turban, sprang aufs Trittbrett und wollte die Tür zum Fahrerhaus aufreißen. Papa nahm an, das seien die Banditen, und rief dem Fahrer zu: »Gib Gas!«

Der Wagen machte einen Sprung, der Mann konnte sich nicht halten, ein Schuss fiel, dann noch ein zweiter. Seitlich auf einem Hügel tauchte noch ein dritter Kopf mit Turban auf. Papa wollte so schnell wie möglich weg von diesem Ort und befahl noch einmal: »Gib Gas!«

Diese Geschichte endete mit großen Unannehmlichkeiten für Papa: Es stellte sich heraus, dass es Milizionäre gewesen waren, die aus irgendeinem Grund ihre Uniform nicht trugen. Aber dann ging doch noch alles gut aus.

Natürlich hatte sich Lea im ersten Moment sehr erschrocken, das hielt jedoch nicht lange an. Als Papa schrie: »Gib Gas!«, und der Laster sein Tempo beschleunigte, beruhigte sie sich gleich wieder.

Heiligabend auf Sowjetisch

Bei Lea war alles so wie bei anderen Kindern, aber doch ein bisschen anders. Das Kinderfest mit Tannenbaum in Sowjetzeiten, das so genannte Jolka-Fest – mit Großväterchen Frost, Kindermatineen, Süßigkeiten und Geschenken –, wurde zu Neujahr gefeiert, auch im Kindergarten und in der Schule. Die erste »Jolka« gab es zum Neujahrsfest, dann war noch zehn Tage »Jolka-Saison« – die Kinder hatten bis zum 10. Januar Winterferien.

Leas »Jolka« aber war immer die allererste. Papa schmückte den Tannenbaum schon in der Nacht vom 23. auf den 24. Dezember – Leas Geburtstag. Wenn Lea am 24. Dezember morgens erwachte, stand für sie eine festliche Tanne mit Geschenken da. Und ein richtiges Jolka-Fest wurde gefeiert. Viele Kinder waren eingeladen, Papa dachte sich Spiele aus, und noch am Abend davor machten Mama und Papa für alle eingeladenen Kinder Tüten mit Geschenken zurecht, dann verkleidete sich Papa als Großväterchen Frost, klingelte an der Tür, ein Bündel in der Hand – er knüpfte es auf und verteilte die bunten Tüten.

Kindliche Großzügigkeit

Papa liebte Lea sehr und auch ihre Spielsachen. Über das Spielzeug, das er nach Hause brachte, freute er sich mehr als seine Tochter; war es etwas ganz Besonderes, dann prahlte Papa sogar vor anderen Erwachsenen damit. Voller Begeisterung führte er es Leas älteren Cousins vor, und die beneideten Lea sehr, denn ihre Väter mochten keine Spielsachen. Einmal konnten sie sich nicht beherrschen und klauten einen ganz besonders schönen Schokoladenclown von der wie immer bis zur Decke reichenden Tanne, die, herausgeputzt wie eine wunderschöne Prinzessin, Leas Geburtstag schmücken sollte. Papa war sehr stolz auf diesen Clown auf der Tannenspitze und zeigte ihn allen, und die Kinder betrachteten ihn natürlich mit gierigen Blicken, wie er da in unerreichbarer Höhe hing. Angeführt von Leas ältestem Cousin Saschka, der der Größte von allen war, holten sie den armen Schokoladenclown herunter, brachen ihn in Stücke und aßen ihn auf. Da gab es keinen Schokoladenclown mehr. Als Papa bemerkte, dass er verschwunden war, bekam er so schlechte Laune, dass sich alle beeilten, nach dem Schuldigen zu suchen, als ob das Leas Papa hätte trösten können. Saschka aber bekam einen großen Schreck. Er hatte die Sache angezettelt, um sich als Anführer zu behaupten. Und zu zeigen, dass er bei Lea zu Hause machen konnte, was er wollte. Mit zwölf war er einmal den ganzen Tag bei Lea zu Besuch, und als Papa von der Arbeit nach Hause kam, entdeckte er, dass sein neues Grammophon bis zur letzten Schraube auseinander genommen war. Im Grunde war das Grammophon ebenfalls ein Spielzeug von Papa. Er bekam fast einen Herzschlag. Aber Saschka setzte alles wieder zusammen, und Papa war nicht mehr böse auf ihn, sondern begeistert. Papa verstand Saschka. Er erinnerte sich, wie er selbst als kleiner Junge eine Geige geschenkt bekommen und sie zerbrochen hatte, um nachzuschauen, wie sie gebaut war und was da in ihrem Inneren eigentlich spielte. Später, als Saschka längst erwachsen und ein hervorragender Pumpenkonstrukteur war, wurden Papa und er große Freunde. Aber das gehört schon zu einer ganz anderen Zeit.

Lea hatte also unglaublich viel Spielzeug. Sie besaß eine riesengroße Kiste, die sie unter ihr Bett schob, und diese Kiste war randvoll. Einmal ging Lea auf den Balkon ihrer im zweiten Stock gelegenen Wohnung. Sie war damals drei oder vier Jahre alt. Unten im Hof spielten Kinder, und um deren Aufmerksamkeit auf sich zu ziehen, zeigte Lea ihnen vom Balkon aus ihre Spielsachen. Da rief ein Kind: »Wirf mir was runter!«

Offenbar war das Erste, was ihr in die Finger kam, nichts, woran ihr Herz sonderlich hing, und so warf sie es, ohne lange zu überlegen, vom Balkon. Eines der Kinder hob es auf, und da schrien die anderen sofort: »Mir auch, mir auch!«

Lea ging ins Zimmer und holte das nächste.

»Fang auf!«

Und es flog ebenfalls hinunter.

Als Leas Mama von der Arbeit kam, sah sie schon von weitem unter dem Balkon eine große Kinderschar. Nicht alle kannte Lea, doch jetzt war ihr keines der Kinder mehr fremd. Alle waren plötzlich ihre Freunde geworden. Sie hatte die Kiste zur Balkontür gezogen und schmiss ein Spielzeug nach dem anderen hinunter. Sie wollte nicht mehr ins Zimmer laufen müssen, sie hatte Angst, etwas zu verpassen, so interessant und spannend war es da unten: wie das Spielzeug hinunterflog, wie es auf dem Boden aufschlug und wer als Erster hinrannte. Bis zum heutigen Tag erinnert sich Lea, mit welcher Freude sie ihr Spielzeug vom Balkon warf. Immer schneller ging es: Die Kinder begannen ihrem Glück zu trauen und griffen hastig nach den Sachen, Lea beeilte sich ebenfalls, als hätte sie Angst davor, dass dieser Spaß zu Ende ging.

Mama sah also unter ihrem Balkon Kinder aus der ganzen Siedlung, die die Arme hochreckten. Sie blickte nach oben und entdeckte Lea mit einer Puppe in der Hand. Sie begriff, was da vor sich ging, und rief Lea zu, sie solle damit aufhören. Als sie in die Wohnung kam und in die Kiste schaute, war sie fast leer.

Mama und Papa waren Lea nicht böse, Mama schien die Geschichte sogar zu gefallen. Später erzählten sie Lea oft davon, vor allem Mama. Papa hatte ja nur die leere Kiste gesehen, die sich dann allmählich wieder füllte. Ziemlich schnell sogar: Papa gab sich die größte Mühe.

Dann aber kam eine Zeit, da Lea kein Spielzeug mehr besaß – doch davon später.

Manchmal nahm Mama an ihrem freien Tag Lea mit nach Baku. Wenn sie allein nach Baku fuhr, um auf andere Gedanken zu kommen, ging sie meistens nicht zu Großvater und Großmutter – dorthin fuhren sie alle zusammen mit Papa –, sondern zu Tante Bljuma, ihrer Schwester. Das war eine ganz andere Straße und ein ganz anderes Haus als bei der Großmutter, in einem für Baku typischen Proletarierviertel voller Farben und voller Lärm.

Schon auf dem Weg zur Proletarskaja, in der Tante Bljuma wohnte, ging es los: In der Basarnaja saßen überall auf dem Bürgersteig Händler mit Kohlenbecken und boten die verschiedensten Gerichte feil: warme aserbaidshanische Tschebureki und dünne armenische Brotfladen, Lawasch genannt, heiße Kutaby – aserbaidshanische mit Hammelfleisch und Kräutern und armenische nur mit Kräutern und Gemüse gefüllt – und natürlich orientalische Süßigkeiten: Halwa, Nugat, Kunshut mit Sesam und Honig und vieles andere mehr. Überall hörte man Leute aserbaidshanisch reden – mehr als im Zentrum, wo Großmutter wohnte.

Nach der heißen lauten Basarnaja, wo den ganzen Tag die Sonne auf die Straße knallte und die heißen Kohlenbecken Hitze ausstrahlten, wirkte die menschenleere und schmale Proletarskaja mit den hohen Häusern, die die Sonne verdeckten, kühl. Die Kühle schien von allen Seiten zu kommen: von den alten Steinhäusern, den Pflastersteinen auf der Fahrbahn und sogar von den Bürgersteigen.

Lea und Mama gingen zu einem Haus von schmutziggrauer Farbe, öffneten das schwere Holztor und betraten einen kleinen Hof. Der Hof war dunkel, aber wenn man nach oben blickte, konnte man ein Stück Himmel sehen, genauso klein wie der Hof. Hier schlugen ihnen kühle Feuchtigkeit und Gestank entgegen. Die Feuchtigkeit kam von den großen, erstaunlich hellen und glatten Steinen, mit denen der kleine Hof gepflastert war, in der Mitte gab es sogar so etwas wie einen kleinen Springbrunnen, von dem Wasser auf die Pflastersteine spritzte. Der Gestank kam von dem türkischen Abort unter der Treppe, die in den ersten Stock führte.

Im Hof spielten fast immer Kinder. Im Parterre wohnte die mit Kindern gesegnete Pista-Chanum. Ihr Mann war ein kleiner sowjetischer Angestellter. Manchmal saß im Hof auf einem niedrigen Stühlchen eine alte aserbaidshanische Frau – Mesma-Chanum, Pista-Chanums Mutter, die mit ihnen zusammen lebte. Im Erdgeschoss wohnte noch eine russische Schneiderin mit Spitznamen Flegel-Polinka. Flegel deshalb, weil sie ständig alle anschrie und dabei oft alle möglichen antisemitischen Schimpfwörter gebrauchte. Lea sah sie nie, aber jedes Mal, wenn sie mit Mama in die Proletarskaja kam, erzählte Tante Bljuma, was Flegel-Polinka sich wieder geleistet hatte.

Manchmal ließ Mama Lea bei Tante Bljuma und ging Besorgungen machen, wovon Onkel Mischa, Bljumas Mann, gar nicht begeistert war: Lea stellte viel Unfug an, einmal schnitt sie sogar mit dem Messer ein Stückchen von der alten Nussbaumanrichte ab, was er ihr sein Lebtag nicht vergessen konnte. Manchmal allerdings nahm Mama Lea auch mit. Sie bummelte gern durch die alten Straßen von Baku, vor allem durch die Gassen in der Nähe der Uferpromenade. In den Souterrains gab es damals überall noch kleine Privatgeschäfte, Imbissstuben und Milchläden. Mama und Lea gingen fast jedes Mal in einen geräumigen Milchladen mit kleinen Tischen, auf denen schlichte blau karierte Wachstuchdecken lagen. Hier kaufte Mama Mazoni in einem mit Papier zugeklebten Glas. Das Mazoni mit der schrecklich appetitlich aussehenden blasigen Haut schmeckte Lea sehr gut, obwohl sie zu Hause alles, was mit Milch zu tun hatte, ablehnte. Überhaupt aß Lea zu Hause sehr wenig. Wahrscheinlich hatte sie dort keinen Appetit, weil das Essen so langweilig war.

Im Milchladen roch es irgendwie besonders angenehm, und dieser Geruch prägte sich Lea ein. Das war das Aroma der heißen Milch, aus der Mazoni hergestellt wurde, vermischt mit dem Geruch von süß-säuerlichem fertigem Mazoni, Kefir, Sauermilch und von verschiedenen kalten kaukasischen Milchsuppen mit Kräutern: »Dowgan« auf Aserbaidshanisch oder »Tanow« auf Armenisch. Dieser Duft ging auch von frischen Milchbrötchen und Fladen aus, die direkt im Laden gebacken wurden. Sobald Mama und Lea Hand in Hand nur in die Nähe der Ladentür kamen, roch das Mädchen schon diesen Duft, und Mama fragte jedes Mal: »Wollen wir in diesen Laden oder in einen anderen?« Aber Lea wollte immer in den einen.

Als Lea am Ende des Krieges wieder nach Baku kam – sie war bereits dreizehn oder vierzehn –, versuchte sie den Milchladen wiederzufinden. Sie suchte nach den Tischen mit den blau karierten Wachstuchdecken und nach dem

Geruch – wie ein Hund. Doch sie fand den Laden nicht. Zu dieser Zeit gab es hier weder Milch- noch irgendwelche anderen privaten Läden mehr. Alle alten Geschäfte waren geschlossen oder mit Brettern vernagelt, und die Treppen, die nach unten führten, waren mit Staub und Schmutz bedeckt.

Wenn Mama sonntags in Amiradshany blieb, steckte sie Lea die Haare hoch und band eine riesige Schleife hinein – das war damals Mode –, nahm sie an die Hand und ging mit ihr auf den Basar. Mama liebte die hiesigen Basare. Sie waren groß und laut und voller Menschen. Es schien, als ob alle gleichzeitig redeten und sich gegenseitig zu überschreien versuchten. Mama hatte noch den Basar in Wladikawkas in Erinnerung, der Hauptstadt von Ossetien, wo sie geboren wurde. Auf diesem Basar, auf den sie von ihrer Mama mitgenommen worden war, hatten die in der Umgebung lebenden Tschetschenen, Inguschen und Kabardiner ihre Waren gebracht. Auch der Basar in Amiradshany hatte seine eigene kaukasische Atmosphäre – neben der Vielfalt der Gemüsearten und Früchte gab es noch die der kehligen Sprachen. Die Händler lockten Käufer an, überall wurde lebhaft und laut gefeilscht. Sie überschrien einander, wenn sie ihre Ware als die »allerbeste« anpriesen, und versprachen, noch etwas dazuzugeben. Auf dem Basar gingen einem die Augen über von der Pracht der Früchte und Gemüse. Auf den Verkaufstischen lagen Berge verschiedenster gebündelter Kräuter. Im Kaukasus gehören frische Kräuter genauso wie Obst und Gemüse obligatorisch zu einem gedeckten Tisch. Großmutter zum

Beispiel reichte immer auf einer riesigen Schale oder kleinen länglichen Tellern – oder einfach zu frisch geschnittenen Tomaten und Gurken – Kinsa (frischen Koriander), kleine zarte Blätter Pfefferminze, Basilikum, Tarchun (Estragon), Zwiebellauch, Petersilie und natürlich leuchtend rote Radieschen mit den langen Schwänzchen der jungen Blätter, die sie dranließ, damit man sie besser halten und abbeißen konnte.

Natürlich wurden auf dem Basar noch viele andere Esswaren verkauft: die dicken, länglichen Fladen des aserbaidshanischen Tschurek – Fladenbrot mit glänzender, knuspriger Kruste –, die weichen, gummiartigen Fladen des armenischen Lawasch, die mit Mehl bestreut waren und überhaupt nicht glänzten, dafür aber wohlschmeckende knusprige Teigbläschen hatten. Man konnte auch einen kleinen Imbiss einnehmen: Dshisbis – kleingehackte Leber, Hammelfleisch, gebratene Zwiebeln und Kartoffeln, und das alles in Butter gebraten – oder Hasch – Suppe aus Rinderfüßen.

Hier hörte man nicht nur Aserbaidshanisch und Russisch – meist mit starkem kaukasischem Akzent –, sondern auch Armenisch, Georgisch und unverhofft auch Ukrainisch, Jiddisch und Deutsch. Aber niemand staunte über irgendeine dieser Sprachen.

Einmal sah Mama, wie an einem Stand frische glänzende Forellen verkauft wurden, die der Händler in Netzen wog, von denen langsam trübes gräuliches Wasser tropfte. Mama blieb stehen und sah gebannt zu, wie die großen dunklen Fische in den Einkaufstaschen verschwanden. Sie hielt Lea immer noch an der Hand und begann plötzlich laut zu reden, unklar, ob mit ihrer Tochter oder mit sich selbst:

»Was für wunderbare Forellen, und überhaupt nicht teuer. Aber sie müssen noch heute gebraten werden. Bloß wie? Amalia hat frei, und ich kann das nicht.«

Da sagte Lea: »Mama, kauf den Fisch! Das ist ganz einfach. Ich sage dir, wie Amalia es macht. Man muss die Innereien rausnehmen, den Fisch salzen, in Semmelmehl wälzen, in die Pfanne ein Stück Butter legen und die Forelle von beiden Seiten braten!«

Und Mama kaufte die Forelle, machte alles genau so, wie Lea gesagt hatte, und der Fisch schmeckte wunderbar.

Der erste Kuss

Lea war nun schon groß. Da wurde in ihrer Siedlung ein Kindergarten eröffnet. Eines Tages sagte Mama, Lea werde ab morgen in den neuen Kindergarten gehen.

Lea sagte sich, dass das bestimmt etwas Wichtiges sei, so etwas wie Schule, bloß für kleinere Kinder. Am nächsten Tag war Mama gleich am Morgen festlich gestimmt. Das übertrug sich auf ihre Tochter. Wahrscheinlich war Mama auch nervös, weinen doch viele Kinder im Kindergarten und haben Angst, wenn ihre Mama weggeht.

Mama machte Lea schön, kämmte ihre langen Haare nach oben und band sie, wie üblich, mit einer riesigen blauen Festtagsschleife zusammen. Dann nahm sie Lea an die Hand, und gemeinsam gingen sie los zum Kindergarten. Anscheinend waren sie spät dran, und deshalb zog Mama sie im Eilschritt hinter sich her.

Trotzdem kamen sie zu spät. Als sie durch die Tür traten, sahen sie sich plötzlich in einem riesigen Saal. Genau gegenüber, auf der anderen Seite, standen schon mehrere Reihen Kinder mit ihren Müttern. Alle warteten auf etwas. Rechts stand ein Klavier, daran saß eine ältere Frau mit gewelltem grauem Haar. Sie lächelte den Kindern sehr freundlich zu, gerade so wie Leas Großmutter. Sie wartete ebenfalls auf etwas und verlieh mit ihrem ruhigen Lächeln der festlichen Atmosphäre eine gewisse Gemütlichkeit.

Lea stand immer noch mit ihrer Mama an der Tür, und sie warteten genauso wie alle anderen darauf, was sich tun würde. Inzwischen betrachtete Lea die Kinder gegenüber. Plötzlich riss sie ihre kleine Hand aus der Hand der Mutter und rannte durch den ganzen Saal zu einem besonders hübschen dunkelhäutigen Jungen, der in der ersten Reihe stand, und küsste ihn laut schmatzend auf die Wange. So sehr gefiel er ihr! Der Junge erschrak, fing an zu weinen, und Lea rannte zu ihrer Mama zurück. Stille trat ein, dann ertönte einmütiges Gelächter. Es wurde vom Klavier unterbrochen, die Feier begann, und keiner dachte mehr an diesen Kuss.

So hatte sich Lea gleich allen vorgestellt. Die Erzieherin brachte sie zu ihrer Gruppe, Mama beeilte sich, zur Arbeit zu kommen, und Lea weinte kein bisschen und dachte die ganze Zeit daran, was für ein hübscher und süßer Junge das war.

Gewöhnlich kam Papa spätabends von der Arbeit nach Hause, so dass er allein Abendbrot essen musste. Mama setzte sich zu ihm, und sie unterhielten sich. Papa erzählte mit lauter Stimme von seinem Tag. Sie arbeiteten im selben Betrieb: Mama als Betriebswirtin in der Erdölförderung und Papa zu dieser Zeit schon in der Verwaltung als Chef der Planungsabteilung. Sie hatten viele gemeinsame Kollegen, und so gab es immer irgendjemanden oder irgendetwas, worüber man reden konnte. Oft lachten sie dabei, vor allem Mama. Sie war überhaupt sehr fröhlich und dachte sich ständig irgendwelche Späße aus, sie nahm gern die anderen auf die Schippe und erzählte dann abends von ihrem letzten Opfer.

Unmerklich kam das Jahr 1937. Jetzt lachten sie immer seltener und unterhielten sich auch nicht mehr so laut. Mama beugte sich näher zu Papa, und sie redeten beinahe flüsternd. Ihre Stimmen klangen besorgt. Jeden Tag sprachen sie davon, wen man heute abgeholt hatte. Sagte Papa, heute hätten sie auf der Arbeit Jefim Sak geholt, dann erwiderte Mama, gestern Abend sei ihr Nachbar Zwibella abgeholt worden.

Lea dachte gleich daran, dass Jurik Zwibella, ihr Spielgefährte, jetzt ohne Vater leben musste. Jurik war ein blasser kleiner Junge mit wasserblauen Augen und dünnen weißblonden Haaren, schmal und still. Er tat Lea nun sehr, sehr Leid. Als Lea das Wort »abgeholt« hörte, bekam sie furchtbare Angst um ihn.

Niemand begriff so recht, was da vor sich ging, die

Situation war grauenhaft. Überall herrschte Angst, viele Gerüchte gingen um. Überall lauerte Gefahr, aber sie bedrohte einen gleichsam aus einem blinden Winkel. Das Jahr siebenunddreißig mähte die Menschen nieder wie ein Krieg, schon wurden auch aus Papas engstem Umkreis immer mehr Menschen eingesperrt. Und als er eines Tages sagte: »Heute haben sie auf der Arbeit Borz abgeholt«, entgegnete Mama: »Du musst weg!« Borz war Papas unmittelbarer Vorgesetzter. »Als Nächster bist du dran!«

Papa beschloss, dieser schrecklichen Gefahr zu entkommen. Viele Jahre später las Lea bei Nadeshda Mandelstam im *Jahrhundert der Wölfe*, wie erstaunlich passiv alle blieben, wie gelähmt abwarteten, wie sich ihr Schicksal wenden würde: bis an die Tür geklopft wurde und man sie abholte. (Vielleicht trifft es mich ja nicht!, dachte jeder.) Damit erleichterten sie dem NKWD die Arbeit. Dabei war es so einfach, an einen anderen Ort zu fahren, in eine andere Stadt. Das NKWD ließ sich abschütteln: Es wäre zu aufwendig gewesen. Es gab auch so genug Leute, die sie verhaften wollten: Mit einem begann es, dann folgten wie an einer Kette der Zweite, der Dritte, bis die Kette abriss – manchmal ohne ersichtlichen Grund, aber dieses Abreißen rettete anderen das Leben. Erst nach Nadeshda Mandelstams Buch begriff Lea, dass ihr Papa genau das getan hatte, als er im kritischen Moment Baku verließ.

Er war noch nicht einmal siebenunddreißig Jahre alt, als das Jahr siebenunddreißig bereits Alltag war. Und er entschloss sich – natürlich nicht von sich aus, natürlich entschied Mama wie immer energisch –, dass es zu handeln hieß. Ohne länger zu warten. Nach der damaligen Logik konnte kein Zweifel bestehen, dass sie ihn als Nächsten verhaften würden. Papa fuhr nach Moskau, wo sein Bruder und Mamas Bruder damals lebten und ihn niemand kannte und ihn keiner für nichts und wieder nichts denunzieren konnte. Das war eine Zeit, in der Verleumdungen von der Macht unter der Losung »Wachsamkeit« als Wahrheit behandelt wurden. Wie ein gehetztes Tier musste Papa in Moskau untertauchen, still halten, abwarten und hoffen, dass die Menschen und die Zeit wieder zur Besinnung kämen.

Nach Papas Abfahrt wurde es im Haus still, als ob die Tasten des Klaviers verstummt wären. Und tatsächlich spielte auch keiner mehr. Mama kam jeden Tag niedergedrückt von der Arbeit – sie hatte niemanden mehr, dem sie etwas erzählen und mit dem sie die schrecklichen Neuigkeiten besprechen konnte – und legte sich gleich schlafen. Tagsüber benahm sich Lea neuerdings schlecht, war bockig und ungehorsam. Amalia beschwerte sich bei Mama, und Mama stellte Lea, wenn sie nach Hause kam, zur Strafe in die Ecke. Eigentlich war das keine Ecke, sondern eher ein Spalt hinter Großmutters alter Truhe, in die im Sommer die Wollsachen gelegt und mit Naphthalin bestreut wurden. Der Winter in Baku ist sehr kurz, deshalb war die Truhe immer bis oben hin voll und roch nach Mottenpulver. Hinter dieser Truhe also war diese »Ecke«, in der Lea nicht unbedingt stehen musste. Sie setzte sich beleidigt auf den Fußboden, lehnte sich an die Wand und schlief, nachdem sie sich ausgeweint hatte, ein. Schlafend wurde sie in ihr Bettchen gebracht. Und das wiederholte sich tagaus, tagein.

Besuch bekamen sie nicht mehr. Höchstens rein zufällig und ganz kurz sahen Nachbarn herein, und auch das nur, wenn sie etwas wollten. Dann wurde Babajan abgeholt, der Nachbar von unten, mit dem Leas Eltern befreundet waren und mit dem sie fröhliche Abende verbracht, Neujahr gefeiert und das hundertjährige Huhn gekocht hatten. Der kleine Ruben war immer bei Leas Jolka-Festen und bei ihren Geburtstagsfeiern dabei gewesen. Mama hatte Lea oft bei den Babajans gelassen, wenn sie wegmusste. Von dem kleinen Ruben erzählte man sich im Haus, dass er mit zwei Jahren aus dem Fenster gefallen und dabei wie eine Katze unten angekommen sei – auf allen vieren, gar nichts sei ihm passiert. Seine Mutter hatte neben ihm auf dem Fensterbrett gesessen, gestickt und nicht gemerkt, wie er den Fensterriegel aufschob und plötzlich verschwand. Lea war zwei Jahre älter als Ruben, und nachdem sie diese Geschichte zum x-ten Mal gehört hatte, entschied sie – wenn ich einmal falle, dann jedenfalls auf alle viere.

Als Babajan abgeholt worden war, kam Miriam Arutjunowna, Rubens Mama, zu Leas Mama hoch und bat sie, einen Teil der Möbel und Sachen zu nehmen. Denn auf das Abholen folgten immer der Prozess und viele Jahre Lager mit Beschlagnahme des gesamten Besitzes. Mama und Miriam Arutjunowna gingen durch eine halb leere Wohnung mit kahlen Wänden und kahlen Fußböden – sicher hatte Miriam schon einen Teil der Sachen an Bekannte verteilt – und berieten, was sie in Mamas Wohnung tragen könnten. Für wie lange das sein würde, wusste keiner. Wie gut, dass Mama damals den Mut fand – es bedeutete für sie immerhin ein großes Risiko, die Sachen eines »Volksfeindes« zu verstecken. Dass Mama die Sachen zu sich nahm, zeugt davon, dass sie und ihre Freunde das alles als gemeinsames Unglück betrachteten, etwas, das jeden treffen konnte, und dass sie das Brandmal »Volksfeind« nicht ernst nahmen.

Mama ging jetzt nirgendwo mehr hin. So verstrich ein halbes Jahr, vielleicht auch mehr, bis sie eines Tages plötzlich auflebte: »Morgen kommt Onkel Mimik und hilft uns beim Packen. Wir fahren zu Papa nach Moskau!«

Als Papas jüngerer Bruder Mimik am Sonntag eintraf, ging ein großes Durcheinander in der Wohnung los. Mama musste den ganzen Umzug allein organisieren, da Papa nicht wagen konnte, in Baku aufzutauchen. Alles, auch die Möbel, musste nach Moskau geschickt werden, und Onkel Mimik sollte helfen. Er packte die Sachen, und Lea stand ihm im Weg und sah zu, wie geschickt er das anstellte, und ihr schien, als habe er genauso breite Hände wie Papa und als tue er alles genau wie er. Mama schimpfte mit ihrer Tochter und jagte sie weg, während Onkel Mimik sie nur anlächelte, und seine Augen sahen genauso aus wie die von Papa. Lea erinnerte sich genau an die lustigen Fünkchen, die Papas Blick einen fröhlichen, ja übermütigen Ausdruck gaben, selbst wenn er streng blickte, als belustige ihn Lea. Wenn Papa sie mal, sehr selten, ausschimpfte oder einfach streng mit ihr redete, versuchte sie immer, ihm in die Augen zu sehen und diese lustigen Fünkchen zu entdecken. Und hatte sie sie entdeckt, begriff sie sofort, dass Papa nicht böse war und es nicht ernst meinte, dass er nur der Ordnung halber schimpfte. Genau die gleichen braunen Augen mit lustigen Fünkchen hatte Onkel Mimik. Überhaupt sah er Papa so ähnlich, als ob der zurückgekommen wäre. Er spielte sogar wie Papa ein bisschen auf dem Klavier, Lea saß auf seinem Schoß, und seine Hände sahen auf den Tasten genauso aus wie die von Papa. Als er am Abend ging, fing Lea plötzlich laut zu weinen an, und ihr war sehr, sehr traurig zumute, so schrecklich vermißte sie ihren Papa. Onkel Mimik sah Lea nie wieder. Als der Krieg begann, musste er an die Front, trat auf eine Mine und erlitt eine schwere Bauchverwundung. Das passierte, als bereits im Nordkaukasus gekämpft wurde, nicht weit von Baku. Onkel Mimik bat darum, in ein Lazarett in seiner Heimatstadt gebracht zu werden, wo er einige Tage später im Beisein seiner Mutter, seines Vaters, seiner Frau und seiner fünf Kinder starb.

II. MOSKAU – WOSKRESSENSK

Ein Städtchen ohne Straßen

Über ein halbes Jahr musste Papa in Moskau, in der zufällig frei gewordenen kleinen Wohnung von Mamas Bruder ausharren – ohne Arbeit, Familie und Freunde.

Man schrieb bereits das Jahr achtunddreißig, die Welle der Verhaftungen verebbte langsam, und Papa fand schließlich eine Anstellung hundert Kilometer von Moskau weg, im Chemiekombinat von Woskressensk.

Woskressensk war ein gesichtsloses Städtchen der neuen Art, umgeben von Dörfern, was natürlich seine Bevölkerung prägte. Erstaunlicherweise konnte diese eher als Industriesiedlung zu bezeichnende Stadt, die von den Kommunisten an der Stelle des alten Dorfes Woskressenskoje erbaut wurde, ihren von der »Auferstehung« abgeleiteten religiösen Namen bis zum Ende der antireligiösen sowjetischen Zeit bewahren.

Die Stadt hatte keine Straßen und die Häuser keine Architektur. Es entbehrte jeglicher Logik, warum ein Haus gerade hier stand und nicht woanders. Die Häuser wurden so schnell und so willkürlich gebaut, dass man mit den Straßen nicht hinterherkam, ganz zu schweigen von Bürgersteigen, an deren Notwendigkeit man viele Jahre nicht einmal dachte …

In der Mitte der Siedlung lag eine große Ödlandfläche, die möglicherweise einmal eine Wiese gewesen war, auf der Kühe geweidet hatten. Um sie herum standen durcheinander gewürfelt fertige und halb fertige Wohnhäuser, und gleich hinter dem letzten Haus kam schon ein Dorf. Aber das war kein kaukasisches Dorf mit blühenden Mandel- und Pistazienbäumen, sondern ein einfaches russisches Dorf mit Holzhütten und groben Holzzäunen.

Lea und Mama fuhren zu Papa ins große Moskau, wo sie aber ankamen, das war die Provinz: Woskressensk – ihr erster Emigrationsort.

In Baku waren Verwandte und Freunde zurückgeblieben, Arbeitskollegen und Kommilitonen. Nach Baku, der schönen, lauten, unverwechselbaren, auf südliche Weise bunten und lebendigen Stadt, stellte Woskressensk sich ihnen nicht einmal als nettes Dorf in Zentralrussland dar, nein, Woskressensk war ein Krähwinkel, wo das Städtische in Siedlungsform gewaltsam dem russischen Dorfgewebe aufgepfropft worden war.

Das war nicht nur ein anderes Leben, sondern auch ein ganz anderes Land: Aus Aserbaidshan kamen sie nach Russland, und das war eine kleine Emigration, obwohl beide Völker unter einem gemeinsamen sowjetischen Dach lebten. Natürlich fiel es Mama nicht leicht, hier zu leben – ohne Verwandte, ohne Erdöl und ohne Arbeit auf ihrem Fachgebiet. Und ohne südliche Wärme, Tag und Nacht und fast das ganze Jahr hindurch. Lea hingegen nahm diese und alle folgenden Emigrationen, kleine wie große, einfach und problemlos hin: Von Kindheit an lernte sie in jeder vorhergehenden Emigration schon für die nächste zu leben.

In einem der dreistöckigen Kastenhäuser ohne Bürgersteig bekam Papa zusätzlich zur Arbeitsstelle ein Zimmer in einer Gemeinschaftswohnung zugewiesen. Es sollte nur für die ersten zwei Monate sein, dann bekämen sie eine Wohnung, aber es dauerte fast ein halbes Jahr.

Das Zimmer in der Kommunalka, in der in zwei weiteren Zimmern jeweils noch eine Familie lebte, war groß, ungemütlich, halb leer. Das Gepäck aus Baku war noch nicht angekommen. Die Küche hatte die Nachbarin okkupiert, die vor ihnen eingezogen war, sie mussten sich also mit einer kleinen Kochplatte in ihrem Zimmer behelfen. Mama bekam gleich zu Beginn Rheuma: Alle Gelenke taten ihr weh, Hände und Füße waren angeschwollen, sie litt sehr. Aber zum Glück geschah ein Wunder – nach einem halben Jahr gab sich das Rheuma. Simple Salizylsäure hatte geholfen. Und genau zu diesem Zeitpunkt bekamen sie endlich eine eigene Wohnung: zwei Zimmer – ein Wohnzimmer und ein Schlafzimmer, in dem auch Lea schlief –, Küche und Bad, sogar mit Zentralheizung. In der Küche stand ein Herd, der mit Holz geheizt wurde, deshalb zog Mama es vor, auch weiterhin auf der kleinen elektrischen Platte zu kochen.

Unter den Fenstern ihres Hauses klebten ein paar kleine Hütten aneinander, aus Brettern zusammengezimmert, so wie es gerade kam. Die Dächer bestanden aus Blechstücken, und keiner konnte mehr sagen, ob das Blech schon verrostet war, als man es auf der Straße fand, oder ob es erst auf den Dächern Rost angesetzt hatte. In diesen niedrigen, beinahe in die Erde hineingewachsenen Hütten und Scheunen wurden Hühner und Schweine gehalten, Gerümpel und manchmal Motorräder abgestellt. Menschen wohnten hier zwar nicht, aber diese Hütten sahen aus wie richtige Slums.

Endlich kamen die Sachen aus Baku. Die Möbel stellten sie genauso wie in Amiradshany auf: ins Esszimmer links an die Wand das Klavier, darauf eine hohe Mahagonivase aus den zwanziger Jahren im Stil des »Art déco«. Der große Esstisch kam in die Mitte, in die Ecke am Fenster Großvaters alter Bücherschrank mit alten und neuen Büchern und links neben die Tür die elegante Ebenholzsäule für Blumen mit weißem Porzellan in der Mitte, bemalt mit großen prunkvollen Lilien. Auf dieser Säule standen allerdings niemals Blumentöpfe, und Gardinen hingen auch nie an den Fenstern. In diesem Leben – Arbeit, Jagd nach Lebensmitteln, Haushalt – mochte Mama weder Blumentöpfe noch Vorhänge, nichts, worum man sich zusätzlich kümmern musste. Allerdings konnte ihnen hier im dritten Stock keiner in die Fenster gucken: Auf der einen Seite lag endloses Ödland, und auf der anderen schien ihr ganz nahe am Wald gelegenes Haus das letzte in der Siedlung zu sein.

Das Leben ging allmählich wieder seinen Gang. Leas Eltern freundeten sich mit Kollegen an, die alle froh waren, dass sie, wenn schon nicht direkt in Moskau, so wenigstens nicht weit weg wohnten. Von Woskressensk war man mit dem Zug in genau zwei Stunden in der Hauptstadt, konnte ihre freiere Atmosphäre genießen und einkaufen gehen.

Wie früher luden die Eltern an Feiertagen und nicht nur dann bei sich zu Hause zu lustigen Abenden ein. Wie oft in der Emigration wurden Menschen zu ihren Freunden, die wie sie waren und die es aus allen Ecken des Landes hierher verschlagen hatte: Juri Markowitsch Senkowski aus Odessa, Sascha Segidinow (der aussah wie Sammy Davis junior) mit seiner jungen hübschen Frau Slata, ebenfalls aus der Ukraine, sogar ein Tscheche gehörte dazu, der ganz anders war als die Übrigen – sehr korrekt und elegant gekleidet.

Herbstwald

Als der Herbst begann, ging Mama einmal bei einem Spaziergang tiefer in den dichten alten Wald hinter ihrem Haus hinein. Wie sie in Baku den Frühling der blühenden Pistazien wegen liebte, so liebte sie hier, in der Nähe von Moskau, den Herbst wegen des farbenprächtigen Waldes. Sonntags nahm sie Lea nun zum Spazieren in den Wald mit, aber nicht um Pilze und Beeren zu sammeln, sondern um einfach so durch den Wald zu schlendern und ihn zu genießen. Das Laub der alten hohen ausladenden Bäume hatte viele Farben – vom Braun der Eichenblätter bis zum Rot, manchmal auch Rotbraun des Ahornlaubs. Die breite Schneise, die sie entlanggingen, war mit diesen bunten Herbstblättern wie mit einem Teppich bedeckt. Lea machte es besonderen Spaß, wenn unter den Füßen trockenes Laub raschelte. Mama konnte sich endlos über die farbenprächtigen Blätter, die vor kurzem noch eintönig grün gewesen waren, begeistern, und hob von Zeit zu Zeit ein besonders schönes Blatt auf – groß oder winzig klein. Schließlich reichten ihre Hände nicht mehr aus, sie kamen mit einem Arm voll bunten Laubs, schön wie Blumen, nach Hause. Dieser Herbstwald, auf den Mama das ganze Jahr wartete, ersetzte ihr das, was sie immer geliebt hatte und was in Baku zurückgeblieben war.

Ohne Njanjas, mit eigenem Schlüssel

Nach einiger Zeit ging Mama wieder arbeiten, und Lea durfte, obwohl sie noch nicht ganz acht war, in die Schule. Als sie in die erste Klasse kam, konnte sie weder lesen noch schreiben, kannte weder Zahlen noch Buchstaben. Wie sie bis dahin ohne all das leben konnte, ist ihr heute unbegreiflich. Doch damals vertrat Mama die Theorie: Ein Kind muss nach dem Schulsystem lesen und schreiben lernen und nicht nach Mamas und Papas selbst ausgedachten Methoden. Zum Glück ging es den meisten so wie Lea – viele Kinder kamen aus den umliegenden Dörfern, und ihre Eltern waren entweder Analphabeten oder konnten bestenfalls gerade lesen und schreiben. Allein Ira Petuchowa konnte schon lesen und Wowka Kostrygin außerdem noch rechnen – Leas Mama nannte ihn das »Naturtalent vom Lande«, so klug war er. Aber Wowka hatte das von seinen älteren Brüdern gelernt, sie waren wohl sechs, und er war der Jüngste.

Dafür gefiel Lea das Lernen von der ersten Stunde an. Jeder neue Buchstabe war eine Entdeckung, ganz zu schweigen von ganzen Wörtern, die sie gleich zu lesen lernte, das Lesen nach Silben übersprang sie.

In die zweite Klasse wurde Lea wie auch Ira Petuchowa und Wowka Kostrygin als Bestschülerin versetzt. In der zweiten Klasse gab es bereits Kinder, die nicht mitkamen, und Lea half einem Mädchen aus dem Dorf bei den Hausaufgaben. Sie nahm Marussja jeden Tag nach der Schule mit zu sich nach Hause. Die beiden Mädchen waren allein, niemand störte sie, weder Marussjas kleine weinende Schwestern noch die Großen mit ihren Kopfnüssen. Sie machten die Hausaufgaben für den nächsten Tag, und Lea übte mit Marussja lesen, wenigstens nach Silben. Oft erledigte Lea für Marussja die Hausaufgaben einfach selbst und sagte ihr in der Schule vor, damit die Freundin besser vorankam und sie mehr Zeit zum Spielen hatten.

Mama arbeitete von morgens bis abends, und so war Lea den ganzen Tag über für sich. Wenn Schule war, hatte sie weniger »freie« Zeit, in den Ferien dafür umso mehr. Die langen Ferien waren im Sommer – dreieinhalb Monate –, dazu kamen die Winterferien – ungefähr zehn Tage am Jahresbeginn, zur Zeit der Neujahr-Jolka-Saison.

Den Sommer verbrachte Lea zu Hause und auf der Straße. Zu Hause trieb sie Dinge, von denen die Erwachsenen nichts wissen durften. Zum Beispiel versuchte sie die Mine eines Kopierstifts in einem Fläschchen mit Wasser zu Tinte aufzulösen und verschüttete diese dabei natürlich auf Tisch und Fußboden. Die Flecken wegzuwischen gelang ihr meist nicht, und dann wartete sie jedes Mal mit Bangen darauf, dass die Tischdecke weggenommen würde und der riesige dunkellila Tintenfleck auf dem Holz zum Vorschein kam. Oder sie schmierte sich das Gesicht mit Mamas Mandelkleie und ihren Cremes ein. Außerdem spielte Lea gern Doktor, und wenn kein anderer da war, kurierte sie sich selbst. Einmal legte sie auf ihr gesundes Bein in Jod getränkte Watte und wickelte einen festen Verband darum, so wie es Papa tat, wenn er ihr einen Halswickel machte. Als Mama von der Arbeit kam und Leas verbundenes Bein sah, bekam sie einen Schreck. Dann stellte sich heraus, dass Lea mit dem Jod ihr Bein verätzt hatte und sie zum Arzt mussten.

Fließend lesen konnte Lea bereits vor den ersten Sommerferien. Obwohl sie selbst viele Bücher besaß, ging sie gern in die Kinderbibliothek in der Nähe, um in den Büchern zu wühlen und jedes Mal etwas besonders Interessantes zu finden. Ihr Lieblingsbuch in dieser Zeit war *Die Briefmarke des Landes Guadeloupe*. Dieses Buch konnte Lea unzählige Male lesen, da es nicht aus der Bibliothek, sondern ihr eigenes war. Und *Die Abenteuer von Karik und Valja*, einem Jungen und einem Mädchen, die ganz klein wurden, kleiner als Käfer und Ameisen, prägten sich ihr fürs ganze Leben ein. Natürlich las sie nicht nur Kinderbücher. Irgendwoher tauchten zu Hause die gelblichen Bände der vollständigen Maupassant-Ausgabe auf. Mama und Papa führten rätselhafte Gespräche darüber, und als Lea sie nach diesen dicken Büchern mit den voll gedruckten Seiten ohne Bilder fragte, winkte Papa ab und sagte: »Das ist nichts für Kinder, rühr diese Bücher nicht an!«

Das war das Signal! Wenn Lea jetzt allein zu Hause war, las sie die kurzen Erzählungen mit den interessanten

Überschriften, die so leicht fasslich geschrieben waren, dass sie glaubte, nun alles zu verstehen, was mit dem Erwachsenenleben zusammenhing, sogar, warum Mama aus Eifersucht auf eine gewisse Serafima Nikolajewna, die mit Papa zusammen arbeitete, manchmal explodierte.

Beim Lesen saß Lea gern auf dem Fensterbrett. Sie guckte aus dem Fenster, aß einfache Bonbons aus Zucker und Mehl und trank kaltes Leitungswasser dazu. Einmal kam sie auf die Idee, von einem Zimmer ins andere nicht durch die Tür zu gehen, sondern über den Fenstersims. Das tat sie immer öfter, bis jemand sie von der Straße aus im dritten Stock zwischen den Fenstern herumklettern sah und ihren Eltern aufgeregt davon erzählte.

Eine richtige Straße gab es, wie gesagt, vor ihrem Haus nicht. Man musste über Trampelpfade bis zur nächsten Straße gehen, über kahle staubige Freiflächen zwischen den Häusern – erst kam eine kleine, dann eine große, dann wieder eine kleine. Plötzlich stand man bei Regenwetter vor riesigen Pfützen, wie sie sich überall bildeten. Um die musste man herumgehen, um zu einem Bürgersteig zu gelangen, der gleich hinter einer Hausecke begann. Aber das bedeutete keineswegs, dass dahinter auch eine Straße lag. Das war einfach ein Straßenstück, an dem ein großes graues Haus stand – oder vielleicht zwei –, mit einem Brotladen und einem Lebensmittelgeschäft im Erdgeschoss, und daneben ein im Rohbau stehen gebliebenes Haus, das nur Haus- und Wohnungswände hatte und wohin die Kinder zum Versteckspielen rannten oder um über all das zu sprechen, was die Erwachsenen nicht hören sollten. Hier fühlten sie sich vor ihnen sicher. Gegenüber lag ein kleiner Park mit armseligen Sträuchern, mit Sandwegen und Bänken, sogar mit einem Blumenbeet in der Mitte. Die Mädchen erzählten, dass in diesen Büschen abends Pärchen lägen, und auch, was sie dort machten. Manche ältere Mädchen schilderten das so lebhaft, als sprächen sie aus eigener Erfahrung.

Wenn Lea von Mama losgeschickt wurde, Weißbrot zu holen, knabberte sie unterwegs schon alle Laibe an. Nie wieder bekam sie solch frisches, leckeres Weißbrot zu essen, selbst nach dem Krieg in Moskau nicht.

Auf dem struppigen Ödland brachten die Jungen aus lauter Langeweile die Hunde zum Paaren und jagten die Unzertrennlichen dann mit Gejohle durch die Gegend. Rechts von den Freiflächen ragten noch zwei, drei weitere nicht fertig gebaute Häuser in die Höhe: nichts als kahle Wände und Fußböden – grau, aus Zement und unverputzt. Diese Wände mit leeren Türöffnungen bildeten ein eigenartiges Labyrinth. Auch hier wurde jeden Tag Versteck gespielt. Alle Kinder wohnten in der Nähe. Ihre Herkunft war ganz verschieden – Dorfkinder, Kinder von Arbeitern, die vom Lande stammten, und richtige Städter. Die Straße zog sie unheimlich an und vereinte sie. Sie brauchten einander nicht zu kennen. Stundenlang spielten sie zusammen – gleich nach dem Mittagessen trafen sie sich und blieben, bis es dunkel war. Wenn die Dunkelheit anbrach, war das Spiel natürlich am abenteuerlichsten. Und gerade dann ging im dritten Stock das Küchenfenster auf, und Lea wurde nach Hause gerufen, zuerst von der Mama und dann von Papa. Papa machte ihr noch Versprechungen: »Komm schnell hoch, ich bring dir das Schachspiel bei!«

Aber was war Schach gegen abendliches Versteckspiel. Natürlich kam Lea nicht gleich nach Hause, natürlich achtete sie einfach nicht auf Mamas Rufen. Erst wenn Papa sie mit strengerer Stimme rief, drehte sie sich um und tat so, als ginge sie schon zum Haus. Aber wenn sie in die Wohnung kam, schimpfte sie mit den Eltern: »Nie kann ich mich so richtig satt spielen!«

Prawda, Iswestija und Mursilka

Gleich hinter dem Ödland stand am Weg ein Zeitungskiosk. Hier kaufte sich Lea immer die Kinderzeitschrift *Mursilka*. Die beiden Frauen, die im Kiosk saßen, kannten sie schon. Später ließen sie Lea zu sich hinein, und als sie sich dann richtig mit ihr angefreundet hatten, erlaubten sie ihr sogar, Zeitungen zu verkaufen, während sie selbst sich ein wenig ausruhten und miteinander plauderten.

Lea gefiel diese einfache Holzbude mit den ausgelegten Zeitungen und Zeitschriften sehr, die ihr das Gefühl gab, etwas Wichtiges zu tun, was eigentlich nur Erwachsenen erlaubt ist. Allerdings musste sich das kleine Mädchen mit den dicken dunklen Zöpfen auf einen Hocker stellen, damit man sie draußen überhaupt sehen konnte und sie an die Zeitungen und Kopeken herankam. Den Geruch der Druckfarbe und die riesigen Überschriften –

all das fand sie wunderbar. Eigentlich lagen nicht viele Zeitungen aus: *Prawda, Iswestija, Trud, Krasnaja swesda* und vielleicht noch ein, zwei Zeitschriften, und sie waren alle dünn, diese Zeitungen, nur zwei Blätter im Großformat. Diese leichte Ware zu verkaufen war nicht schwer, und es machte ihr Spaß, zwei oder drei Kopeken zu nehmen und zu den anderen Münzen in einen alten tiefen Teller zu werfen. Am interessantesten aber war es, Wechselgeld herauszugeben – dabei fühlte es sich ganz groß. Manchmal, wenn die Käufer das Mädchen mit den zwei langen Zöpfen sahen, verzichteten sie ganz auf das Wechselgeld.

Der Zeitungskiosk zog Lea so an, dass sie selbst in den Ferien dort mehrere Stunden verbrachte. Hatte sie sich ein bisschen Kleingeld verdient, einen halben Rubel vielleicht, so viel, wie ein Glas Beeren kostete, ging sie zu dem kleinen Markt, der auf der anderen Straßenseite lag. Wochentags boten dort ein paar Händler Milch, Beeren, Sonnenblumenkerne, Schnittlauch und Sauerampfer an, den sie auf den nassen Wiesen am Flüsschen gesammelt hatten. Die Sonnenblumenkerne und Beeren wurden in Wassergläsern verkauft, der Sauerampfer in kleinen Häufchen – zwei für einen Topf Sauerampfersuppe.

Besser als eine »Singer«

Sonntags dagegen war es ein großer Markt, und alles wurde darauf verkauft – Stiefel, Schuhe, Kleider, Schaufeln, Petroleumkocher, alte Töpfe und vieles mehr.

An so einem Sonntag ging Mama einmal, während Papa noch schlief, morgens auf den Markt, um frisches Gemüse und Obst zu holen, kaufte aber stattdessen eine Nähmaschine. Schon nach zehn Minuten war sie zurück, mit einer leeren Tasche und schrecklich aufgeregt: »Jascha, steh auf, du musst Geld borgen gehen!«

»Wo denn?«

»Wo du willst!«

Auf dem Markt verkaufte jemand eine Tischnähmaschine, eine »Popow«: klein, alt, dem Aussehen nach eine verkrümmte Greisin, kein Vergleich mit der schönen »Singer«.

Mama hatte schon immer von einer Nähmaschine geträumt, aber die kostete ein ganzes Vermögen. Und nun bot sich diese Gelegenheit – eine zwar primitive und alte, jedoch erschwingliche Maschine. Papa reagierte skeptisch, er war für modernere Dinge, außerdem hatte er bestimmt keine Lust, an seinem arbeitsfreien Tag so früh aufzustehen. Mama versuchte ihn zu überreden: »So eine schöne Naht wie die ›Popow‹ kriegt nicht mal die ›Singer‹ hin.«

Papa stand also auf, zog sich schnell an und schimpfte, dass er nicht einmal an seinem freien Tag ausschlafen konnte und unrasiert aus dem Haus gehen musste und nicht einmal wusste, wohin. Mama trieb ihn an, sie befürchtete, dass ihr jemand zuvorkam. Und rief ihm noch hinterher, wer ihnen vielleicht das Geld borgen könnte.

Zu Mamas Freude kam Papa bald mit Geld zurück, und sie rannten beide auf den Markt. Nach Hause brachte Papa brummend keine »Nähmaschine«, sondern ein kleines, niedriges Maschinchen mit großem Rad, zu dem der Name »Popow« tatsächlich passte. Die Maschine steckte in einem Holzfutteral, das aussah wie eine einfache rechteckige Kiste. Mama war glücklich, Papa brummte jetzt nur noch gutmütig, trug es Mama aber noch lange nach, dass sie ihn an seinem freien Tag in aller Herrgottsfrühe losgejagt hatte.

Eigentlich konnte Mama gar nicht richtig nähen, weder Kleider noch Blusen, nicht einmal Röcke. Als Allererstes fertigte sie für ihre Maschine eine Leinenhülle an und stickte drei Kätzchen auf die Vorderseite. Später lernte sie, aus gestärkter Baumwolle BHs und Unterhosen für Lea und sich zu nähen.

Kleingeld

Wenn Lea also genug Kleingeld zusammenhatte, ging sie auf den Markt. Sie lief ein bisschen zwischen den Reihen hin und her und kaufte dann meist duftende rote Walderdbeeren mit grünen Schwänzchen. Die Marktfrau reichte ihr die Beeren in einer Tüte aus Zeitungspapier. Während Lea nach Hause ging, leerte sich die Tüte. Das war so etwas wie ihr zweites unabhängiges Leben, in dem sie tun und lassen konnte, was sie wollte: Zeitungen verkaufen und dann selbst kaufen, was ihr in den Sinn kam.

Jedes Jahr kam Saschka mit seiner Schwester Galja und seiner Mutter aus dem heißen Baku zu ihnen nach Woskressensk zu Besuch und verbrachte hier den ganzen

Sommer. Mama schickte Saschka oft Brot holen. Eines Tages hatte sich Lea Geld aus Saschkas Hosentasche genommen, weil ihr eigenes für die Beeren nicht reichte. Im Brotladen spielte Saschka den Erwachsenen und flirtete mit der jungen Kassiererin, doch dann stellte sich heraus, dass er keine einzige Kopeke in der Tasche hatte, um das Brot zu bezahlen – man könnte wetten, dass auch er unterwegs die Kanten anknabberte! –, das er schon in der Hand hielt. Saschka musste das Brot zurücklegen und kam wütend nach Hause getrabt. Der Verdacht fiel gleich auf Lea.

Als Papa abends von der Arbeit kam, erfuhr er von dem Vorfall. Papa saß an der Stirnseite des langen Tischs, als Saschka Lea ins Zimmer schubste, die an der Tür stehen bleiben musste. Papas Stimme war laut und streng wie nie zuvor: »Hast du das getan?«

»Ja.«

Zu leugnen hatte keinen Sinn.

»Ist dir klar, was du gemacht hast? Was das bedeutet?«

Natürlich wusste sie, dass man so etwas nicht macht. Aber es hätte ja sein können, dass niemand etwas merkt. Lea versuchte die ganze Zeit, Papa in die Augen zu blicken, um herauszufinden, wie wütend er war. Schließlich sahen seine Augen nicht mehr so streng aus, und die lustigen Fünkchen waren wieder da, obwohl seine Stimme streng blieb.

Bald darauf war es mit dem Kiosk vorbei. Jemand hatte Leas Eltern erzählt, dass sie dort Zeitungen verkaufte. Papa und Mama fanden das anstößig und für die geistige Entwicklung ihrer Tochter schädlich. Die Kioskbesuche wurden ihr strikt untersagt. Das war am Ende der Sommerferien. Als die nächsten Ferien kamen, hatte der Krieg schon begonnen, und alles war anders.

Die Puppe

Die Zeiten waren eben so – in den Läden gab es kaum noch etwas zu kaufen. Die Regale standen leer, vielleicht ein paar Packungen Streichhölzer oder einfaches Eau de Cologne. Im Vorbeigehen sahen die Leute trotzdem oft hinein, für alle Fälle, vielleicht war ja plötzlich doch etwas geliefert worden, und wenn sie mit einem kurzen Blick schon an der Tür feststellten, dass es nichts Neues gab, machten sie kehrt und gingen weiter. Wenn es mal etwas gab, dann drängten sich die Leute im Geschäft, oder es stand eine lange Schlange davor. Es wurde alles gekauft, was zu haben war. Irgendwann im Sommer wurden Puppen angeboten. Mama kam aus purem Zufall am Laden vorbei und kaufte ihrer Tochter eine. Zu Hause versteckte sie die Puppe tief im Schrank, hinter den warmen Winterhosen, um sie Lea im Dezember zum Geburtstag zu schenken. Eine Zeit lang vergaß sie die Puppe sogar.

Einmal im Herbst – draußen war es bereits dunkel und kalt – betraten Mama und Lea in Moskau die Metro. Angenehme Wärme hüllte sie hier ein. Lange kam kein Zug, plötzlich aber wehte ihnen Wind ins Gesicht – der einfahrende Zug drückte die Luft aus dem Tunnel vor sich her. Er hielt, die Türen öffneten sich, und Lea stieg mit ihrer Mama in den hell erleuchteten graublauen Wagen. Niemand musste stehen, es waren sogar noch viele Plätze frei.

Sie setzten sich hin, Lea sah sich um und entdeckte plötzlich, dass etwas weiter rechts ihr gegenüber genauso ein Mädchen saß wie sie, nur mit blonden Zöpfen und Pony, auch mit ihrer Mama, und auf dem Schoß eine Puppe hielt. Lea sah diese Puppe unverwandt an. Das andere Mädchen hielt sie wie ein kleines Kind. Die Puppe war nicht groß, aber auch nicht klein und hatte nichts Besonderes an sich. Gekleidet war sie wie eine Erwachsene, sie trug ein Baumwollkleid mit Blümchen. Allerdings passte das Kleid nicht recht zu den winterlich angezogenen Menschen im Wagen. Doch mit dem Faltensaum und dem winzigen weißen Kragen sah die Puppe aus wie echt. Die Hände des Mädchens, die in Fäustlingen steckten, streichelten von Zeit zu Zeit ihr Köpfchen: Die Puppe hatte auch zwei blonde Zöpfe.

Im Wagen war es sehr still, niemand unterhielt sich, und Mama, die plötzlich auch die Puppe sah (es war genau die gleiche, die bei ihnen zu Hause im Schrank lag!), fragte Lea im Flüsterton: »Guck mal, Töchterlein, was für eine schöne Puppe. Gefällt sie dir?«

Lea, die sich immer noch nicht von der Puppe losreißen konnte, schnaubte nur, ohne Mama eines Blickes zu würdigen: »Puh, überhaupt nicht!«, und schüttelte zur Bekräftigung ausdrucksvoll und energisch den Kopf, um keinen Zweifel daran zu lassen: Das ist nicht meine Puppe, und deshalb kann sie mir gar nicht gefallen! Aber Mama verstand nur, dass die Puppe ihrer Tochter einfach nicht gefiel. Sie war betrübt, fragte aber nach: »Und du möchtest nicht so eine haben?«

»Nein!« Lea schüttelte noch einmal energisch den Kopf, wobei sie nicht einmal mehr zu der Puppe hinsah, mit der das andere Mädchen mit der anderen Mama gerade ausstieg. Die Zeiten waren damals so – und die Kinder wussten das auch –, nichts bekam man problemlos, im besten Fall konnte man es ergattern – nicht etwa kaufen, nein, ergattern. »Warum soll ich so eine Puppe haben wollen, wenn ich sie sowieso nicht kriegen kann!«

Mama aber gab es einen Stich. Denn eine andere Puppe zu besorgen, davon konnte sie nicht einmal träumen!

Bald kam Leas Geburtstag. Viele verschiedene Geschenke bekam sie, und eins von Mama. Lea packte es aus dem einfachen Papier aus und schrie vor Freude auf – da lag die Puppe. Die gleiche, die ihr in Moskau, in der Metro, so gefallen hatte. Und jetzt gefiel sie ihr noch mehr. Es war ihre Puppe! Sie hatte das gleiche Sommerkleid an.

Lea gewann diese Puppe sehr lieb. Sie liebte sie so sehr, dass sie keinen Namen für sie fand, der schön genug gewesen wäre. So blieb die Puppe namenlos – einfach »Puppe«. Sie wurde zur wichtigsten Puppe ihres Lebens. Die Puppen davor zählten nicht. Und nach ihr kamen keine mehr: Da war sie bereits erwachsen.

Der Pelzmantel

Es war schon ziemlich spät, und Mama beschloss, ein Taxi zu nehmen. Sorgen bedrängten sie – die neue Stadt, in die sie gekommen war, war gar zu groß und fremd, verglichen mit ihrem geliebten Baku, fast nördlich zu nennen. Diese Stadt war ungemütlich, das Leben in ihr schwer, und die Zeiten so, dass nicht nur sie, sondern fast alle Menschen nur mit Mühe zurechtkamen.

Es hatte zu regnen begonnen, und sie wollte nicht nass werden in ihrem dünnen Sommerkleid. Sie setzte sich im Taxi nach hinten und schlug die Tür zu. Da fühlte sie, dass sie sich auf etwas Hartes gesetzt hatte. Im Dunkeln zog sie erst ein Armband und dann noch eine Brosche hervor – groß und schwer.

Da hat sicher jemand Diebesgut verloren, ging es ihr durch den Sinn. Sie hielt den Fund fest in der Hand und konnte sich weder entschließen, ihn in ihre Handtasche zu legen, noch dem Fahrer etwas davon zu sagen. Sie fragte ihn nur, wer vor ihr im Auto gesessen hätte.

Der ältere, leicht grauhaarige Mann antwortete, zwei Kerle seien an der Nowaja ploschtschad eingestiegen, hätten ihn dann aber ziemlich plötzlich wieder anhalten lassen.

Zu Hause entdeckte Mama, dass es sich um ein Goldarmband handelte und um eine Goldbrosche mit einem riesigen schwarzen Stein, umrahmt von goldenen Blättern – ein Pelzmantel für den Moskauer Winter!, schoss es ihr durch den Kopf.

Den Wintermantel mit der warmen Wattefüllung und

dem Waschbärkragen, den sie fast von Anfang an Pelzmantel nannte, bestellte Mama in einer Schneiderwerkstatt, an der sie immer vorbeiging, wenn sie von der Straßenbahn in die Metro umstieg. Die Werkstatt stammte noch aus alten Zeiten: Die Wände, die Regale, der Ladentisch – alles war aus dunklem Nussbaumholz und sah unzeitgemäß vornehm aus.

Sie brauchte eine ganze Weile, bis sie sich schließlich für den braunen gerippten Wollstoff entschied. Der Schneider zeigte ihr ein Stück helles, leicht struppiges Fell mit dunklen unregelmäßigen Streifen, das ihr gefiel. Der Mantel sollte tailliert geschnitten sein, damit er sich anschmiegte und besser wärmte, und er sollte einen Waschbärpelzkragen haben, in dem man sein Gesicht vor Wind und Frost verstecken konnte, so als trüge man einen richtigen Pelzmantel.

Der Mantel erwies sich tatsächlich als sehr warm, aber schwer, und das langhaarige Waschbärfell am Kragen stand nach allen Seiten ab. Für einen besseren Kragen hätte das Geld sowieso nicht gereicht, so dass Mama sich nicht ärgerte, sondern froh war, nun einen warmen und fast eleganten Pelzmantel zu besitzen.

Doch zog sie ihn nur wenige Male an. Der Krieg begann, und als sie evakuiert wurden, nahm sie den Mantel zusammen mit anderen »Wertsachen« mit. Dort versetzte sie nach und nach ihre einzelnen Kleidungsstücke auf dem Markt, um Kartoffeln und Butter zu kaufen, aber den Mantel zu verkaufen kam für sie nicht in Frage. Sie wusste, dass sie in ihrem Leben kein zweites Mal Geld für einen neuen Pelzmantel haben würde, und bewahrte ihn bis zuletzt für bessere Zeiten auf, für nach dem Krieg, obwohl sich der Pelz gerade im kalten Ural gut hätte verkaufen lassen. Sie zog ihn aber auch nicht an – was sollte sie mit einem vornehmen Pelzmantel auf dem Dorf! Der lange Männermantel mit dem gefärbten Ziegenfellkragen, den sie auf Bezugsschein bekommen hatte, war warm genug.

Als der Krieg vorbei war, musste sie den Pelzmantel dann doch verkaufen: Papa, der von der Front heimgekehrt war, brauchte Butter und Kaviar, um die Tuberkulose zu »ertränken«, wie es damals hieß. Andere Mittel gab es nicht.

Tee mit Rosinen

Im letzten Winter vor dem Krieg fiel die Zentralheizung aus. Die Zeit der kleinen Kanonenöfchen aber war noch nicht gekommen. In der Wohnung war es sehr kalt, und das Bett, in das Lea sich abends legte, eisig. Papa hob Lea abends vor dem Schlafengehen hoch und ließ sie blitzschnell auf das eiskalte Laken hinab und deckte sie noch schneller mit der nicht weniger kalten Decke zu, um sie dann sorgfältig einzuhüllen, die Decke fest an den kleinen zitternden Körper anzudrücken.

Während sie früher nach Moskau gefahren waren, um spazieren zu gehen und Verwandte und Freunde zu besuchen, hatten sie jetzt an jedem freien Tag dort damit zu tun, Lebensmittel einzukaufen. In Woskressensk waren die Läden leer, während es in Moskau noch Butter, Zucker und Mehl gab.

Aber dann verschwand auch der Zucker ganz. Zum Glück hatten sie einen kleinen Vorrat an Rosinen im Haus. In jenen Jahren wurde alles auf Vorrat gekauft, die unwahrscheinlichsten Dinge: Kernseife, Rosinen, Weinessig, Parfüm. Das Parfüm hatte allerdings nichts mit den schweren Zeiten zu tun, Mama liebte es einfach, und noch lange erinnerte sie sich an den Duft von Obigan Coty aus den zwanziger Jahren. Zum Aufwärmen tranken sie heißen Tee mit Rosinen statt Zucker – das hatte Papa sich ausgedacht, und es schmeckte sehr gut.

Aus Lautsprechern am Straßenmast

Dann kam endlich der Sommer, und die Ferien begannen. Lea war gerade mit einer an ihrem geliebten Zeitungskiosk gekauften *Mursilka* auf dem Weg nach Hause, als plötzlich die Musik im hoch an einem Mast angebrachten Lautsprecher verstummte und der Sprecher Außenminister Molotow ankündigte. Die Menschen blieben stehen und warteten, und die Freifläche sah gleich wie ein Platz aus. Molotow verkündete mit merkwürdig feierlicher Stimme, dass der Krieg ausgebrochen sei. Danach konnte man noch den ganzen Tag zu Hause im Radio oder aus dem Lautsprecher am Mast seine Stimme hören, die immer aufs Neue wiederholte, es sei Krieg, als ob noch jemand daran zweifeln könnte. Diese absurde Feierlichkeit in Molotows Stimme – unterdessen wurde bereits gemeldet, dass der Überfall für die Rote Armee überraschend gekommen sei und der Rückzug begonnen habe –, mit der auch danach die Rundfunksprecher die Berichte über Kämpfe und Rückzugsoperationen, später dann über Siege verlasen, war den ganzen Krieg hindurch zu hören. So absonderlich diese Feierlichkeit anfangs auch war, wurde durch sie den Menschen suggeriert, dass jetzt zwar der Krieg ausgebrochen sei, aber der Tag komme, wo alles wieder gut werde. Als die Siege begannen, klang diese Feierlichkeit nicht mehr so absurd – sie gab den Menschen tatsächlich Zuversicht.

Bald nach Ausbruch des Krieges zog eine Familie mit Kindern, die eine Etage tiefer wohnte, Hals über Kopf ohne Gepäck aus, als hätte man sie hinausgeworfen. Sie wussten nicht einmal, wohin es ging. Die Wohnungstür stand aus unerfindlichen Gründen offen, und man konnte die Hektik sehen, mit der sie aufgebrochen waren. Es hieß, da würden Deutsche deportiert. Bis dahin hatte niemand im Haus gewusst, dass es eine deutsche Familie war. Es war seltsam und beklemmend. Aber nicht allzu sehr: Von Deutschen war schließlich die Rede, und das Land hatten ja die Deutschen überfallen.

Es war schon Frühherbst. Sie gingen zu dritt über das Ödland bei ihrem Haus, Papa, Mama und Lea. Die deutschen Truppen standen bereits vor den Toren Moskaus. Mama sagte beunruhigt: »Die Deutschen sollen in den Städten, die sie einnehmen, Juden erschießen.«

Papa umarmte Mama und sagte: »Hab keine Angst, ich bin bei dir, ich gebe dich niemandem her.«

Lea fasste Mama bei der Hand.

III. BASCHKIRIEN – STERLITAMAK

Mit Klavier und Parfüm im Viehwagen

Auf Woskressensk fielen Bomben. Es war spannend zu beobachten, wie sie detonierten. Nicht in der Nähe des Hauses, in dem Lea wohnte, sondern weit weg, und deshalb jagten sie ihr wenig Angst ein. Die Bomben konnte man deutlich am klaren Himmel des heißen Sommers erkennen, sie sahen am blauen Himmel aus wie schwarze Ausrufezeichen, bei denen unten nur der Punkt fehlte.

Der Schulbeginn fiel in diesem Jahr aus. Die Deutschen standen so dicht vor Moskau, dass sogar schon mit der Evakuierung der Regierung nach Kuibyschew begonnen wurde.

Der 16. Oktober 1941 war der Tag der Großen Moskauer Panik, als alle Angst bekamen, dass die Deutschen in Moskau einrücken würden. So nah waren sie bereits. Jeder wollte so schnell wie möglich weg, aber in Richtung Osten war nur noch eine Bahnstrecke von zehn frei – die nach Rjasan. Moskau war fast eingekreist, allein vom Kasaner Bahnhof fuhren ständig Personenzüge gen Osten ab, Frauen mit Kindern und Bündeln versuchten mit allen Mitteln, einen Platz zu ergattern, egal, in was für einem Waggon, aber nur wenigen gelang es. Die Eisenbahn schien die einzige Rettung zu sein … Zum Glück lag Woskressensk an der Strecke zwischen Moskau und Rjasan.

Fast das gesamte Werk, in dem Papa arbeitete, war schon evakuiert worden. Papa war als Verantwortlicher für die Evakuierung der Letzten eingesetzt – der Letzten der Mohikaner. Papa beschaffte zwei Güterwagen und rüstete sie für die lange Fahrt aus. Typisch Papa. Er hatte an alles gedacht. Normalerweise dauerte die Fahrt drei, vier Tage bis Baschkirien, jetzt aber waren die Strecken nach Osten so verstopft, dass niemand wusste, wie lange sie brauchen würden bis Sterlitamak – so hieß die Stadt, in die sie fuhren.

Zwar waren das keine Schlafwagen, aber immerhin Güterwagen »mit menschlichem Antlitz« – einem ebensolchen wie diese gesamte Evakuierung. Links und rechts von der Schiebetür waren oben Pritschen eingebaut worden, auf denen die Leute schlafen sollten. In der Mitte stand ein Kanonenöfchen – es konnte schon kalt werden. Auf der einen Seite des Waggons war unter den Pritschen das Gepäck verstaut und auf der anderen das Holz für den Ofen. Sie fuhren also höchst komfortabel los – alles wurde in Ruhe und organisiert verladen. Zuerst das Gepäck, dann zogen sie selbst aus ihren verlassenen Wohnungen in die Güterwagen um.

Platz war genug, und Papa bot sogar jedem an, sein liebstes Möbelstück mitzunehmen. Der Tischler Karzew entschied sich für eine selbst angefertigte Kommode. Mama für ihr Klavier: schwarz, poliert, Marke »Schröder«, links von der Tastatur eine Elfenbeinplakette – in der gleichen Farbe wie die Tasten –, auf der mit altertümlicher schwarzer Schrift eingraviert war, dass dieses Klavier im Jahr 1902 in einem renommierten Petersburger Handelshaus gekauft worden war.

Lea hatte ihre Schulbücher für die vierte Klasse eingepackt, ihre Lieblingspuppe und ein paar Puppensachen zum Spielen. Und natürlich ihre Lieblingsbücher. Mama und Papa führten in zwei riesigen Kisten die Familienbibliothek mit: die gelblichen Bände der vollständigen Maupassant-Ausgabe im normalen Format, die dunkelgrünen im länglichen Format der Werkausgabe von Tolstoi, die blauen dicken Puschkin-Bände … Die Kisten standen unter den Pritschen, auf denen sie schliefen, und es sah so aus, als stützten sie das Klavier, damit es nicht umfiel, wenn der Zug ruckte.

Sie schliefen alle drei nebeneinander: Papa, Mama und Lea. Mit dieser ersten Nacht im Waggon wurde Lea erwachsener. Mama hatte große Angst, Lea könnte im Schlaf ins Bett machen. Aber das passierte nicht. Zu Hause hatte Lea bestimmt immer geschlafen wie ein Murmeltier – tief, glücklich, sorglos. Hier horchte sie auf jeden Laut und auf jedes Flüstern und hörte, wie Mama leise zu Papa sagte: »Aber Jaschenka, doch nicht hier!« Nach allem, was sie auf der Straße von den Jungen und Mädchen gehört hatte, begriff Lea sofort, was dieses Flüstern in der Stille des dunklen Güterwagens bedeutete. Und es war ihr schrecklich peinlich, dass das vielleicht noch jemand hörte.

Sie schliefen oben, gleichsam als Bewacher ihres angesichts der Zeiten ziemlich absurden Gepäcks. Sie brachten nicht nur sich, sondern auch ihre Bücher und das Klavier in Sicherheit, und in den Koffern transportierte Mama neben Kleidern und Wäsche Fläschchen mit französischem

Parfüm – einige stammten noch aus der NEP-Zeit, als Lenin für ein paar Jahre den Kapitalismus zugelassen hatte – und Kernseife auf Vorrat. Der Pelzmantel und Leas berühmtes Kinderkleidchen aus Chinaseide, ein Geschenk von Tante Bljuma, waren auch dabei.

Nach einundzwanzig Tagen wieder Licht und Marschmusik

Sie ergriffen eine wenn auch geordnete Flucht und ließen die Wohnhäuser herrenlos zurück. Das geschah am 17. Oktober 1941. Bis zum 21. Oktober standen sie mit ihren Waggons auf der Bahnstation, auf dem Abstellgleis. Es fuhren so viele Züge von Moskau ab, dass sie lange Zeit kein grünes Licht bekamen. Als sich die Panik in Moskau etwas gelegt hatte, wurden ihre zwei Waggons an einen Güterzug angekoppelt, der nach Osten ging. Gott weiß, was er beförderte – auf einigen offenen Wagen standen irgendwelche Maschinen.

Endlich ging es los, nach Sterlitamak, einer Stadt in Baschkirien, die keiner kannte und deren Namen auf Russisch ziemlich eigenartig klingt, so ähnlich wie das Wort »sterwa« – »Miststück«, weshalb sie von allen Evakuierten Sterwotamak genannt wurde. Sie fuhren einundzwanzig Tage. Das heißt, sie krochen mehr, als dass sie fuhren. War der Zug ein Stück dahingezuckelt, hielt er schon wieder und blieb lange stehen. Nicht selten auf freier Strecke, öfter aber auf kleinen Bahnhöfen oder kurz davor. Auf dieser Strecke warfen die Deutschen die ganze Zeit Bomben ab, doch Leas Waggon hatte riesiges Glück – entweder wurden die Bahnhöfe bombardiert, bevor sie ankamen oder nachdem sie bereits weitergefahren waren. So dass sich Lea nur an fallende Bomben am blauen Himmel in der Ferne erinnerte. Wohin sie fielen, das sah sie zum Glück nicht.

Ihnen entgegen kamen Militärzüge mit Soldaten, die nach Westen fuhren (das war der Grund, warum sie so oft hielten, um diese Züge durchzulassen), und Papa sagte aufmunternd – wen er allerdings aufmuntern wollte, sich oder Mama und Lea, war nicht klar: »Das ist die Kaderarmee aus dem Fernen Osten. Unsere Leute bereiten sich auf die Offensive vor.«

So schwer die Situation im Herbst 1941 auch war, niemand sprach davon und dachte, dass der Krieg mit einer Niederlage enden könnte.

Lange fuhr der Zug durch verdunkelte Bahnhöfe, bis sie plötzlich eines Abends einen erleuchteten größeren Bahnhof erreichten und jemand rief: »Kineschma!«

In Kineschma gab es keine Verdunklung mehr, auf dem Bahnhof war es sehr hell, über Lautsprecher wurde die Ankunft der Züge angesagt und ertönte Marschmusik. Das war bereits weit weg von Moskau und den deutschen Bomben. Obwohl der Zug sich dem Ural näherte, war es bis Sterlitamak noch ziemlich weit.

In Kineschma standen sie mindestens vier Tage, vielleicht auch eine ganze Woche, auf einem Abstellgleis. Die Militärzüge mit Soldaten, die nach Westen fuhren, hielten manchmal ebenfalls, aber nicht lange, und die Soldaten schauten neugierig aus den Fenstern ihrer Waggons und riefen ihnen witzige Bemerkungen zu, lachten, sangen. Wenn die Züge dann wieder anfuhren, winkten die Soldaten fröhlich zum Abschied, aber ihnen wurde davon irgendwie traurig zumute.

Hinter Kineschma wurde der Zug kaum mehr aufgehalten.

Zu dritt im Bett

In Sterlitamak kamen sie Mitte November an. In Moskau war Altweibersommer gewesen, als sie abfuhren, hier herrschte bereits tiefer Winter. Der Zug hielt ein letztes Mal vor dem Bahnhof im Wald. Jemand öffnete die Schiebetür, und die raue Luft des Ural-Vorgebirges schlug ihnen eisigkalt entgegen. Überall lag tiefer Schnee – im Wald und auf den Hügeln entlang der Bahnstrecke. Er schien frisch gefallen zu sein.

Das Städtchen war ebenfalls zugeschneit – und der Schnee ganz weiß und so festgetreten, als läge er hier immer, im Winter wie im Sommer.

Beinahe drei Jahre wohnten sie in diesem gottverlassenen baschkirischen Städtchen mit dem baschkirischen Namen und mit hauptsächlich russischer Bevölkerung und Spuren russischer Kolonisation: ein paar ansehnliche Steinbauten im Zentrum, zwar nicht hoch, aber städtisch im Vergleich zu den dörflichen Häusern im übrigen Teil von Sterlitamak. Im Sommer fuhren Fuhrwerke durch die

Straßen, vor die entweder Pferde oder Ochsen gespannt waren, und im Winter über festgestampften Schnee Pferdeschlitten, die auf ihren Kufen viel schneller dahinglitten, als im Sommer die Wagen auf Rädern fuhren. Manchmal sausten sie geradezu vorbei unter den antreibenden Rufen der Peitsche schwingenden Kutscher, die meist Baschkiren waren.

Zunächst zogen sie in ein einfaches, aus rohen Balken gebautes Bauernhaus mit winzigen Fensterchen auf der Nordseite, die für den Winter mit Zeitungsstreifen abgedichtet waren. Sie hatten ein kleines Wohnzimmer (hier sagte man Saal) mit einem kleinen Tisch in der Mitte, an den sie sich zum Abendessen setzten, und das fast nie allein: Mal war noch der Fahrer Buschujew dabei, der mit ihnen aus Woskressensk hergekommen war, mal ein einsamer Mann – Lea erschien er ziemlich alt –, der Weisman hieß, irgendein Kollege von Papa.

Rechts vom Tisch war anstelle der Tür eine Öffnung in der Wand, verhängt mit einem rosa Kattunvorhang, auf den weiße und knallrote Rosen aufgedruckt waren. Dahinter befand sich die winzige Schlafkammer, in die nur ein etwas breiteres Bett passte. Auf diesem Bett schliefen sie zu dritt. Umdrehen konnten sie sich nur alle drei gemeinsam: Papa gab nachts das Kommando – auf die rechte Seite, auf die linke Seite! Dabei kicherten sie die ganze Nacht, sie fanden es lustig, sich auf Kommando umzudrehen. Wie zum Trotz hatten sie dauernd das Bedürfnis, sich auf die andere Seite zu drehen.

So gut es ging, verstaute Mama die notwendigsten

Dinge und lief gleich am ersten Tag noch in die Stadt. Sie wollte unbedingt wissen, wohin es sie verschlagen hatte, wo sie nun für eine unbestimmte Zeit leben sollten.

Aus der Stadt kam Mama aufgeregt und zufrieden mit verschnürten Paketen nach Hause. Im Buchladen von Sterlitamak hatte sie Bücher entdeckt, die in Moskau nicht zu haben waren. Hier in der Provinz lagen sie einfach so auf dem Ladentisch. Mama griff nach den Büchern wie eine Süchtige, für die es kein Halten gibt.

Außer den Büchern hatte Mama auch Seife und Zahnpasta mitgebracht, die es hier noch zu kaufen gab (später verschwanden solche Dinge aus den Läden, und sie lernten, selbst Seife zu kochen), und einiges andere für den Haushalt, das vorrätig war, weil die Evakuierten das Städtchen erst zu füllen begannen. All diese Warenreste aus der alten Zeit, die es noch in den Läden gab, kosteten nach den alten Vorkriegspreisen nur wenige Kopeken – das Geld war von Tag zu Tag weniger wert, und der Verkauf wurde aus den Läden auf den Markt verlagert, wo gepfefferte Preise herrschten, oder aufs Land, wo Kleider gegen Lebensmittel getauscht wurden.

Eins ist zu wenig, drei zu viel

Langsam kam das Leben in geordnete Bahnen. Das Schlafen zu dritt in einem Bett war ihnen langsam über, und nach relativ kurzer Zeit zogen sie in ein anderes Bauernhaus. In diesem großen Haus mit der riesigen dunklen, verräucherten Küche, mit dem russischen Ofen in der Mitte, wohnte die Familie Dewjatkin. Sie hatten zehn Kinder. Mama freute sich über den Ofen mit Herd und backte im Handumdrehen eine ganze Schüssel Piroggen mit Kartoffelfüllung. Mit städtischer Höflichkeit hielt sie dem dreijährigen Wanja, dem vorletzten Kind der Familie, den ganzen Teller mit Piroggen hin. Wanja nahm sich gleich zwei. Und auch später nahm er sich von allem, was ihm angeboten wurde, immer zwei Stück, egal, was. Mama backte viele Male Piroggen und bot ihm auch diverse andere Dinge an, und jedes Mal wiederholte sich dasselbe. Da fragte sie ihn schließlich: »Wanja, warum nimmst du immer zwei?«

Und der Knirps entgegnete: »Eins ist zu wenig, drei zu viel.«

Ohne Anmeldung zur Schule

Unter den zehn Kindern der Dewjatkins war ein Mädchen, das wie Lea in die vierte Klasse ging. Sie hieß Soja.

Eines Morgens mummelte Mama Lea warm ein: Draußen war starker Frost – minus achtundzwanzig Grad. Natürlich Filzstiefel, eine fast bis zur Nasenspitze heruntergezogene Fellmütze, ein um Mund und Nase geschlungener Schal, Fausthandschuhe, und die Mädchen zogen los – Soja führte Lea in ihre Schule und ihre Klasse. Der Schnee war tief, es war noch ganz dunkel, aber Soja kannte den

Weg. Sie nahmen den Weg hinter den Häusern durch die Gärten. Soja vorneweg, Lea in ihren Fußstapfen hinterher, damit kein Schnee in die Filzstiefel kam.

Als die Mädchen die Schule erreichten, war es immer noch dunkel. Soja ging zu ihrer Lehrerin, einer großen Blondine mit sympathischem Gesicht. Die langen Haare waren hinten zu einem Knoten zusammengefasst. Lea stand daneben, äußerlich ganz ruhig, konnte aber ihre Neugier kaum zurückhalten: Wie wird es in der neuen Klasse sein?

Soja erzählte der Lehrerin, Lea sei eine von den Evakuierten und wohne bei ihnen. Die Lehrerin wunderte sich kein bisschen und wies Lea einen freien Platz in der zweiten Bank der Mittelreihe an. Lea setzte sich schnell hin und blickte sich um: Hinter ihr saß ein sehr jüdisch aussehender Junge, Mischa Schapiro aus Kiew. Zu dieser Zeit war Kiew bereits von den Deutschen besetzt. Auch ein Evakuierter, dachte Lea gleich. Er fiel ihr auf wegen seiner großen schwarzen glänzenden Augen, dem schwarzen Schopf und überhaupt wegen des sehr ausdrucksstarken, lebhaften Gesichts. So begann Leas Schulleben in Sterlitamak.

Fischsuppe ohne Fisch

Auch bei den Dewjatkins blieben sie nicht lange. Eines Tages kam Papa und sagte, jemand habe für sie eine neue Unterkunft in einem guten Bauernhaus gefunden, in dem nur eine junge Frau mit ihrer alten Schwiegermutter lebe. Das war zwar weit weg vom Zentrum, hinter dem Fluss, aber noch in der Stadt. Ein großes Zimmer mit einer kleinen Schlafkammer und eine sympathische Wirtin. Sie hieß Petrowna und trug einen dunklen langen Zopf als Kranz um den Kopf gelegt. In der Schlafkammer, die Petrowna ihnen abgetreten hatte, hing an der Wand in einem massiven Rahmen ein großes Hochzeitsfoto – Petrowna mit ihrem Mann, der gleich nach der Trauung an die Front gegangen war. Lea fand, dass Petrowna auf dem Foto eine Schönheit war. Sie konnte wunderbare Kartoffelsuppe kochen, die sie im Teller mit Milch verfeinerte. In dieser Zeit verabscheute Lea Milch noch. Aber diese mit Milch angemachte Kartoffelsuppe, gekocht mit Zwiebel, Lorbeerblatt und Salz, die so ähnlich wie Fischsuppe roch, schmeckte ihr einfach wunderbar.

Petrownas Haus war groß und sauber. In ihrem Zimmer stand eine riesige Truhe mit Wollsachen für den Winter, die mit Mottenpulver bestreut waren. Im Gemüsegarten, der zum Fluss hinunterging, befand sich ein kleines Badehäuschen. Petrownas Schwiegermutter, Lea nannte sie Babuschka, Großmutter – vielleicht war es gar nicht Petrownas Schwiegermutter, sondern ihre richtige Mutter, bei dieser Großmutter war es egal, wessen Mutter sie war –, lag ständig auf dem Ofen. Sie lebte ihr eigenes, ihr Ofenleben, Petrowna reichte ihr sogar das Essen hinauf.

Überall an den Wänden und um den Ofen herum hingen Zwiebelzöpfe. Wenn Petrowna den Ofen heizte, hatte alles seinen geregelten Ablauf: als Erstes, solange das Feuer loderte und die Holzscheite noch nicht verkohlt waren, kochte sie in einem gusseisernen Topf Kartoffeln oder Suppe, indem sie den Topf geschickt mit der Ofengabel tief in die Öffnung schob. Wenn sie Mehl im Haus hatten, wurden auf der noch lodernden Holzkohle Fladen oder Piroggen, danach in der heißen Asche Kartoffeln und Zwiebeln gebacken und schließlich in dem noch heißen Ofen grob geriebene Mohrrüben getrocknet. Die Möhren wurden dunkelbraun, und man konnte daraus schmackhaften Tee kochen anstelle von echtem Tee, den man mit Zuckerstückchen im Mund trank, sofern Zucker da war.

In der unterirdischen Vorratskammer wurden Kartoffeln aufbewahrt. Die Kammer war sauber und ordentlich, der Erdfußboden sorgfältig gefegt, und hinter einer Holztrennwand lagen die trockenen Kartoffeln. Um in die Vorratskammer zu gelangen, musste man einen Deckel im Dielenboden unter dem Tisch hochheben und auf einer Leiter hinuntersteigen.

Hinter der Truhe war Leas Ecke – hier spielte sie. Aber nur eine Puppe, jene nämlich, ihre allerliebste, die sie mitgenommen hatte, war richtiges Spielzeug. Alles andere – die Möbel, das Geschirr und was sie noch brauchte – mussten Apothekenfläschchen und -schachteln ersetzen.

Wenn Lea hinter der Truhe mit der Puppe spielte, hörte sie Radio, das immer eingeschaltet war – Mama und Papa saßen am Tisch daneben und lauschten den Meldungen von der Front, den Militärberichten und Reden von Ilja Ehrenburg, Frontliedern. Das war im Winter 1942.

Die Fischer auf dem Eis

Die Sterlja, die hinter Petrownas Garten floss, war im Winter mit dickem Eis bedeckt. In den Eislöchern schimmerte dunkel das lebendige und schwere Wasser. Einige Fischer saßen, eingemummelt in dicke Schafspelze, auf niedrigen Hockern vor Eislöchern auf dem Fluss und angelten. Es sah so aus, als hätten sie zwei Paar Filzstiefel an den Füßen. In den Eislöchern am Ufer spülten die Frauen ihre Wäsche, die, herausgezogen, sofort gefror, ehe sie sie ordentlich auswringen konnten, sich auf der Stelle in feste Platten verwandelte. Im Winter wurden sogar Bretterstege übers Eis verlegt, damit man über den Fluss ins Stadtzentrum gehen konnte; das war bequemer als der Umweg über die große Brücke.

Dann verschwanden die Fischer, alles wurde grau, der Himmel und sogar der Schnee. Manchmal gingen die Menschen noch vorsichtig, schnell von einer Stelle zur anderen laufend, um die Risse herum ans andere Ufer.

Bald begann der Eisgang. Die großen dicken Eisschollen schoben sich übereinander und bildeten riesige Eishügel. Dann schwoll das Wasser im Fluss an, wurde dunkel, trübe, reißend und trat über die Ufer, kam immer näher an die Gärten heran und riss alles mit, was ihm in den Weg kam. Zum Glück drohte Petrownas Haus keine Überschwemmung, es stand weit genug vom Ufer entfernt, an einer Stelle, zu der das Hochwasser noch nie vorgedrungen war, allenfalls seine Schaumzungen. Mit dem Eis war es vorbei, und das kleine Fährboot fuhr wieder von Ufer zu Ufer.

Wetterverrat

Am 1. Mai war es schon früh warm, und die Sonne schien fast wie im Sommer. Lea zog einen Rock und die weiße Baumwollbluse an und band sich das rote Halstuch um, mit einem Wort, sie legte ihre festliche Pionierkleidung an und ging, auf Frühling eingestellt, in die Schule zur Demonstration. Als sie sich auf dem Rückweg dem Flussufer näherte, zogen plötzlich Wolken auf, ein eisiger Wind erhob sich und es begann zu schneien. Das Fährboot schaukelte fürchterlich, es war schrecklich kalt und sogar zum Fürchten. Der Schnee fiel in unnatürlich großen Flocken. Sie schlotterte vor Kälte und wusste hinterher selbst nicht mehr, wie sie nach Hause gekommen war. Von da an traute sie dem Frühlingswetter nicht mehr: Sie war von ihm so hinterhältig getäuscht worden, dass es ihr Vertrauen fürs ganze Leben verlor.

Läuse

Während sie noch bei Petrowna wohnten, kriegte Lea Läuse. Die erste Laus ihres Lebens hatte sie bei ihrer Mathematiklehrerin entdeckt. Das war eine hübsche junge Frau mit vollem goldbraunem Haar. Sie erklärte gerade etwas an der Tafel mit Kreide und Dreieck. Lea hörte aufmerksam zu und betrachtete sie, und plötzlich krabbelte aus einer in der Sonne glänzenden Locke eine Laus und kroch der Lehrerin über die Stirn. Sie hörte nicht mehr richtig zu und beobachtete diese Ekel erregende Laus. Lea wusste: Eine Laus ist etwas sehr Beschämendes, deshalb tat ihr die Lehrerin Leid, und sie sagte ihr nichts. Lea selbst hatte zu dieser Zeit noch keine Läuse. Offenbar aber fiel eines Tages solch eine Laus von einem anderen Zopf auf Leas dicke, fast hüftlange Zöpfe, und nach einigen Tagen waren ihr ganzer Kopf und ihre Zöpfe voller Läuse und Nissen. Die Läuse sah man nur, wenn sie herauskrochen, aber diese widerlichen Nissen, diese weißen kleinen Punkte, die an den Haaren klebten, ließen sich nicht verbergen.

Lea war nun genauso verlaust wie die anderen Mädchen in der Stadt, die auf ihrer Straße vor den Häusern saßen. Keine verbarg die Läuse oder schämte sich ihrer gar. Der Kopf der einen lag auf dem Schoß der anderen, und die Freundin beugte sich darüber und suchte die Haare nach Läusen ab. Dann tauschten sie die Rollen. Die Nissen wurden auf dem Kamm oder zwischen den Nägeln zerdrückt. Sie zerknackten mit einem typischen Laut, der davon zeugte, dass die Nisse noch lebendig gewesen war, denn tote Nissen knacken nicht. Das war eine übliche Unterhaltung im Städtchen: vor dem Haus zu sitzen und Sonnenblumenkerne oder Läuse zu knacken.

Nachdem Mama Lea zwei-, dreimal nach Läusen abgesucht hatte, wurde ihr klar, dass man sie auf diese Weise nicht loswurde, und sie griff zu einem radikalen Mittel: mehrere Male schmierte sie Leas Kopf mit Petroleum ein. Die Läuse verschwanden.

In diese Zeit fällt auch eine noch nähere Bekanntschaft Leas mit der Straße und ihren Bewohnern. Die Straße war breit wie in einer richtigen Stadt, und zu beiden Seiten standen dörflich anmutende Häuser. Die Fahrbahn und der Fußgängerweg bestanden aus purer Erde, eher für Pferdewagen geschaffen als für Autos. Es war leichter, auf der Straße zu Fuß zu gehen als auf Rädern zu fahren, vor allem im Herbst: ein alter Weg eben, einmal mit einer Straßenhobelmaschine angelegt, für immer und ewig. Solche Straßen wurden in dieser Gegend nie instand gesetzt. Allerdings kann sich Lea nicht daran erinnern, dass dort je Autos oder Pferdewagen fuhren, im Winter höchstens manchmal ein Schlitten. Wer sollte hier auch mit dem Auto oder Pferdewagen fahren? In den Bauernhäusern auf beiden Seiten der Straße wohnten nur Weiber, alte und jüngere mit Kindern, vielleicht auch Greise und Greisinnen, aber die krochen überhaupt nie aus ihren Häusern heraus, sondern lagen auf dem Ofen. Die Männer waren an der Front. Die Straße war hauptsächlich russisch. Die Baschkiren in Sterlitamak haben sich, weiß Gott warum, Lea immer mit Pferden eingeprägt. Pferdekutscher oder Pferdewärter in Pferdeställen. An baschkirische Familien kann sie sich nicht erinnern, wahrscheinlich lebten die hauptsächlich in den umliegenden Dörfern oder in der Hauptstadt Ufa.

Wer Glück hatte, konnte sein Haus an Evakuierte vermieten. Die Straße war irgendwie sympathisch, mit soliden Holzhäusern und hohen alten Bäumen am Wegrand.

Sie sah wie eine Allee aus und war fast so schön wie eine Allee. Die Bauernhäuser waren groß, gepflegt, mit Fensterläden. Große Höfe mit Nebenbauten gehörten dazu, in manchen war eine Kuh oder eine Ziege, Hühner aber in allen. Die Pforten und Hoftore waren mit schweren Riegeln verschlossen. Geheizt wurde mit Holz.

Wenn Petrowna sich daran machte, Brot zu backen, schickte sie Lea Sauerteig holen, zu Stepanidicha, die in derselben Straße wohnte, nur am anderen Ende, und damit etwas dazuverdiente, dass sie Sauerteig verkaufte – für ein Glas Mehl bekam man bei ihr ein bisschen Sauerteig zum Ansetzen des Brotteigs. Petrowna drückte Lea ein eckiges Glas mit Mehl in die Hand, und sie brachte es zu dieser Frau. Stepanidicha schüttete das Mehl irgendwohin und gab in das Glas den Teig. Lea war nicht die Einzige, die zu Stepanidicha ging. In der Nähe ihres Hauses traf man fast immer Frauen und Kinder mit Gläsern oder Bechern. Für Stepanidicha war das nicht nur eine Erwerbsquelle, sondern auch Zerstreuung: Jeder, der kam, besprach mit ihr seine Probleme. Die Frauen redeten darüber, wessen Sohn achtzehn geworden war und die Einberufung an die Front bekommen und wer schon eine Todesnachricht erhalten hatte: »… ist den Tod der Tapferen gestorben«, oder ein Papier, auf dem stand: »vermisst«. Sie sprachen davon, wer auf welche Weise gefallen war und welche Frau sowieso schon mit einem anderen Mann lebte, manchmal mit einem von den Evakuierten. Und Träume wurden beredet, die in Erfüllung gegangen waren. »Ich habe vom Ofen geträumt, und das ist ein böser Traum … und tatsächlich, dann kam die Todesnachricht ...« Sie erzählten ihre Träume, verbanden sie mit schlechten Nachrichten oder mit Hoffnungen. Lea spitzte die Ohren. Sie hörte genau hin, wovon die Frauen redeten, und prägte es sich auf ihre Weise ein. An den Erwachsenengesprächen war alles interessant. Sie unterhielt sich natürlich außerdem in der Schule mit den Kindern – aber jeder lebte für sich in seinem Haus, man besuchte einander nicht.

Mamas Traum

Den Winter verbrachten sie bei Petrowna. In diese Zeit fällt auch Mamas prophetischer Traum: Papa kommt von der Arbeit nach Hause und bringt in einer Milchkanne Honig mit, den es bei ihnen nie gab. Am Abend stand Lea vor dem Tor und wartete auf Papa. Schließlich entdeckte sie ihn am Ende der Straße. Von der Arbeit kam Papa immer mit langsamen, müden Schritten nach Hause, als gehe er in Gedanken den Tag noch einmal durch. Heute aber war sein Schritt etwas munterer, und in den Händen trug er etwas. Lea rannte ihm entgegen, und sie betraten gemeinsam das Haus. An diesem Tag hatte man in der Fabrik unerwartet einen Kesselwagen voll Kondensmilch angeliefert, süß und dickflüssig wie Honig, und an alle Werkangehörigen verteilt. Jeder füllte das Gefäß, das er zufällig dabeihatte oder sich besorgen konnte. Jemand hatte Papa diese kleine Milchkanne gegeben. »Guck mal, Zeldotschka, was ich mitgebracht habe – gezuckerte Kondensmilch.« Mama wunderte sich gar nicht und sagte, dass sie das alles vergangene Nacht geträumt habe, nur dass im Traum in der Milchkanne Honig gewesen sei.

Damals wurden in den Betrieben Bezugscheine für Kleidung ausgegeben: für Mäntel, Anzüge, Kleider und andere Industriewaren. Alles sowjetische Kriegsproduktion: warm, strapazierfähig, sackartig. Diese Kleidung tauschten die Leute dann auf dem Markt oder bei Streifzügen über die Dörfer – zwei, drei Bekannte taten sich zusammen und mieteten gemeinsam einen Pferdewagen – gegen Lebensmittel ein.

Die Baracke auf dem Hügel

Einmal zu Frühlingsbeginn, als die gleißende Sonne die Eiszapfen, die noch an den Dächern hingen, zum Schmelzen brachte, sagte Papa, dass die Möglichkeit bestehe, von Petrowna in eine werkeigene Baracke umzuziehen. Dort hätten sie ein eigenes Zimmer.

Das Werk hatte zwei eingeschössige Baracken gebaut – allerdings ohne Wasserleitung, Kanalisation und elektrischen Strom, dafür aber mit eigenen Wänden, einem eigenen Dach überm Kopf und einem anständigen Ofen für Holzfeuerung. Beide Baracken standen auf einem ziemlich hohen Hügel, Sterlitamak lag ja schließlich im Vorgebirge des Urals. Auf der sanft abfallenden Seite des Hügels, auf der Rückseite der Baracken, zogen sich bis nach unten die Gartenparzellen ihrer Bewohner, die an die Gärten der unten an der Straße wohnenden einheimischen Bevölkerung angrenzten. Die andere Seite des Hügels fiel steil ab. Nicht zu übersehen, standen ganz oben, direkt über dem Abhang, zwei Aborte – einer für Männer, einer für Frauen: aus rohen Brettern zusammengeschusterte Holzschuppen. In jedem acht grob ausgeschnittene runde Löcher und darunter eine tiefe Grube für die Exkremente. Die Aborte lagen ungefähr 30 bis 40 Meter von den Baracken entfernt. Am Fuße des Hügels stand ein Brunnen mit einer Winde. Dorthin gingen sie Wasser holen. Gleich hinter dem Brunnen lag ein Flüsschen, das eher wie ein Bach aussah und nur im Frühling und im Herbst, wenn Regen fiel oder der Schnee taute, lebhafter floss. Im Winter wie im Sommer ging Lea zum Brunnen, um Wasser zu holen. Im Winter fuhren die gesamten Kinder auf dem Hügel Ski oder Schlitten.

Auf der Mitte des Hügels stand das ebenerdige Gebäude der Tierklinik, in die Kühe, Ziegen und manchmal auch Pferde gebracht wurden. Etwas weiter abseits lagen Pferdeställe. Von dort roch es immer stark nach Pferdemist. Hinter den Pferdeställen ging ein Weg vorbei, der übers Feld weiter bis zum Werk führte, in dem Papa arbeitete, und, nachdem sie in die Baracke gezogen waren, auch Mama.

Jede Baracke hatte zwanzig Zimmer, zehn auf jeder Seite des langen Flurs, jedes hatte ein Fenster. Der Eingang zum Flur von der so genannten Straße aus befand sich in der Mitte. Sie bekamen ein nicht sehr großes Zimmer ab, das dafür aber ganz am Ende der Baracke lag, und Papa brach an der Seite die Wand durch für eine Tür direkt von der Straße aus und baute eine große Diele an. So hatten sie einen eigenen Eingang und eine Art abgeschlossene Wohnung. Unter der Diele hoben sie eine Grube als Vorratskammer aus – sie stellten sich auf eine lange Evakuierung ein. Der Krieg zog sich hin, und sie begannen hier Wurzeln zu schlagen im direkten wie im übertragenen Sinne: Sie pflanzten Gemüse nicht nur im Garten vor dem Haus, sondern auf einem großen Feld auch Kartoffeln, Kohl, später säten sie sogar Hirse aus. Für Kartoffeln und Kohl erhielt jede Familie vom Werk zusätzlich ein Stück Land – die »Sotka«, fünfhundert Quadratmeter groß. So ein Feld, bestellt mit Hirse, das war schon Luxus, denn Hirse bedeutete eigenen Hirsebrei mit Butter oder Milch essen zu können, oder sogar mit Honig, wenn man an den herankam. Mit dem eigenen Hirsebrei wurde es allerdings nichts.

Bald wurde neben dem Haus eine sehr geräumige Holzscheune mit hohem Dach gebaut und nach der Anzahl der Barackenzimmer aufgeteilt. Jetzt hatte jeder einen Platz, wo er sein Holz aufbewahren konnte.

Zusammengezimmert war diese Scheune aus groben Schalbrettern, zwischen deren Spalten schmale Lichtstreifen in die Scheune drangen. Die Wände schützten vor der Sommersonne, so dass es innen immer angenehm kühl war.

In die Baracke zog die Familie Ende Mai, als gerade Leas Ferien begannen. Es herrschte klares sonniges Wetter, morgens war es noch kühl, aber nicht lange und die Sonne begann zu brennen. Es war gerade die Zeit der Frühjahrsbestellung. Ihr Garten fing gleich unter den Fenstern an und zog sich, wie bei den Nachbarn, bis zu den Gärten der Einheimischen hinunter. Überall wurde umgegraben und Gemüse ausgesät – die Nachbarn hatten zwar schon Beete angelegt, aber sie waren noch ganz schwarz, nur hier und da zeigten sich zarte Keime.

Lea lief zwischen den Beeten der Nachbarn hin und her und sah sich an, wie die anderen im Garten arbeiteten, wie sie Rote Bete, Mohrrüben und Radieschen säten. Schließlich kaufte Mama Samen, wusste aber nicht, wie sie vorgehen musste. Arme Mama, sie hatte wirklich keine Ahnung von Bodennutzung und Gartenbau, eine richtige Städterin! Doch Lea hatte sich schon viel abgeguckt. Und was sie nicht wusste, das erfragte sie bei den Nachbarn. So kam es, dass sie die Gartenarbeit übernahm: Es waren Ferien, und sie hatte viel Zeit. Für Mama und Papa war die Erde etwas ziemlich Unverständliches, wenn auch jetzt Notwendiges. Lea hatte die Erde früher nur als etwas Staubiges, Ausgetrocknetes gekannt, wenn sie nicht asphaltiert war, mit Steinchen bedeckt bei trockenem Wetter, mit Dreckbrocken von den Rädern der Autos und Pferdewagen, und bei Regenwetter voller Pfützen, die man umgehen musste. Hier war die Erde schwarz, feucht, weich und fett, und man spürte sie fast atmen, wenn man sie berührte. Sie wurde Lea besonders vertraut, nachdem sie sie im Frühjahr mit dem Spaten, der wie in Butter eindrang, umgegraben, Beete angelegt und allen möglichen Samen in der nun lockeren und luftigen Erde ausgesät hatte. Wenn die Einheimischen frühmorgens an dem im Garten arbeitenden Mädchen vorbeigingen, sagten sie zu ihr wie zu einer Erwachsenen: »Mit Gottes Hilfe!« Und Lea, die den Spaten nicht aus der Hand legte und den Vorübergehenden nur einen kurzen Blick zuwarf, erwiderte wie eine Erwachsene: »Mit Gottes Hilfe!« Das gefiel ihr sehr. Denn die Großen würdigten ihre ernste Einstellung zur Erde. Für Lea war das ein Spiel, aber auch eine Pflicht, die sie wie eine Erwachsene von sich aus übernommen hatte.

War die Zeit dazu gekommen, begann Lea ihren Garten zu gießen. Wasser musste sie von ziemlich weit herbeischaffen. Der Brunnen war tief, und das kleine Mädchen drehte die Winde, um den mit Wasser gefüllten Eimer hochzuholen, oder sie musste den Eimer mit den Händen am Seil hochziehen, wenn die Winde kaputt war. Das Wasser schleppte sie in zwei Eimern am Tragjoch hinauf, das ging leichter und schneller. Jeder Morgen begann mit einem Rundgang um die Beete – sie sah nach, wo etwas aufgegangen war, wo etwas wuchs und blühte, wo die Mohrrüben und Radieschen bereits Knollen ansetzten.

Außer dem Garten hatte Lea noch ihre Bücher. Die Bücher der Eltern lagen immer noch in den großen Holzkisten in der Diele, denn sie hatten weder Regale noch Schränke, saßen sie doch nach wie vor »auf Koffern«, in dem Glauben, das könne auf ewig sein. Allerdings waren die Kisten bereits geöffnet, und Lea kam mühelos an jedes Buch heran. Mama und Papa gingen am Morgen los und kamen erst abends nach Hause. Der Arbeitstag im Krieg dauerte zwölf Stunden, und bis zum Werk waren es sieben Kilometer. Manchmal nahm sie ein Pferdefuhrwerk mit, doch meist mussten sie zu Fuß gehen. Wenn sie weg waren, verriegelte Lea die Tür, griff in eine der großen Holzkisten und las, was nach Mamas Worten noch absolut nichts für ihr Alter war. Vor allem las sie den ganzen Maupassant, mit dem sie schon in Woskressensk angefangen hatte, und zwar nahm sie sich jetzt seine Romane vor. Es folgte Tolstoi. Lea verschlang Buch um Buch. Im Sommer war es in der Diele kühl und ein bisschen dunkel, Licht fiel nur durch ein winziges Fensterchen. Sie lag mit dem Buch auf dem Fußboden und las, bis jemand an die Tür klopfte. Schnell legte sie dann das Buch in die Kiste zurück, bevor sie aufmachte.

Vor Mamas Heimkehr räumte Lea auf und wischte die Fußböden. Das waren einfache braun gestrichene Holzböden, in der Diele sogar nur gehobelte Bretter, und die kleine Lea lernte, sie mit dem Messer ganz weiß zu schaben, damit man sah, dass sie sauber waren. Nach dem Aufräumen holte sie Wasser, füllte das Handwaschgefäß und lief manchmal sogar zu den einheimischen Nachbarn hinunter und kaufte ein paar schlichte Blümchen oder tauschte sie gegen Kartoffelschalen ein und stellte sie in einer kleinen Vase auf den Tisch. So sah man besser, dass das Zimmer aufgeräumt war. Mama brauchte sie gar nicht dazu anzuhalten, es verstand sich irgendwie ganz von selbst: Lea spielte gern die Erwachsene, und außerdem freute sich Mama sehr. Manchmal ging Lea in den Garten, erntete Melonenkürbisse, Tomaten und Zwiebeln und kochte, bevor Mama heimkam, ein Gemüsegulasch. Es soll sehr gut geschmeckt haben.

Petrowna und Dewjatkins hatten sowohl eine unterirdische Vorratskammer als auch einen Keller, sie aber hatten nur eine Vorratskammer unter ihrer Diele. Und die war etwas für den Winter, das Gemüse hatte es dort warm – gerade so, wie es nötig war. Für den Sommer brauchte man einen tiefen Keller, damit die Butter nicht zerlief, außerdem mussten sie die riesigen, wie von einem Mammut stammenden Rinderknochen aus der Fleischfabrik lagern, die ihnen ein Nachbar manchmal zum Brühekochen mitbrachte. An einen Kühlschrank war damals natürlich gar nicht zu denken! Und so hob Lea auf der Schattenseite des Hauses, direkt gegenüber ihrer Tür, in einer Senke eine kleine rechteckige Grube aus, etwas tiefer als einen halben Meter. Sie deckte sie mit Holzbrettern ab und tarnte sie vor fremden Augen mit Zweigen. Mama schickte Lea manchmal etwas aus ihrer Kühlgrube holen und wunderte sich jedes Mal, dass sie tatsächlich kalte Butter brachte, wie aus dem Kühlschrank.

Mit dem nächsten Frühjahr kamen auch wieder die Frühjahrsferien. In ihrem Garten war bereits alles ausgesät, und Lea sah manchmal auch in fremde Gärten hinein, in denen Nachbarn noch zu tun hatten. Auf diese Weise machte sie mit vielen Leuten Bekanntschaft. Wenn sie in den Garten hinauslief, schaute sie sich um, und wenn sie irgendwo einen über ein Beet gebeugten Rücken entdeckte, lief sie hin und sagte: »Mit Gottes Hilfe!« So lernte sie allmählich fast alle kennen, die in der Straße am Fuße des Hügels wohnten. Manchmal kamen die Kinder von dort herauf, um zuzusehen, wie die »Evakuierten aus der Stadt« Schlagball spielten, oder einfach um diese Städter mal aus der Nähe zu begucken. Richtig angefreundet haben sich die einheimischen und die evakuierten Kinder allerdings nie.

Glücklich

In die fünfte Klasse kam Lea bereits in einer anderen Schule: Statt in die Grundschule mit Vera Petrowna als Lehrerin ging sie nun in die Mittelschule, in der die verschiedenen Fächer von verschiedenen Lehrern unterrichtet wurden. Die Lehrer waren neu, die Klasse war neu, alles war anders – die Schule groß und die aus der Fünften die Kleinsten. Immerzu gab es Kartoffeln. In der großen Pause setzten sich die Kinder an einen langen Tisch und bekamen einen kleinen Teller mit heißen gelblichen, klein geschnittenen Kartoffeln in leicht gesalzenem Wasser, in dem sie gekocht worden waren. Aber ohne Zwiebel und Lorbeerblatt und nicht mit Milch verfeinert wie bei Petrowna. Trotzdem schmeckten diese heißen Kartoffeln in Wasser herrlich.

Im vormilitärischen Unterricht brachte ihnen der einarmige Lehrer bei, wie man ein bereits 1891 in der alten Zarenarmee zum ersten Mal eingesetztes Gewehr auseinander nahm und wieder zusammensetzte. Die junge Deutschlehrerin, lebhaft, laut, immer in Bewegung, entwickelte mit ihren Schülern stürmische Aktivitäten. Sie hieß Alla Sergejewna und war auch eine Evakuierte. Überhaupt waren die Evakuierten in Sterlitamak so etwas wie eine neue nationale Minderheit.

Alla Sergejewna übte mit den Kindern aus der Fünften künstlerische Aufführungen ein. Hüpfend und hockend tanzten sie den ukrainischen Hopak oder rannten in einem großen Kreis zur schnellen kaukasischen Lesginka – aus irgendeinem Grund waren diese Tänze damals bei allen Schuldarbietungen »obligatorisch« – oder sagten Gedichte auf, in denen sie sich enthusiastisch beim Genossen Stalin für ihre glückliche Kindheit bedankten.

Diese fünfte Klasse in Sterlitamak war Leas glücklichstes Schuljahr: Das einzige Jahr, in dem sie Klassenbeste und Klassensprecherin war. In der fünften Klasse verliebte sich Genka Sasonow in sie, ein kleiner untersetzter Junge, der sie dauernd an den Zöpfen zog, das Tintenfass auf der Bank umkippte und jeden Tag nach der Schule mit ihr nach Hause ging. Sie mussten an der Lederfabrik vorbei, wo ein bestialischer Gestank in der Luft hing – von den auf dem Werkhof gestapelten Tierhäuten. Im Frühling mussten sie einmal genau vor dem Tor dieser Fabrik vor einer riesigen schwarzen Pfütze Halt machen. Lea sah sich um und überlegte, wie man am besten um sie herumkam, Genka aber sagte: »Komm, ich trag dich rüber!« Wer weiß, wie er das bewerkstelligen wollte, an seiner Stimme jedenfalls war zu hören, dass er überzeugt war, es zu schaffen. Zwar schmeichelte ihr das Angebot, doch sie genierte sich und sprang schnell über die Pfütze, wobei das schmutzige Wasser hochspritzte.

In diesem Jahr trat Lea häufig bei den Schulaufführungen auf. Ihre Glanznummer war Lermontows Gedicht »Auf den Tod des Dichters«; einmal trug sie es sogar bei einem Pioniertreffen vor. Lange vorher schon hatte Papa dieses Gedicht für sie ausgewählt und mit ihr zusammen eingeübt. Sie rezitierte ausdrucksvoll: »Er fiel im Sklavendienst der Ehre, die man verleumdend ihm geraubt …« An einigen Stellen hob sie die Stimme und sagte mit Pathos, so dass sich ihr das Herz krampfte und ihre Stimme zitterte: »So jubelt doch! Die letzten Qualen ertrug er nicht – es riss ihn fort! Erloschen sind der Leuchte Strahlen, der feierliche Kranz verdorrt.« Und am Ende wieder mit der größten Verachtung, zu der das kleine Mädchen überhaupt fähig war: »Ihr aber, deren Väter stiegen auf aus dem Nichts durch Knechtsinn, Lug und Raub, die ihr die Edleren, die jetzt am Boden liegen, mit Sklaventritten stießt noch tiefer in den Staub …«*

Natürlich verstand sie jede Zeile auf ihre Weise, aber Lermontow riss sie mit. Er hatte so mutig und so offen sei-

* Nachdichtung: A. Luther.

nen Henkern ins Gesicht gesagt, was er von ihnen dachte, dass Lea am Ende des Gedichts selbst bereit war, ihren eigenen Feinden, die sie damals bloß leider nicht hatte, ins Gesicht zu sagen, was sie von ihnen hielt. Dann kam der Beifall. Natürlich war Lea nicht bewusst, dass die Wahl dieses Lermontow-Gedichts auf dem Höhepunkt des Vaterländischen Krieges als nicht ganz passend angesehen werden konnte. Die Verse über den Tod des Dichters wirkten kafkaesk, absurd. Gleichzeitig aber traf das Pathos dieses Gedichts sehr genau die patriotische Atmosphäre der damaligen Zeit, in der es genau wie bei Lermontow ums Überleben ging. Papa war sich darüber bestimmt nicht im Klaren gewesen, als er dieses Gedicht für seine Tochter auswählte. Es konnte ja leicht auch auf die damaligen Herrscher und »Henker« übertragen werden. Vielleicht aber war das sogar seine geheime Absicht gewesen. Zum Glück fiel es niemandem auf. Im Gegenteil, in Leas Darbietung kam das Gedicht gut an, keiner hielt es für politisch anrüchig. Lea trug es immer wieder vor, in der Klasse, in der Schule und in der Stadt, und wurde dadurch als Pionier bekannt. Mit jedem neuen Auftritt wuchs ihr Patriotismus, sie fühlte sich immer erwachsener, und eines Tages sagte sie zu Alla Sergejewna: »Ich möchte in den Komsomol eintreten.« Lea wollte schrecklich gern sofort aufgenommen werden, sie brannte vor Ungeduld, eine Stufe höher zu steigen, so wie man in die nächsthöhere Klasse kommt. Aber Alla Sergejewna sagte, sie müsse noch mindestens ein Jahr warten. Da begann ihr Feuereifer zu erkalten. Als sie dann zwei Jahre später in Baku in den Komsomol eintrat – automatisch mit der ganzen Klasse –, war das kein besonderes Ereignis mehr für sie.

Das Fenster

In jener Zeit konnten sich die Mamas und Papas nicht um ihre Kinder kümmern: Die Papas waren nicht zu Hause – sie waren an der Front oder schon gefallen –, und die Mamas arbeiteten von früh bis in die Nacht. So mussten sich die Kinder ihre Spiele selbst ausdenken, was sie auch taten, und sie wurden schnell erwachsen und sich früh ihrer Verantwortung für sich selbst, nicht selten auch für die jüngeren Geschwister bewusst, die, falls sie glücklicherweise welche hatten, für sie wie ein Geschenk waren, um sich gemeinsam die Zeit zu vertreiben.

Einmal lungerte die sich langweilende Lea um das Haus herum – betrachtete alles, was ihr vor die Augen kam, wie ein Hündchen, das zum tausendsten Mal die längst bekannten Steinchen und Sträucher beschnuppert. Und da zogen die Fenster der Baracke Leas Aufmerksamkeit auf sich: Alle waren auf der Arbeit, und sie konnte in aller Ruhe in die Fenster gucken und nachsehen, wer wie lebte.

Ein bisschen über ihrer Kopfhöhe liegend, waren das einfache, aber für eine Baracke untypisch große quadratische Fenster mit einer kleinen Lüftungsklappe in der oberen rechten Ecke. An fast allen Fenstern hingen kurze Gardinen, sogar in Leas Zimmer, obwohl sie vor dem

Krieg nie welche gehabt hatten – Mama mochte keine, für sie war das Spießertum, das sie in allen Erscheinungsformen zutiefst verabscheute. Bei allen waren die Gardinen so schlicht, dass man gleich sah: Sie dienten nicht als Zierde, sondern als Schutz vor fremden Blicken. Hinter diesen Gardinen lebten ihre Nachbarn – hinter jedem Fenster war ein Zimmer mit einer Familie. Lea kannte sie alle, und alle kannten Lea.

Aber fast alle Gardinen waren zugezogen. Lea wollte sich schon eine neue Beschäftigung ausdenken, als sie plötzlich bemerkte, dass das letzte Fenster an der Ecke keine Gardine hatte, jeder hätte hineingucken können. Vor fremden Blicken war es nur deswegen geschützt, weil es nicht auf der Seite lag, wo ständig Leute entlanggingen, sondern auf der anderen, wo nie jemand vorbeikam. Lea wusste, dass dort eine Frau wohnte, die noch nicht alt war – hoch gewachsen, städtisch gekleidet, auch eine Evakuierte. Sie hatte immer dunkle Sachen an und trug wie alle damals jeden Tag dasselbe, obwohl ihr Rock schon lange nicht mehr gebügelt schien.

Sie hatte halblanges aschblondes Haar, das nachlässig und ungleichmäßig auf ihre Schultern herabhing und ihr ins Gesicht fiel, so dass man es nie ganz sah. Sie strich die Haare nicht zurück. Nur manchmal konnte man durch die Haarsträhnen ihre schon frühzeitig trüb gewordenen hellblauen Augen mit dem weichen gräulichen Ton sehen, der ihrer Gesichtsfarbe entsprach. Sie ging immer mit gesenktem Kopf, nie in Eile, als sei ihr alles, was um sie herum war, völlig gleichgültig.

Es hieß, ihr Sohn sei schon vor langer Zeit an die Front geholt worden.

Lea legte zwei Ziegelsteine aufeinander, die sie in der Nähe fand, stellte sich darauf und kam so an das Fenster heran. Sie sah vorsichtig in das Zimmer hinein. Wie sie vermutet hatte, war niemand da.

Das Zimmer war halb leer, mit nackten Wänden. Nicht an der Wand und nicht am Fenster, sondern irgendwo im Raum stand wie kurz hier abgestellt und dann vergessen ein Eisenbett mit Eisenfedermatratze. Auf dem Bett lag weder eine Decke noch ein richtiges Kissen, nur unordentlich hingeworfene Lumpen. Ein Haufen Kleidungsstücke am Kopfende diente vermutlich als Kissen. Auf diesem Bett schlief die Frau offenbar angezogen – Lea stellte sich vor, wie sie sich zusammenrollte und irgendetwas als Decke über sich warf, unglücklich auch im Schlaf. Das Elend, mit dem sie am Tag lebte, wurde sie auch nachts, wenn sie schlief, nicht los.

Ohne jede Logik stand mitten im Zimmer ein kleiner Tisch, darauf ganz am Rand ein Becher und in der Mitte eine Untertasse mit Asche und den kurzen Kippen von Selbstgedrehten. Überall – auf dem Fußboden, dem einzigen Stuhl – lagen alte verschlissene Kleidungsstücke verstreut. Auf dem Boden und auf dem Bett zusammengeknüllte Zeitungen. Unter dem Bett war ein leuchtend weißer Emaillenachttopf nur halb versteckt. Der Abort für die Baracke und die benachbarten Häuser lag ja abseits, und nachts oder bei starkem Frost dachte niemand daran, dorthin zu laufen.

Eigentlich wollte Lea nur irgendwo durch einen

Schlitz im Vorhang lugen, hatte aber plötzlich das ganze Leben dieser unglücklichen Frau zu sehen bekommen, so als ob diese auf dem Bett säße und traurig ins Nichts starrte. Lange betrachtete sie das verlotterte Zimmer, blickte immer wieder von einem Gegenstand zum anderen. Das Unglück, das sie da sah, übte eine eigenartige Faszination aus, als gelte es, nach dem Gesehenen zu erraten, wie und warum diese Frau so lebte. Lea dachte wie eine Erwachsene: Diese Frau lebt hier nicht, sie wartet verzweifelt auf jemanden oder auf etwas. Gar nicht mehr auf ihren Sohn, sondern auf eine andere Zeit: dass vielleicht einmal Zeiten kamen, in denen es ihr besser gehen würde als jetzt. Aber vielleicht würde es ihr nie wieder gut gehen – sie war auf alles gefasst.

Lea sah auch später immer und immer wieder in dieses Fenster hinein, aber es änderte sich nichts. Und dann fuhren Mama und sie weg.

Hundert neue Bücher und zwanzig alte

Es war im zweiten Kriegsjahr, und Lea bereits mit Mama und Papa auf den Hügel gezogen. Auf dem Hügel standen die Baracke und die Scheune. Am Fuß des Hügels wohnten Leute in Häusern mit Gärten, Kühen, Ziegen, Ferkeln, Katzen und Hunden. Kinder lebten dort auch. Diese Leute waren ihre Omas, Opas, Mamas und Tanten. Papas gab es hier nicht. Alle Papas waren im Krieg oder schon gefallen. Diese Kinder gingen zur Schule, sie konnten schon lesen und schreiben. Aber Bücher hatten diese Kinder keine.

Als Lea in das Städtchen kam, kaufte Mama ihr gleich viele, viele Bücher. Sie schaffte es gar nicht, alle auf einmal nach Hause zu tragen.

Lea freute sich genauso wie ihre Mama über die Bücher. Sie fing gleich mit dem Lesen an, und mal lebte sie mit Mowgli im Dschungel, mal ging sie in Odessa dem weißen Segel entgegen, sie träumte sogar von der Liebe wie im Buch *Der wilde Hund Dingo oder Die erste Liebe*. Ihre Lieblingsbücher las sie mehrere Male. Das *Dschungelbuch* von Kipling, Bücher von Katajew, Kawerin, Gaidar und so weiter – insgesamt hatte Mama für Lea an diesem ersten Tag in der Evakuierung mehr als hundert Bücher gekauft. Und zwar hatte sie, als sich ihr diese unverhoffte Gelegenheit bot, eine vorsorgliche Auswahl getroffen und nicht nur Kinderbücher, sondern auch Jugendromane genommen. »Das Mädchen wird schließlich größer.« Lea las ein Buch nach dem anderen, aus dem Dschungel Kiplings eilte sie zu Jack London, dann zu Charles Dickens und nach Odessa zu Katajew.

Dann kam der Sommer. Und die Ferien begannen, als ob es keinen Krieg gäbe. Der Sommer war heiß und trocken. Lea brachte alle neuen Bücher in die kühle Scheune. Sie nahm noch einige ihrer Lieblingsbücher dazu, die sie in die Evakuierung mitgebracht hatte, und fing ein Spiel an: Sie eröffnete eine Bibliothek mit selbst gebastelten Karteikarten. Die Bücher lieh sie für drei oder auch fünf Tage aus – das hing davon ab, wie dick das Buch war.

Die Nachricht, dass das Mädchen auf dem Hügel Bücher verteilte, verbreitete sich schnell im Städtchen, und es kamen auch Kinder aus entfernten Straßen, die sie gar nicht kannte. Das Spiel war echt, und Lea hatte keine Langeweile. Die Kinder kamen meist allein oder zu zweit. Dann wurden es aber immer weniger. Auch die Bücher wurden immer weniger. Und als kaum mehr welche da waren, wurde das Spiel uninteressant. Lea brachte die übrig gebliebenen Bücher nach Hause, schloss die Scheune ab und entfernte den Zettel mit den Öffnungszeiten der Bibliothek. Sie ärgerte sich nicht einmal, das Spiel war einfach zu Ende. Und die Ferien auch.

Die Usbeken in Baschkirien

Haupttransportmittel im Städtchen waren Fuhrwerke. Im Sommer Wagen, vor die Pferde oder Ochsen gespannt waren. Die Ochsen zogen langsam. Im Winter waren es Schlitten. Die von Pferden gezogenen Schlitten glitten leicht dahin, sowohl über festgefahrenen als auch über lockeren Schnee. Die Winterzeit fiel immer mit der Schulzeit zusammen – die ersten sonnigen Septemberwochen waren schnell vergessen, und im Oktober fiel bereits Schnee. Im Laufe des Winters sammelte sich so viel davon an, dass es bereits Mai war, ehe er ganz wegtaute. Am 20. Mai begannen schon die großen Sommerferien. Und dann fing auch gleich der richtige Sommer an. So kam es, dass Winter gleich Schule war und Sommer gleich Ferien.

In die Schule ging Lea immer noch in ihrem langen

Wintermantel, den Mama kurz vor dem Krieg gekauft hatte – damals reichte er ihr bis zu den Füßen –, und mit Papas großer Pelzmütze, die ihr über die Augen rutschte. Wenn sie diese Mütze mit Ohrenklappen trug, war sie für niemanden als Mädchen erkennbar. Ihre Tasche war ebenfalls alt, abgegriffen und sehr groß. Die Schule lag weit weg. Mehr als fünf Kilometer. Zuerst musste man den Pfad durch den großen Garten zwischen den Beeten entlanggehen, dann zur Straße hinunter und auf ihr eine lange, lange Strecke bis zu einer größeren Straße, auf der viele Schlitten fuhren. Die Kutscher saßen auf dem Kutschbock mit der Peitsche in der Hand. In ihren dicken Schafpelzen und großen warmen Pelzmützen waren sie sehr behäbig, drehten sich nicht um, schwangen hin und wieder nur für alle Fälle die lange Peitsche. Es war sehr verführerisch, wenigstens ein Stück des Weges auf den schnell dahingleitenden Schlitten mitzufahren. Natürlich nutzte Lea häufig die Unbeweglichkeit der Kutscher und ihre Gleichgültigkeit allem gegenüber, was hinter ihrem Rücken vor sich ging, aus. Sie um Erlaubnis zu fragen war zwecklos, sie verstanden entweder kein Russisch, denn größtenteils waren es Baschkiren, oder sie waren einfach zu faul, bei dem strengen Frost ihren zusammengefrorenen Schnurrbart auseinander zu reißen und zu antworten. Die besonders grimmigen begannen als Antwort die Peitsche so zu schwingen, dass die Pferde schneller trabten. Deshalb bevorzugte Lea solche Schlitten, auf denen die Kutscher wie schwere Säcke saßen und ihr Gesicht tief im Kragen des Schafpelzes versteckten. Es kam auch manchmal vor, dass der Kutscher vor sich hin döste und sich auf sein Pferdchen verließ, das war natürlich am günstigsten. Lea sprang hinten auf den Schlitten auf, stellte sich auf die Kufenenden, hielt sich mit der einen Hand an der Rückwand des Schlittens fest – dabei durfte sie die Tasche natürlich nicht loslassen – und sauste auf dem Schlitten dahin und genoss die Geschwindigkeit.

Oft gelang es ihr, bis zur Schule mitzufahren oder wenigstens ein großes Wegstück, bis der Schlitten entweder abbog oder der Kutscher sie entdeckte und ihr mit der Peitsche drohte. Dann sprang sie bei voller Fahrt geschickt in den Schnee, der durch breit gefahrene oder manchmal noch frische, dampfende Pferdeäpfel seine Jungfräulichkeit längst verloren hatte.

Manchmal nahm Lea, ohne zu fragen, Mamas wundervoll bestickte schwarze Wildlederfäustlinge in die Schule mit. Diese Handschuhe hatte Mama einmal, verlockt von ihrer Schönheit und Eleganz, auf dem Basar gekauft, schonte sie aber und zog sie nie an, sondern betrachtete sie nur manchmal mit Wohlgefallen. Einmal, als der Kutscher Lea mit der Peitsche drohte und sie absprang, stellte sie entsetzt fest, dass ein Handschuh am Schlitten hängen geblieben war. Sie rannte hinterher und sprang, ohne die Peitsche und das Schimpfen des Kutschers zu beachten, auf die Kufen, packte den Handschuh und sprang wieder ab.

Der Sommer brach an, der hierzulande immer sehr heiß war. Lea hatte mit einer Freundin im Wald Faulbeeren gesammelt, die zerrieben als süße Fladen gebacken wurden, denn auch die Kerne der Faulbeere schmecken süß. Sie waren sehr weit gegangen und müde geworden, und als sie zu einem Weg gelangten und mehrere Pferdewagen sahen, die langsam dahinfuhren, rannten sie los, um sie einzuholen und sich hinten draufzusetzen, so wie Lea im Winter auf die Schlitten aufsprang.

Auf dem Pferdewagen lag eine längliche Last, einem Balken ähnlich, mit einer grauen Plane zugedeckt. Vorn saßen die Kutscher – Usbeken mit bunten Käppchen, Tjubetejkas genannt, und abgetragenen seidenen, einst leuchtend blauen und leuchtend grünen gesteppten Chalaten. Diese Usbeken waren aus Mittelasien zur Arbeit in den Ural gebracht worden. Obwohl hier keine mittelasiatische Hitze herrschte wie in Usbekistan, war der Sommer doch heiß und diese gesteppten Chalate eine bestens geeignete Kleidung – im Sterlitamaker Winter wärmten sie und im Sommer schützten sie vor der Hitze. Lea sprang auf den letzten Pferdewagen, und um sich festzuhalten, fasste sie nach der Last, die unter der Plane hervorguckte. Es war etwas Hartes, Kaltes, von unbestimmter grauer Farbe und von unregelmäßiger Form. Lea hob die Plane an – es waren Beine, sehr viele Beine. Wenn sie so hart und kalt sind, sind es bestimmt tote Beine, schoss es ihr durch den Kopf, und sie sprang erschrocken ab.

Zu Hause erzählte sie nichts. Sie erinnerte sich nur, dass die Erwachsenen missbilligend darüber sprachen, die Usbeken würden statt an die Front zur Arbeit in den Norden gebracht und in dieser kalten Gegend wie die Fliegen sterben.

Der Hahn, das Ferkel und die Katze

In Sterlitamak hatten alle Leute Ziegen, Lea aber nur einen Hahn, eine Katze und ein Ferkel. Der Hahn hatte keinen Namen, die Katze hieß Kiska, Kätzchen. Lea war so glücklich und hatte diese Katze so gern, dass sie keinen allerschönsten Namen für sie fand, und dem Ferkel blieb zu wenig Zeit, einen Namen zu bekommen, es hieß einfach Ferkelchen.

Die Nachbarskinder hüteten stolz – so schien es Lea jedenfalls – ihre Ziegen am Strick. Sie gingen mit ihnen wie mit Hunden spazieren, richtige Hunde hatten die Evakuierten hier in der Fremde ja nicht. Richtige Hunde gab es nur im Dorf, und die waren bissig. Ihr Zuhause bildete der Hof, aber manchmal liefen sie auf die Straße, und da begegnete man ihnen lieber nicht.

Meist hatten es die Kinder, wenn sie sich zum Spielen trafen, satt, die Ziegen zu hüten, und rammten Stöcke in den Boden und banden die armen Ziegen an, damit sie nicht wegliefen oder beim Spielen störten.

Die Ersten, die sich Ziegen und andere Kleintiere anschafften, waren natürlich die Leute, die seit jeher eine enge Bindung an die Erde hatten – ehemalige Bauern, die vom Land in die Stadt gezogen und Arbeiter geworden waren, manche auch Ingenieure, deren Herz indessen nach wie vor an Erde und Tieren hing. Leas Eltern, Städter durch und durch, hatten keine Ahnung, was der Besitz einer Ziege bedeutete und wie man mit ihr umgehen musste. Doch wie gerne hätte Lea eine Ziege an der Leine geführt! Mama hatte das offenbar bemerkt und kaufte ihr einen Hahn (für eine Ziege reichte weder das Geld noch der Mut). Lea knüpfte einen dünnen Strick an sein Bein, damit er nicht weglief, und schlug auch einen Stock in den Boden. Den Hals des Hahns ließ sie frei, damit er ungehindert alles aufpicken konnte, was ihm wie ein Korn vorkam. Eines Tages, und zwar bald, lief er trotzdem weg. Papa suchte den ganzen Hügel ab und fand zu seiner eigenen Überraschung den Ausreißer tatsächlich, beim zweiten Versuch aber, einen Tag später, verschwand der Hahn für immer.

Nach dem Hahn wurde Mama mutiger und kaufte Lea ein Ferkel. Markt wurde in Sterlitamak nicht nur sonntags abgehalten, sondern auch in der Woche. Mama ging regelmäßig dorthin, um etwas von den mitgebrachten Sachen zu verkaufen oder gegen Lebensmittel – Butter, Honig, Milch und Eier – einzutauschen. So wurden sie allmählich ihre gesamte »Intelligenzkleidung« los. Die Bauern kauften gern schöne städtische Kleidung, denn in den Läden gab es so etwas nicht. Jedes Mal, wenn Mama auf den Markt ging, um etwas von ihren Vorkriegssachen gegen Lebensmittel einzutauschen – auf dem Markt fand Naturalaustausch in Reinkultur statt, das Geld hatte jeglichen Wert verloren –, nahm sie auch Leas Kinderkleid aus Chinaseide mit, das sie vor dem Krieg von Tante Bljuma geschenkt bekommen hatte. Es war Winter, unter minus zwanzig Grad, alles unter Schnee und, wo vorher Wasser war, auch unter Eis begraben. Alle mummelten sich ein, denn der eisige Wind schnitt ins Gesicht. Mama zog ihren dicken klein karierten Moskauer Wollrock an und darunter noch die dicken langen Strickunterhosen – sie war so dünn geworden, dass sie zum Glück auch mit diesen Hosen noch in den Rock passte. Auf dem Kopf die Pelzmütze mit Ohrenklappen und ein Schal, der das Gesicht verbarg, damit Nase und Wangen nicht erfroren. Die Milch wurde in vereisten Stücken verkauft. Die Kartoffeln auf den Wagen deckten die Bauern, so gut sie konnten, mit Schaffellen zu, dennoch waren sie angefroren und schmeckten süßlich, wenn man sie zu Hause kochte. Wer brauchte bei dieser Kälte schon ein luftiges Kinderkleidchen aus Chinaseide? Und tatsächlich sagte einmal eine Bäuerin zu Mama: »Wozu brauche ich im Winter ein Seidenkleid? Deinen Rock, den würde ich gern kaufen.« Da zog Mama ihren Rock aus, bekam dafür einen dicken Brocken hausgemachter Butter und kehrte nur in den langen Strickunterhosen unter dem Wintermantel nach Hause zurück. Mama gab die Hoffnung auf, Leas Kleid jemals zu verkaufen, und nahm es nicht mehr mit.

Es war noch kalt, der Schnee allerdings stellenweise schon weggetaut, und alles vor dem Haus, der Garten und die brachliegende Erde, sah schmutzig aus: ohne weißen Schnee, aber auch noch ohne das frische Grün des sprießenden Grases. Einmal sah Lea die Mama, früher als gewöhnlich vom Markt heimgekehrt, durch den Garten gehen, hinter ihr eine unbekannte Frau, die einen Sack auf dem Rücken trug. Kartoffeln, dachte Lea, aber in dem Sack bewegte sich etwas. »Töchterlein, ich habe dir ein Ferkel gekauft! Für dein Kleid!«, berichtete Mama fröhlich. Die Frau – wahrscheinlich war sie jünger als Mama, sah aber älter aus – stellte den Sack auf den Boden, und heraus sprang quiekend ein kleines rosa Ferkel. Es war wohl erst eine Woche alt und schrecklich süß, wie ein kleines Kindchen. Mama bedankte sich bei der Frau, dass sie das Ferkel zu ihnen nach Hause gebracht hatte (sie selbst hätte sich nie im Leben getraut, ein lebendes Tier auf dem Rücken zu tragen), und gab ihr Leas Seidenkleid. Als Mama mit den Kleidern über der Schulter auf dem Markt an der Frau vorbeigegangen war, hatte die zu ihr gesagt: »Alles nur für Erwachsene, ich könnte was für mein Töchterlein gebrauchen!« Worauf Mama zu ihr gesagt hatte, zu Hause hätte sie ein Kleid aus Chinaseide.

So schenkte Mama Lea ein Ferkel, Lea rannte gleich in die Scheune und richtete für Ferkelchen ein »Zimmerchen« ein. Sie kochte ihm eine Kartoffelsuppe, wie es die Frau gesagt hatte, und alles schien zu klappen, aber schon am nächsten Morgen war Ferkelchen krank – sicher war ihm kalt geworden in der Scheune, statt Kartoffelsuppe hätte Lea dem Kleinen Milch geben müssen. Aber davon war keine Rede gewesen, sicher hatte die Frau befürchtet, dass Mama es dann nicht kaufen würde. Und überhaupt hätte man das rosige Ferkelchen im Zimmer unterbringen müssen und nicht allein in der kalten Scheune lassen dürfen. Sicher hatte es dort Angst gehabt, plötzlich so ganz allein im Dunkeln.

Aber das begriff Lea erst später, damals hatte sie alles falsch gemacht; Mama und sie waren ganz durcheinander, sie kamen nicht einmal auf die Idee, in die Tierklinik zu gehen, obwohl sie gleich nebenan wohnten. Sie hofften immer, das Ferkel würde sich erholen. Lea setzte sich mit ihm vors Haus, damit es die Sonne wärmte. Es lag in Leas

Schoß auf einem Kissen, sie hatte ihm ein Schleifchen umgebunden, streichelte es, gab ihm zu trinken, aber es wurde stiller und stiller, bis es schließlich in Leas Armen starb.

Die Katze Kiska bekam Lea von Gartennachbarn geschenkt, von Einheimischen. Sie sagten: »Willst du ein buntes Kätzchen? Dreifarbige Katzen bringen Glück.« Natürlich wollte sie die Katze und das Glück auch.

Kiska wurde zu einer richtigen Katzenschönheit, und Lea hatte sie sehr gern. Sie rief sie einfach »Kis-kis« oder sprach mit ihr wie mit einem Menschen. Kiska liebte Lea auch sehr. Aber ihre Liebe war schweigsam. Nur wenn Lea sie streichelte, schnurrte ihre Kiska laut Liebe ohne Worte. Lea schnupperte selig an Kiska, besonders süß roch sie zwischen den Ohren. Sie war tatsächlich dreifarbig – weiß mit roten und schwarzbraunen Flecken. Wenn Lea in die Schule ging, begleitete Kiska sie – sie rannte hinter ihr her den Hügel hinunter, zwischen den Beeten, bis die Gärten aufhörten. An der Straße blieb sie stehen, schaute ihr lange nach und lief dann widerstrebend nach Hause. Wenn Lea aus der Schule heimkam, stolzierte Kiska mit erhobenem Schwanz ungeduldig auf dem Fensterbrett hin und her und schnurrte aufgeregt zu ihrer Begrüßung. Mama wunderte sich sehr darüber, freute sich aber, dass ihre Tochter und Kiska einander so liebten. Sie selbst machte sich nicht viel aus Leas Katze. Lea erlebte nicht ein einziges Mal, dass sie sie gestreichelt hätte.

Kiska genoss völlige Freiheit, sie konnte bei Lea schlafen oder sonst wohin laufen. Bei strengster Kälte, mitten in der Nacht, brauchte sie nur unter dem Fenster zu miauen, wenn sie von einem Spaziergang oder Katzenrendezvous heimkehrte, und Lea wachte sofort auf. Das war bei ihr so etwas wie Mutterinstinkt, Verantwortungsgefühl für ein anderes Wesen.

Eines Tages kam Lea wie gewöhnlich gegen Abend aus der Schule nach Hause. Im Zimmer war es schon dunkel, und ohne sich erst auszuziehen, zündete sie die Petroleumlampe an, die auf dem Tisch stand, und heizte den Ofen. Dann räumte sie auf, schälte Kartoffeln und stellte sie in dem schwarzen gusseisernen Topf auf den Herd, in einem anderen Topf Wasser, damit Mama sich nach der Kälte die Hände in angenehm warmem Wasser waschen konnte. Aus der Vorratskammer holte Lea ein Schüsselchen Sauerkraut – weiß, knackig, mit leuchtend orangefarbenen Mohrrübenstreifen, und sogar ein paar eingesalzene Tomaten. Inzwischen war es im Zimmer warm geworden, das Feuer im Ofen prasselte angenehm, Lea legte Holz nach und legte sich, bis Mama kam, aufs Bett. Zu der Zeit schmökerte sie heimlich Bücher, die zwischen den Mädchen in der Schule getauscht wurden. Sie waren ziemlich abgegriffen, zum Teil fehlten die Pappumschläge. Da wurden diverse erotische Szenen geschildert, wie Männer den Frauen unter den Rock schauten, wenn die den Holzfußboden schrubbten. So etwas kam in *Zement*, einem berühmten Roman der dreißiger Jahre von Gladkow, vor. Aber trotz dieser aufregenden Szenen schlummerte Lea ein. Kiska kuschelte sich an ihre Füße, und beide schliefen sie tief und süß, umhüllt von der Wärme des Zimmers.

Lea erwachte von einem sonderbaren Miauen. Kiska lag zusammengerollt zu ihren Füßen, aber trotzdem miaute es. Lea wurde endgültig wach – das Miauen kam von einer sehr seltsamen, fremden Katze, nicht von ihrer Kiska. Kiska war ebenfalls aufgewacht und rekelte sich stumm zu ihren Füßen.

Schließlich richtete sich Lea auf dem Bett auf, blickte zum dunklen, zugefrorenen Fenster, hinter dem das Miauen anhielt, und entdeckte plötzlich Mamas Gesicht. Arme Mama! Aber die war glücklich, ihre Tochter wach bekommen zu haben. Lea öffnete die Tür. In ihrer Schläfrigkeit begriff sie gar nichts. Mama erzählte, als sie gekommen sei, müsse Lea gerade fest eingeschlafen sein. Sie habe an die Tür geklopft, aber Lea habe nicht aufgemacht. Da ging sie zum Fenster und sah im Dämmerlicht der Petroleumlampe, wie ihre Tochter schlief. Sie klopfte ans Fenster. Lea rührte sich nicht. Sie rief laut ihren Namen. Lea schlief weiter. Der Frost wurde indessen immer grimmiger. Da ging Mama zu den Nachbarn, die mit ihnen Wand an Wand wohnten, um sich ein wenig aufzuwärmen. Jetzt klopften auch die Nachbarn an die Wand, um Lea aufzuwecken. Mama stand Ängste aus, womöglich war ihrer Tochter etwas zugestoßen – da fiel ihr ein, dass Lea es nachts immer hörte, wenn Kiska reinwollte. Sie ging zum Fenster und miaute, so laut sie konnte.

Im Frühling brachte Kiska acht Junge zur Welt. Die Kätzchen waren rot oder schwarz oder bunt. Als die Wehen begannen, war Lea mit ihr allein zu Hause. Die Kätzchen – zunächst waren es gar keine Kätzchen, sondern merkwürdige graue, nasse, längliche Hautsäckchen mit etwas Lebendem drin – rutschten aus ihr heraus auf den Fußboden. Kiska lief unruhig im Zimmer herum, von einer Ecke in die andere, kroch unters Bett und hinterließ überall feuchte Spuren von ihrer Entbindung und ihren Jungen.

Ein Flüsschen gab es in der Nähe nicht. Lea behielt nur die bunten Kätzchen, die anderen brachte sie auf den Abort und warf sie hinein. Damals machten das alle so, und sie tat das, was ihr die Erwachsenen sagten.

Kiska merkte das nicht einmal und liebte Lea weiterhin sehr.

Die Fliege auf Papas Becher

Am Ende des Sommers – es war am Tag und noch sommerlich heiß – kam einmal ein Milizionär auf dem Fahrrad dahergefahren. Lea hatte gerade vor dem Haus im Garten zu tun. Der Milizionär fragte: »Wohnt hier Jakow Gaikowitsch Tschachmachtschow?« Wie alle sprach er ihren Nachnamen falsch aus. Lea antwortete, ja, das sei ihr Papa, aber jetzt sei er im Werk.

»Weißt du, wo er arbeitet?«

»Ja«, sagte Lea, und ihr wurde ganz schlecht vor Schreck, wie damals, als sie noch ganz klein war und die Njanja Marussja ihr mit dem Milizionär Angst einjagte.

»Komm, setz dich zu mir aufs Rad, Mädchen, wir fahren zu deinem Papa.«

Lea hängte das Schloss vor die Tür, kletterte vor den

Milizionär auf die Fahrradstange, und sie fuhren los. Unterwegs erzählte er ihr, dass er für Papa den Einberufungsbefehl habe. Sie fühlte seinen Atem, er roch schlecht aus dem Mund.

Aber die Einberufungsbefehle kommen doch sonst immer mit der Post, überlegte Lea. Das wusste damals jedes Kind.

Als Papa seine Tochter sah, freute er sich sehr, aber der hinter ihr eintretende Milizionär reichte ihm den Einberufungsbefehl. Papa warf Lea einen kurzen Blick zu, sammelte hastig Federhalter und Papier vom Tisch, schickte Lea zurück und ging sofort zum Kriegskommissariat. Von dort kam er nach Hause, packte seine Sachen und machte sich auf zum Sammelpunkt.

Mama weinte zwar nicht, um Lea nicht zu beunruhigen, aber nach dem russischen Aberglauben – damit Papa lebend und gesund aus dem Krieg zurückkehrte – ließ sie im Zimmer alles so, wie es in dem Moment war, als Papa wegging. Sie sagte: »Das bringt Glück auf den Weg.« Wie lange alles so bleiben sollte, sagte sie nicht.

Papas Sachen lagen also dort, wo er sie hingelegt hatte. Seine Hausschuhe standen monatelang mitten im Zimmer, zwischen Fenster und Bett. Lea ging vorsichtig um sie herum, um sie nicht aus Versehen zu verrücken. Auf dem Bett lag sein Schlafanzug, auf dem Stuhl seine Hosen, und sogar Papas großer Becher, aus dem nur er Tee trank, stand auf dem Tisch, da, wo Papa ihn nach dem letzten Schluck hingestellt hatte. Auf dem Boden des Bechers lagen zwei angetrocknete Teeblätter – von den letzten Resten des mitgebrachten Tees. Eine verirrte Fliege kroch hartnäckig auf dem leeren Becher herum, doch sie verjagten sie nicht. Lea glaubte, dass Papa, wenn Mama und sie alles richtig machten, unbedingt lebend zurückkäme. Lange blieb alles so, als ob Papa gar nicht weggefahren wäre. Manchmal schien es tatsächlich, als ob Papa nicht weggefahren, sondern einfach nur irgendwohin gegangen sei und bald wiederkommen werde.

Papa mochte Pferde sehr, noch vom Bürgerkrieg her, als er bei der Kavallerie gewesen war. Auch jetzt war er zu einer Kavallerieeinheit gekommen, die sich auf den Abmarsch an die Front vorbereitete, jetzt aber noch in der Stadt Kowrow lag. Ein paar Monate vor dem Abmarsch an die Front musste Papa »im Pferdestall dienen«, wie man das nannte, das heißt Pferde striegeln und füttern.

Jetzt waren sie nur noch zu zweit, und Lea fühlte sich genauso erwachsen wie Mama. Der Herbst 1942 rückte näher und mit ihm der Winter.

Mit einer Kältewelle brach ein harter Winter herein. Alles war mit Schnee bedeckt, und der starke Frost hielt ihn in hohen Wehen fest. Auch das frische, nach Espe riechende Brennholz, das Lea sägte und hackte, war voller Schnee.

Einmal wurde sie durch irgendetwas aus dem Schlaf gerissen. Es war noch ganz dunkel, wie tief in der Nacht, obwohl es schon auf den Morgen zuging. Lea hörte schwere Schritte, die immer näher kamen. Schon hörte sie den Schnee knirschen. Und plötzlich dachte sie: Papa! Und tatsächlich, es klopfte an die Tür – sie sprang aus dem Bett. »Wer ist da?«, fragte Lea sicherheitshalber. Und als sie Papas Stimme hörte, schob sie mit einem wilden Freudenschrei den schweren Riegel zurück und flog Papa an die Brust. Plötzlich war ihr so kindlich leicht zumute, und sie hatte keine Angst mehr – weder um sich noch um Mama. Papa roch irgendwie ungewohnt – nach Krieg, Pferden, Tabak. Und er sah ganz anders aus als sonst: im Militärmantel, ganz winterlich, mit Pelzmütze und vor allem in schweren Soldatenstiefeln – die waren das Fremdeste an Papa. Er zog die Stiefel aus und wickelte die Fußlappen ab. Da hatten die Hausschuhe die längste Zeit auf Papa gewartet.

Er hatte vor dem Abmarsch an die Front einen Tag frei bekommen.

Als es richtig Morgen wurde, ging Mama zur Arbeit, und Lea blieb mit Papa allein. In die Schule musste sie in der Zeit zur zweiten Schicht, um drei Uhr nachmittags. Nach dem Frühstück rieb sich Papa, zufrieden lächelnd, die großen starken Hände und sagte: »Na, dann werden wir uns mal an die Arbeit machen!« Er hatte, wie sich herausstellte, vor – und anscheinend war er nur deshalb vor dem Abmarsch nach Hause gekommen –, alle Sachen zurück in die großen Kisten zu packen, in denen sie sie aus Woskressensk mitgebracht hatten.

Aha, Mama will wegfahren, dachte Lea.

Wenn Mama nach Hause kam, wollten Papa und Lea Kartoffeln gekocht haben. Das war auch das Einzige, was Papa angeboten werden konnte, allerdings aus eigener Ernte. Sauerkraut aß er nicht. Auf dem Fußboden hockend, schälten sie zu zweit Kartoffeln. Neben ihnen stand eine Schüssel mit Wasser, und um sie verstreut lagen die Kartoffeln. Sie waren verschieden groß und hatten eine fast regelmäßige längliche Form. Papa wollte nicht allzu viel Zeit für die Kartoffeln verschwenden und trieb Lea zur Eile an. Doch die nahm jedes Mal wieder eine nicht so große, eher kleine glatte Kartoffel ohne Knoten. Sie fassten sich angenehm an und waren leicht zu schälen. Obwohl Papa sagte: »Nimm die größeren, das geht schneller«, wählte Lea weiter die kleinen länglichen … Ihre Hand streckte sich wie von selbst nach ihnen aus. Da sagte Papa: »Was hab ich dir gesagt, nimm die großen!« In Lea erwachte zu ihrer eigenen Überraschung der Dickkopf, schon lange hatte ihr niemand mehr Vorschriften gemacht, und sie wollte auf keinen Fall nachgeben, wenn sie auch begriff, dass Papa Recht hatte. Es machte ihr doch solchen Spaß, die Kartoffeln auf ihre Art zu schälen und nicht anders!

Als Papa sie zum dritten Mal ermahnte – schon sehr nachdrücklich –, murmelte sie etwas zur Antwort und nahm wieder eine kleine längliche Kartoffel. Papa wunderte sich, wurde böse, aber nicht wirklich und wie immer nicht für lange, auch wenn die lustigen Fünkchen in seinen Augen ausblieben. Er sagte nur: »So eine bist du jetzt also …«

Später bedauerte Lea sehr, dass sie »so eine« war. Denn am nächsten Tag fuhr Papa an die Front. Aber sie hatte nichts gegen ihren Dickkopf tun können. Und ihr blieb gar keine Zeit, es wenigstens später so zu machen, wie Papa gesagt hatte.

Der ungebetene Gast

Vor der Schule räumte Lea sorgfältig auf, sogar das alte Spitzendeckchen, das Mama noch vor dem Krieg gestickt hatte, legte sie ordentlich auf dem Klavierdeckel zurecht. Wenn sie nach der zweiten Schicht in der frühen Dämmerung aus der Schule nach Hause kam, war Mama noch nicht da. Ehe die zurückkehrte, wurde es stockdunkel.

Es herrschte bereits winterliche Kälte. Der klare vorabendliche Himmel strahlte in einem eigenartigen rosa Licht – Frost kündigte sich an. Als Lea eines Tages das Zimmer betrat, bemerkte sie sofort, dass das Deckchen auf dem Klavier verrutscht war, als ob jemand den Klavierdeckel geöffnet hätte. Verwundert sah sie sich um, sie hatte das Gefühl, als ob jemand hier gewesen sein müsse, dabei war die Tür wie gewohnt verschlossen gewesen.

Aber dann kam Mama, und sie dachte nicht mehr daran. Am nächsten Tag, als sie aus der Schule zurückkehrte und, noch nach dem Schlüssel in ihrer Tasche suchend, vor der Tür stand, ging diese plötzlich auf, und der Nachbarjunge Viktor Karzew trat aus dem Zimmer. Seine sonst traurig wirkenden Augen blickten jetzt zwischen dichten Wimpern groß und erschrocken. Er ging schnell und stumm an ihr vorbei, so als sähe er sie überhaupt nicht, und verschwand ebenso wortlos. Vor Überraschung sagte sie noch: »Was suchst du denn hier?«

Das Deckchen war nicht verrutscht, aber der Stuhl stand nicht an seinem Platz. Lea war es ein wenig unheimlich, dass ein Fremder in ihrem Zimmer gewesen war.

Der Junge war der Sohn des Tischlers Karzew, dem ihr Papa einst geholfen hatte, seine selbst gebaute Kommode in die Evakuierung mitzunehmen, und der in derselben Baracke wohnte wie sie. Die Kommode hatte bei den Karzews einen Ehrenplatz. Lea kannte die Familie gut, denn sie ging oft hinüber, um Viktors Mutter beim Kartoffelschälen zu helfen und bei ihr das Stricken zu lernen.

Als Mama nach Hause kam, erzählte sie ihr alles. Mama warf sogleich einen prüfenden Blick aufs Klavier, dann klappte sie die untere Wand herunter und holte unter den Saiten ein kleines weißes Bündel und eine große alte Taschenuhr mit Kette hervor. Sie erklärte Lea, diese Uhr stamme vom Großvater, der Uhrmacher gewesen war. Sie knüpfte das Bündel auf, und zum Vorschein kamen zu Leas Verwunderung ein in zerknülltes weißes Papier eingewickeltes Goldarmband, ein Goldring mit einem schönen Türkis und eine goldene Puderdose mit dem Porträt eines alten Römers und einem goldenen Kettchen.

Diese Dinge stammten von der Großmutter. Die Mama verwahrte sie weniger als Wertgegenstände denn zur Erinnerung an ihre Mutter. Großmutters Ehering lag auch mit dabei und ein Stück Gold von Großvaters Ehering – der andere Teil war bereits für Zähne draufgegangen, den Rest hob Mama für den gleichen Zweck auf. Nachdem sie die einzelnen Gegenstände betrachtet hatte, packte sie alles wieder ein und legte es ins Klavier, das sich als so zuverlässiges Versteck erwiesen hatte.

Noch am selben Abend ging Mama zu den Karzews hinüber. Viktor war nicht zu Hause, und seine Mutter sagte, er habe bereits den Einberufungsbefehl erhalten, in zwei Tagen würden sie ihn an die Front verabschieden. Wie sich dann noch herausstellte, hatte Viktor den kleinen Nachbarjungen Wowka Safronow, der mit ihnen Wand an Wand wohnte und bei dessen Eltern Mama für alle Fälle (nachdem sie die miauende Katze hatte spielen müssen) einen zweiten Schlüssel hinterlegt hatte, mit Drohungen dazu gebracht, ihm diesen Zweitschlüssel herauszugeben. So war Viktor, wenn Lea tagsüber in der Schule war, mehrere Male zu ihnen in die Wohnung gegangen. Wowka sagte, Viktor hätte nur Klavier spielen wollen, aber spielen konnte er gar nicht, er hämmerte bloß auf den Tasten herum. Aller Wahrscheinlichkeit nach war er der Versuchung durch das Klavier erlegen, das man durchs Fenster von der Straße aus sehen konnte. Oder er wollte sich, bevor er an die Front musste, etwas holen, was er seinem Mädchen zur Erinnerung schenken konnte – denn an die Front kam man, um zu sterben. Aber er hatte nichts mitgehen lassen. Außer dem Klavier gab es nichts Schönes im Zimmer, und von Mamas Geheimversteck hatte er nichts geahnt.

Wie ein Mädchen

Sommer. Drittes Kriegsjahr. Mama schlängelt sich zwischen den Beeten hindurch. Sie hat eines ihrer letzten Vorkriegskleider angezogen – ein weißseidenes, leicht in der Sonne glänzendes, das sie mit Röschen um den tiefen Ausschnitt und den ganzen Saum entlang bestickt hat. In weißen Sachen kommt ihr voller Busen besonders zur Geltung. Mama ist bereits knapp über vierzig. An den Füßen trägt sie ausgetretene Vorkriegspumps, während Lea barfuß hinter ihr herläuft.

Da wird sie plötzlich auf Mamas Beine aufmerksam und ist völlig überrascht, dass Mama wie ein Mädchen aussieht: schmal, leicht, mit kindlich schlanken Beinen. Das gefällt ihr so sehr, dass sie ausruft: »Mama, du siehst aus wie ein Mädchen!«

»Ja?« Die Mama dreht sich freudig um, sie sieht gerne jung aus. Vor noch nicht allzu langer Zeit, vor dem Krieg, ist sie eine füllige Frau gewesen.

Erst viele Jahre später erinnerte sich Lea an das durchsichtige Glas mit dem gekochten Reis, ein Löffel voll, der zu einem Klumpen zusammengeklebt war, und an die Frikadelle, die so groß war wie das Fäustchen eines Neugeborenen. Diese »Sonderration in gesundheitsschädlicher Produktion«, die die Mama im Werk bekam, brachte sie Lea jeden Tag mit, um ihr Töchterchen hochzupäppeln.

Das Gewitter

Einmal kurz vor Beginn der Sommerferien waren Lea und Njura nach der Schule auf dem Heimweg. Die Sonne ging unter, gleich musste es dunkel werden. Bis nach Hause war es nicht mehr weit, nur noch das kleine Wäldchen unten am Hügel, auf dem Leas Haus stand, hatten sie zu durchqueren, als es plötzlich ganz dunkel wurde; der Himmel färbte sich schwarz, Wind kam auf, und ein schrecklicher Platzregen ging nieder. Dann krachte auch ein Donnerschlag. Diesen ersten Blitz hatten sie überhaupt nicht mitbekommen – beide hielten ihre Blicke auf die Erde gerichtet, wo das Wasser in Sturzbächen floss. Nach dem ersten leuchtete der zweite Blitz auf, und es donnerte laut, so als wollte ihnen jemand tatsächlich einen Schlag versetzen. Dieses unerwartete Maigewitter hörte gar nicht mehr auf. Die Mädchen waren in ihren Sommerkleidchen längst bis auf die Haut durchnässt, begannen aber erst jetzt zu zittern, vor Angst.

Als Erste fing Njura an – sie bekreuzigte sich und sagte rasch: »Herr, erbarme dich und sei uns gnädig!« Die Mädchen beeilten sich so sehr, nach Hause zu kommen, dass sie, ohne darauf zu achten, mit ihren Schuhen durch Pfützen und Gießbäche patschten, und auch an ihnen floss das Wasser in Strömen herab. Njura bekreuzigte sich nach jedem Donnerschlag und sagte: »Herr, erbarme dich und sei uns gnädig!« Lea lief schweigend neben ihr her und bemühte sich, nicht zurückzubleiben. Dann sagte Njura: »Meine Großmutter meint, das hilft.«

Na, wenn's hilft, dann mag es helfen, dachte Lea und glaubte sofort daran. Sie hatte solche Angst vor dem Gewitter, dass sie einfach daran glauben musste. Sie beobachtete Njura, wie die es machte, sah ihre zusammengelegten drei Finger und begann sich ebenfalls zu bekreuzigen. Wahrscheinlich hatte Lea mehr Angst als Njura. Die murmelte nur: »Herr, erbarme dich …«, Lea aber sprach diese Worte mit solcher Inbrunst aus, als wäre das tatsächlich ihre Rettung, als sähe sie darin tatsächlich ihr Heil, als wäre sie eine fanatische Christin und kein braver Pionier und als täte sie das nicht zum ersten Mal im Leben. Obwohl man Lea in der Schule beibrachte, nicht an Gott zu glauben, und zu Hause Gott mit keiner Silbe erwähnt wurde, war sie jetzt fest davon überzeugt, dass Gott sie erhören und der Blitz sie beide nicht treffen würde.

Malaria

Als Erste bekam Mama Malaria. Es begann am Abend, am nächsten Morgen hatte sie immer noch vierzig Grad Fieber, mit Schüttelfrost und Übelkeit. Sie sah sehr schlecht aus und sogar etwas verschreckt. Nachdem sie sich wieder einmal übergeben hatte, setzte sie sich auf, vor Kraftlosigkeit mit den Ellbogen auf die Kissen gestützt und eine Kompresse auf dem Kopf. Ihre großen grauen Augen schienen noch größer geworden zu sein, sie blickten erschrocken und beunruhigt. Das Schlimmste war, dass sie beide nicht wussten, was mit Mama war. Ein Telefon hatten sie damals natürlich nicht. Das Werk musste umgehend eine Krankmeldung erhalten, andernfalls konnte man sie nach den damaligen harten Gesetzen der Kriegszeit wegen Arbeitsbummelei vor Gericht stellen. Außerdem brauchten sie einen Arzt, und den gab es nur dort. So schickte Mama ihre Tochter zum Werksarzt. Lea musste denselben Weg zurücklegen, den Mama jeden Tag ging.

Es war Anfang Februar. Minus 25 Grad. Man konnte

den oberen Weg nehmen, das waren ungefähr sieben Kilometer. Oder den am Fluss – fünf Kilometer. Lea mummelte sich warm ein, zog die Filzstiefel an, die warme Pelzmütze mit Ohrenklappen, umwickelte mit einem Schal den Mund bis zur Nase und entschloss sich, am Fluss entlangzugehen. Ringsum lag tiefer Schnee, alles war blendend weiß, nur auf dem Weg hatte der von Schlitten und seltenen Lastwagen befahrene Schnee eine schmutziggrüne Farbe von den Pferdeäpfeln.

Zunächst führte der Weg übers Feld am Wald entlang, dann durch die Flussaue, bevor er sich wieder vom Fluss entfernte. Fast die ganze Zeit war Lea allein. Der alte, zerfahrene Pulverschnee war trocken wie Sand. Die Filzstiefel versanken darin, und Lea musste ziemlich langsam laufen. Auf dem ganzen Weg begegnete sie nur ein einziges Mal einem schnell dahinfahrenden Schlitten, vor den ein dunkles Pferd gespannt war. Endlich tauchten die Werksgebäude auf. Nachdem Lea in der Verwaltung die Erkrankung ihrer Mama gemeldet hatte, ließ sie sich erklären, wo sie den Arzt finden konnte. Der fragte sie aus und stellte die Diagnose Malaria – und gab ihr für Mama Arznei mit, vor allem Chinintabletten. Ein bisschen hatte sich Lea im Büro und beim Arzt aufgewärmt, jetzt wickelte sie sich wieder den Schal ums Gesicht und stapfte zurück. Als sie die Tür öffnete, sah Mama sie erleichtert an: Sie hatte sich große Sorgen gemacht – ein zwölfjähriges Mädchen allein auf diesem einsamen Weg, dazu noch bei dieser Kälte!

Mama war ziemlich lange krank. Die Malariaanfälle wiederholten sich jeden zweiten Tag, dann waren sie plötzlich vorbei.

Als Lea krank wurde, war alles sehr einfach: Sie wussten bereits selbst, ohne Arzt, dass es Malaria war und was sie zu tun hatten. Obwohl Lea den ganzen Tag allein zu Hause lag, kümmerte sich Mama doch abends um sie, und ihr ging es nicht gar so schlecht. Die Anfälle kamen jeden dritten Tag, an den zwei anderen konnte sie sich erholen, las Bücher, schluckte Chinin, und als sie dann zwei Jahre später Jules Vernes *Kapitän Nemo* las, wo der Kapitän den Eingeborenen hilft, das gelbe Fieber mit Chininpulver zu bekämpfen, war ihr das sehr vertraut.

Kartoffeln im Wasser

Es geschah in jenem ersten Winter, als Mama und sie allein blieben. Im März dreiundvierzig. Die ersten Anzeichen, dass der Winter bald dem Frühling das Feld räumen würde, gab es schon – kurze Tauwetterphasen hatten begonnen, und obwohl der richtige Frühling noch in sehr weiter Ferne war, lagen überall, auch vor ihrem Haus, hohe Schneewehen mit bereits verharschtem Schnee.

Im Herbst hatten Mama und sie ihre erste ordentliche Ernte eingebracht: Kartoffeln und Kohl, den Lea nach allen Regeln der Erwachsenen am Fluss gepflanzt und gepflegt hatte. Im Garten am Haus hatte sie Mohrrüben und Rote Bete geerntet. Den Kohl hatten sie beide noch im Herbst in einem wenn auch nicht sehr großen Fass eingesalzen. Solide Wintervorräte waren angelegt, wie es sich auf dem Dorf gehörte. Und sie mussten, nicht nur bis zum

Frühjahr, sondern bis zum Sommer davon zehren können, bis es im Gemüsegarten wieder etwas zu ernten gab.

An jenem Tag kam Lea aus der Schule, als es schon fast dunkel war. Sie heizte wie immer den Ofen, die Holzscheite prasselten, die Herdplatte strahlte Hitze aus, das Zimmer versprach schnell warm zu werden, und allein dieses Versprechen und das Licht der Petroleumlampe auf dem Tisch neben dem Herd verbreiteten eine Gemütlichkeit, die das Werk der kleinen Lea war, denn sogar das Holz hatte sie selbst gesägt und gehackt!

Es klopfte ans Fenster – sie wusste, das konnte nur ihre Mama sein, mit den Nachbarn verständigten sie sich durch Klopfzeichen gegen die Wand.

Mama war froh, zu Hause angelangt zu sein: jeden Tag diese sieben Kilometer durch tiefen Schnee, weit und breit keine Menschenseele, nur die kalte Winterdunkelheit, ab und zu im Mondschein funkelnder Schnee oder auch heftiges Schneegestöber, manchmal sogar ein Schneesturm, bei dem man auch vom Wege abkommen konnte. Nur ganz selten war jemand in Gegenrichtung unterwegs, und manchmal wagten sich hungrige Wölfe bis zum Weg vor.

Mama zog ihre Filzstiefel aus, wickelte das Tuch ab und setzte sich nahe an die Herdplatte, um sich aufzuwärmen. Lea nahm – ganz wie eine erfahrene Hausfrau – zwei Schüsseln und ging aus der Vorratskammer Kartoffeln und Sauerkraut fürs Abendbrot holen: Sie hatten schon einige Tage keine Kartoffeln mehr gegessen, hatten gespart, um bis zum Sommer hinzukommen. Allerdings war außer Kartoffeln auch nichts anderes im Haus, aber heiße mehlige Kartoffeln mit Sauerkraut schmeckten Lea noch immer.

Sie stieg gern die Treppe zur Kammer hinunter, wo die Vorräte lagen: die Kartoffeln hinter der Bretterwand, das Fass mit Kraut, das Fässchen mit eingesalzenen Tomaten und die zwei kleinen Haufen Mohrrüben und Rote Bete. Sie stellte die Lampe auf den Boden in der Diele, zog den Deckel an der dicken Strickschlaufe hoch und begann wie immer die grob gezimmerte Holztreppe hinunterzusteigen. Zu den Kartoffeln waren es ungefähr acht Stufen. Als sie drei Stufen hinter sich hatte und nach unten blickte, sah sie plötzlich weder die matte Dunkelheit noch die Stufen, sondern völlig unerwartet – wie im Spiegel – ihr Abbild in der schwarzen Tiefe. Im ersten Moment begriff sie gar nichts, im zweiten wollte oder konnte sie nicht glauben, was sie sah. Dieser dunkle glänzende Spiegel war Wasser – und sie hatten keine einzige Kartoffel mehr.

Erschrocken rief Lea nach Mama. Die schaute hinunter und begriff sofort die Tragik dessen, was geschehen war. Sie vergaßen darüber beide, dass sie den ganzen Tag nichts gegessen hatten. Lagen doch alle ihre Vorräte für viele Monate unter dem eisigen schwarzen Wasser.

Mama ließ sich hilflos aufs Bett fallen: Woher bloß kam dieses Wasser? Was war mit den Kartoffeln? Wie konnte man sie retten? Sie ging zu ihrem Nachbarn hinter der Wand – aus irgendeinem Grund war er noch nicht an die Front geschickt worden. Das war ein freundlicher untersetzter junger Mann.

Als sie wiederkam, sagte sie: »Safronow meint, das ist bestimmt wegen des Tauwetters.« Der Schnee schmolz, und das Wasser hatte sich einen bequemen Platz in ihrer Vorratskammer gesucht, vielleicht auch noch anderswo. Um das Haus herum lagen riesige Schneeberge, die beim kürzlichen Tauwetter geschrumpft waren.

Nachdem der erste Schock vorüber war, überlegten sie, wie sie die Kartoffeln doch noch retten konnten (der Kohl im Fass, vom schmutzigen Wasser überschwemmt, und alles andere war unwiderruflich dahin). Es wurde klar, dass sie das allein nicht schaffen würden. Mama überlegte laut: »Wer könnte uns helfen?« Lea sagte, sie wolle zu den Pferdeställen gehen und dort um Hilfe bitten.

Hinter der Tierklinik lagen die Pferdeställe des Werks. Es roch stark nach Mist, nach ungepflegten Pferden und Pferdeschweiß, und wenn der Wind in Richtung Baracke blies, dann drang dieser Gestank bis in ihr Zimmer.

Lea war schon ein paar Mal aus Neugier dort gewesen, um sich die Pferde anzusehen, sie war auch hineingegangen, da waren immer zwei Arbeiter, die ebenfalls nach Pferd rochen. Sie hatte den Eindruck, dass sie dort auch schliefen. Die Männer jagten sie nicht weg, zumal die Pferde ihretwegen nicht unruhig wurden.

Inzwischen war es schon ziemlich spät geworden. Lea zog die Filzstiefel an, warf das Tuch über und rannte zum Stall. Sie beeilte sich sehr, da sie fürchtete, niemanden mehr anzutreffen. Aber die Tür stand wie immer offen, im Dämmerlicht schnaubten die Pferde. Der bekannte schwere Geruch stach ihr in die Nase. Lea ging ein paar Schritte in den Stall hinein und entdeckte neben einem Pferd einen der Wärter, den sie schon kannte. »Onkelchen«, bat das Mädchen, »helfen Sie uns. Unsere Kartoffeln stehen unter

Wasser.« Das Onkelchen setzte auf seine nach allen Richtungen abstehenden Haare die Mütze mit Ohrenklappen, sagte kein Wort und kam mit. Das war ein Baschkire mit kleinen, leicht schielenden Augen. Es stellte sich heraus, dass er kaum Russisch sprach, aber das Wichtigste war, dass er sofort begriff. Er war nicht jung, aber auch nicht alt, nicht groß und nicht klein, nicht rasiert, aber ohne Bart. Unterwegs gab er auch nichts von sich. In seinem Schweigen lag eine gewisse Sicherheit und Hoffnung, dass er tatsächlich helfen konnte. Lea erzählte ihm, wie sie das Wasser entdeckt hatte und dass alles, was sie besaßen, darunter verschwunden sei. Und dass ihre Mama und sie allein seien, Papa sei an der Front. Sie lief neben ihm her, und der starke Stallgeruch, der von ihm ausging, störte sie jetzt kein bisschen.

Nachdem er einen Blick hinuntergeworfen hatte, sagte er, ohne in Hektik zu verfallen: »Einen Eimer.« Mit diesem Eimer schöpfte er fast bis zum Morgen Wasser aus dem Keller, bis die Kartoffeln wieder zu sehen waren. Sie lagen auf dem Boden, nass, schmutzig, voller Erde, die von den Wänden der selbst gebauten Kammer gerutscht war – aber sie waren da! Zum Glück hatte es über Nacht gefroren, und es floss kein Wasser mehr nach. Gegen Morgen ging ihr Retter zurück in den Pferdestall, aber sein Geruch blieb bei ihnen im Zimmer. Bald kam er wieder und half mit demselben Eimer, die Kartoffeln nach oben zu schleppen. Das Sauerkraut war tatsächlich verloren, aber die Kartoffeln lagerten sie zum Trocknen in ihrem Zimmer. Zuerst schütteten sie die Kartoffeln unters Bett, und als der Platz dort nicht reichte, breiteten sie sie überall aus, auf dem gesamten Fußboden. Papas Hausschuhe mussten sie wegnehmen und von nun an mit der Geschicklichkeit von Akrobaten zwischen den Kartoffeln hindurchsteigen, um sie nicht zu zertreten. Die Kartoffeln lagen ziemlich lange auf dem Boden, bis sie endlich trocken waren, dann konnten sie sie unterm Bett aufhäufen.

Mama gab dem Pferdewärter aus Dankbarkeit einen Eimer Kartoffeln, er nahm ihn und trottete ebenso schweigend, wie er gekommen war, müde zurück in seinen Pferdestall. Er ging weg, als habe er etwas Wichtiges für sich selbst getan. Er brauchte keine Dankbarkeit und keinen Lohn.

Als sie am nächsten Morgen aus dem Haus gingen, sahen sie, wie ihr Nachbar Safronow mit der Schaufel auf ihrer Seite den weißen Haufen wegschippte, damit es dem Schnee nicht noch einmal einfiel, zu tauen und sich in ihre Vorratskammer zu verirren. Dafür hatte er sich sogar von der Arbeit freigeben lassen.

Der Entschluss

Am 2. Februar wurde Stalingrad befreit, die sowjetischen Truppen rückten nach Westen vor. Die Deutschen zogen sich, wenn auch langsam, zurück, die Evakuierung verlor langsam ihren Sinn. Mama beschloss, endgültig Sterlitamak zu verlassen. Sie fühlte sich hier sehr einsam. Ein bisschen beförderte ihren Entschluss auch der Umstand, dass ihr Chef immer zudringlicher wurde, seitdem Papa eingezogen worden war. Noch gelang es ihr mit verschiedenen weiblichen Kniffen, ihn auf Distanz zu halten, was seine Begierde natürlich noch weiter anstachelte. Mama wusste, dass die beharrliche Abweisung bei ihm irgendwann Aggressivität hervorrufen würde.

Aber so einfach nach Moskau zurückzukehren war unmöglich. In jener Zeit kam das fast einer Ausreise in ein anderes Land gleich: Für Moskau brauchte man eine besondere Genehmigung – eine Art Einreisevisum. Und um solch eine Genehmigung zu kriegen, musste man vor dem Krieg entweder in Moskau gewohnt haben oder gemeldet gewesen sein, oder man wurde durch eine Behörde oder einen Betrieb angefordert, die einen zur Arbeit nach Moskau holten und Wohnraum zur Verfügung stellen konnten. Eine Wohnung in Moskau hatten sie nie gehabt, nach Sterlitamak waren sie von Woskressensk aus gefahren, so dass diese Variante unwahrscheinlich war. Nach Woskressensk aber wollte Mama nicht zurück. So beschloss sie, nach Baku zu gehen, wo sie wie früher bei der Großmutter wohnen konnten, in diese warme südliche Stadt, die Mama so liebte und nach der sie sich all die Jahre gesehnt hatte. Doch auch nach Baku zu fahren war nicht so einfach. Mama arbeitete in einem Betrieb der chemischen Industrie, und nach den Bestimmungen der Kriegszeit konnte man nicht einfach kündigen: Man brauchte eine Ernennung oder musste zu einer anderen Arbeitsstelle versetzt werden. Bei einer derartigen Versetzung innerhalb eines Wirtschaftsbereichs, von einem Betrieb zum anderen, war auch eine gewisse Unterstützung durch den Betrieb gesichert, der Umzugsgeld zahlte und manchmal auch ein Fahrzeug zur Verfügung stellte. Natürlich wurde einem auch eine Wohnung zugeteilt. So begann sich Mama um eine Versetzung nach Baku zu bemühen, wo in Sumgait – einem neuen Industriestädtchen ganz in der Nähe – ein Chemiewerk gebaut wurde. Endlich kam die Antwort: Baku stellte man ihr für später in Aussicht, erst einmal erfolgte ihre sofortige Versetzung nach Stalingrad. Ablehnen konnte sie nicht.

Dann eben Stalingrad!

Ob Mama sich dessen bewusst war, was es bedeutete, in eine zerstörte Stadt zu fahren, von der nach den schrecklichen Kämpfen, die gerade über diese Stadt hinweggegangen waren, nur Ruinen übrig geblieben waren? Ruinen im wahrsten Sinne des Wortes! Aber eine andere Wahl hatte sie nicht, und sie bereiteten sich auf ihre Abreise vor. Im Frühling noch hatten sie wie gewohnt in ihrem Garten Gemüse angebaut. Auf dem vom Werk zugeteilten Land hatten sie je zur Hälfte Kartoffeln gelegt und Hirse ausgesät. Und nun mussten sie sich von diesem »Besitz« trennen, sowohl die Kartoffeln als auch die Hirse mussten sie »im Boden« und »auf dem Halm« verkaufen, das heißt, sie verkauften die künftige Ernte, und die versprach in diesem Jahr ausgezeichnet zu werden. Als Lea und Mama zum letzten Mal mit dem neuen Besitzer hinfuhren, um ihm die Hirse zu übergeben, erschien ihnen ihr Hirsefeld, das in grellgrünem metallischem Glanz schimmerte, besonders schön. Es kam ihnen so vor, als verspräche das Feld einen Reichtum, von dem sie früher nicht einmal träumen konnten. Und es tat ihnen sehr Leid, dass diese Ernte nicht mehr ihnen gehörte.

Statt des offiziellen Umzugsgeldes, das in keiner Weise den hohen Preisen auf den Märkten entsprach, teilte das Werk Mama zwanzig Liter Spiritus zu. Die Rechnung war einfach: Den Spiritus konnte sie zum Marktpreis verkaufen und auf diese Weise die tatsächlichen Ausgaben für den Umzug decken. Die Realisierung dieser Operation erwies sich allerdings als höchst schwierig.

Damals wurde nicht Wodka getrunken – woher sollte der auch kommen? –, sondern Spiritus, reiner oder »auf gesetzmäßige Weise« verdünnter. Einen Teil des Spiritus verkaufte Mama nach und nach in Halb- und Viertelliterflaschen auf dem Markt. Für die Reise legte sie ein paar Flaschen zur Seite. Sie mussten nämlich mehrmals umsteigen und brauchten jedes Mal neue Platzkarten, um überhaupt mitfahren zu dürfen. Anderenfalls hätten sie tagelang warten müssen. Es hieß, eine Flasche Wodka oder verdünnter Spiritus sei auf Reisen ein unersetzliches Transportmittel. Das Zeug habe magische Wirkung. So war es auch tatsächlich.

Der größte Teil des Spiritus musste indessen zu Hause verkauft werden. In der Diele standen hinter dem Vorhang auf einer Kiste ein Eimer mit Wasser und eine große Flasche Spiritus, ein Viertellitermaß zum Abfüllen und ein Trichter. Die Nachricht, dass bei ihnen Spiritus verkauft wurde, verbreitete sich schnell in der ganzen Nachbarschaft. Welcher Russe trinkt nicht gern? Und so kamen einer nach dem anderen nicht nur die Nachbarn zu ihnen, sondern auch völlig fremde Leute aus den Nebenstraßen, mit ihren Viertelliterflaschen oder anderen Gefäßen. Es kamen vor allem Frauen, selten Männer. Kinder wurden nicht geschickt: Alkohol verlangt Respekt. In der Diele hinter dem Vorhang verdünnte Mama ganz unverhohlen Spiritus mit Wasser – eins zu eins – auf Wodka-Stärke. Die Flüssigkeit wurde in der Flasche trübe – Spiritus wird immer trübe, wenn man ihn mit Wasser vermischt. Obwohl die Menschen für ihre Viertelliterflaschen bezahlten, kamen sie wie Wallfahrer, die etwas Heiliges empfingen: Sie reichten ihr »Gefäß« und verbeugten sich mit ihrem ganzen Körper, so als würden sie um etwas bitten, und wenn sie ihr Fläschchen zurückerhielten, ließen sie es nicht aus den Augen, und aus Angst, es fallen zu lassen, pressten sie es wie ein Heiligtum an die Brust, so als beteten sie. Wenn Mama nicht zu Hause war, verkaufte Lea den Spiritus: Sie verdünnte ihn, wie es sein sollte, gab manchmal sogar noch etwas Wasser hinzu (woher das Kind das nur hatte?). Dann goss sie das Gemisch in die Flasche, nannte den Preis und nahm das Geld entgegen.

Die Leute gingen alle so dankbar weg, dass Lea bald ihre Scheu vor den vielen fremden Leuten verlor. Mit der Zeit hatte sie sogar den Eindruck, ein gutes Werk zu tun.

IV. STALINGRAD

Eine Dampferreise mitten im Krieg

Vor dem Krieg hatte Mama oft davon geträumt, eine Schiffsreise zu machen, und plötzlich stellte sich heraus, dass sie von Ufa nach Stalingrad statt mit dem Zug mit dem Dampfer fahren konnten. Zwar würde diese Reise länger dauern, aber die Züge waren zu dieser Zeit dermaßen überfüllt, dass es fast unmöglich war, Zugfahrkarten zu bekommen. Und so beschloss Mama, auf dem Wasserweg nach Stalingrad zu fahren: von der Belaja zur Kama und weiter auf der Wolga bis Stalingrad – eine Sommerreise auf dem Dampfer mitten im Krieg.

Auf einmal wurde Mama dick – sie nähte das Geld, das sie für den Alkohol, die Hirse, die Kartoffeln und den Gemüsegarten bekommen hatte, in die Kleider, die sie auf dem Leib trug. Sie packte eine Tasche für die Reise, in die auch ein paar Schnapsflaschen kamen. Aus Papas alten Zeiten stammte eine braune Lederreisetasche, die man auf beiden Seiten schließen und öffnen konnte. Da hinein legte Lea den Reiseproviant, zwei Becher, ein kleines Messer, Servietten und anderen Krimskrams, denn sie würden lange unterwegs sein. Von Kiska hatte sie sich bereits am Abend zuvor verabschiedet – Wowkas Mama nahm sie. Nun küsste sie Kiska zum letzten Mal auf die Katzenstirn, bohrte ihre Nase in das wuschelige Fell zwischen den Ohren und sog den lieben Geruch ein.

Früh am Morgen kam ein offener Lastwagen, und zwei Arbeiter vom Werk luden das wieder einmal mit Brettern verkleidete Klavier, die zwei großen Kisten mit Büchern und anderen Dingen und alle ihre Koffer auf. Mama setzte sich mit ihrer Handtasche und der Reisetasche in die Kabine, Lea stand zusammen mit den Arbeitern oben auf dem Laster zwischen den Kisten. Papas Aktentasche mit den Schulbüchern für die sechste Klasse ließ sie nicht aus den Händen. Der Laster schaukelte von einer Seite auf die andere, und sie wurden von einer Wand zur anderen geschleudert – die Straße war nicht befestigt, hatte ungleichmäßige, vom Regen ausgespülte tiefe Fahrrinnen. Sie mussten sich festhalten, um nicht hinunterzufallen. So kamen sie wohlbehalten in Ufa an, das waren ungefähr hundert Kilometer.

In Ufa gaben sie das Klavier und die Kisten als Reisegepäck auf, sie selbst warteten mit ihren Koffern an der Flussanlegestelle auf den Dampfer. Er würde entweder in drei Stunden kommen – nach Fahrplan – oder Gott weiß wann.

Bald wurde die Aktentasche mit Leas mühsam auf dem Flohmarkt ergatterten Schulbüchern geklaut, ohne dass sie etwas davon merkten. Mama hatte gerade angefangen, Papa einen Brief an die Front zu schreiben, und fügte gleich hinzu: »Wir sind in Ufa angekommen. Deine Aktentasche ist geklaut worden. Wir fahren weiter.« Schließlich kam der Dampfer.

Das Schiff war ziemlich klein und hatte nichts Besonderes an sich. Sie hatten mit ihm nicht sehr lange zu fahren, nur bis Kamskoje Ustje, wo sie auf einen großen Dampfer umsteigen würden. Die Schiffssirene tutete, der Dampfer legte ab, unter den Schaufelrädern brodelte das Wasser, das bewaldete, ziemlich hohe Ufer begann langsam, sehr langsam zu entgleiten.

Für Mama fing so etwas wie Urlaub an. Das stille Ufer war so friedlich, dass man hier den Krieg vergessen konnte, nur der nicht zu Ende geschriebene Brief in Mamas Handtasche war ein Zeugnis des Krieges.

Sie fuhren also die Kama entlang, Mama und Lea betrachteten das ferne Ufer und die kleinen Städte und ahnten nicht, dass in einem dieser sich durch nichts oder höchstens durch provinzielle Trostlosigkeit auszeichnenden Städtchen, in Jelabuga, im August 1941 Marina Zwetajewa ihrem Leben ein Ende gesetzt hatte, die es ebenfalls im Krieg hierher verschlagen hatte. Damals wusste Lea noch nichts von dieser großen russischen Dichterin.

Je näher sie dem Städtchen Kamskoje Ustje kamen, desto voller wurde der Dampfer, aber als er am nächsten Morgen anlegte, stiegen zusammen mit ihnen sehr viele Fahrgäste aus. Warum es alle so eilig hatten, war anfangs nicht klar. Lea und Mama gingen am Schluss der Menge. Jemand half ihnen mit dem Gepäck. Der Wartesaal des Flussbahnhofs war voller Menschen, darunter Soldaten und Offiziere in Uniform. Das sah nicht mehr ganz so friedlich aus, obwohl niemand schoss und keine Bomben fielen.

Das Gebäude des Flussbahnhofs, das im Verhältnis zu dem in Ufa recht groß war, stand ziemlich weit weg vom Fluss auf dem Steilufer. Nicht nur für sie, sondern für die meisten war Kamskoje Ustje nicht das Ziel der Reise, sondern nur ein Umsteigeort. Umso schlimmer, denn zu viele Leute warteten genauso wie sie auf den nächsten Dampfer.

Direkt an der Kasse stand eine Riesenschlange von Menschen, die alle danach lechzten, eine Platzkarte für den nächsten Dampfer zu ergattern. Die Chancen waren gering: Mama und Lea standen ganz am Ende. Sich durch die Leute und das Gepäck zur Kasse durchzudrängen war hoffnungslos – die Menge hätte die Kassiererin wegen des Schnapsfläschchens in Stücke gerissen. Die Zeit verging, aber die Schlange bewegte sich nicht. Es stellte sich heraus, dass ihr Dampfer bereits angelegt hatte. Das Schiff tutete aus irgendeinem Grund verspätet, und dieser mächtige Ton war nicht zu vergleichen mit dem ihres Schiffchens von der Belaja. Statt des klirrenden Tenors erklang ein saftiger Bass.

Das kann doch nicht wahr sein, dass wir nicht auf diesen Dampfer kommen und hier einen ganzen Tag oder noch länger warten müssen?, dachte Lea.

Mama ließ sie mit den Worten »Warte hier auf mich!« beim Gepäck zurück und ging weg. Als sie wiederkam, sagte sie schnell: »Los, nach unten!« Sie schleppten ihre Sachen zurück zur Anlegestelle und weiter zum Dampfer. Obwohl der Einstieg noch nicht begonnen hatte, drängten sich die ersten Glückspilze bereits an der Anlegestelle und warteten auf das Fallreep. Schließlich wurde es ausgelegt, und die Menge stürmte das Deck. Sie beide ebenfalls. Auf dem Dampfer sprach Mama verschwörerisch einen sympathischen Matrosen an, und der führte sie in eine Ecke hinter dem riesigen weißen Schornstein, direkt auf dem Deck. Sie legten ihre Sachen ab, setzten sich darauf und waren glücklich. Zwar hatten sie keine Kajütenplätze, dafür aber eine Ecke hinter dem prächtigen Schornstein, der sie schützte.

Der große Dampfer füllte sich schnell, die Glückspilze nahmen ihre Plätze ein, aber viele, wie Mama und Lea, besetzten mit ihrem Gepäck alle möglichen Ecken auf dem Deck, bis keiner mehr durchkam. Plötzlich überlief den Schornstein ein leichtes Vibrieren, und direkt neben ihrem Ohr dröhnte der donnergleiche Bass. Nach einer Sekunde noch einmal. Sollte das die ganze Fahrt so gehen?

Der Dampfer legte ab. Mama holte etwas aus ihrer Tasche und brachte es dem Matrosen. (Niemand konnte es sehen, aber Lea wusste ja – das war die versprochene Halbliterflasche.) Immer wenn er danach vorbeikam, lächelte er ihnen schon von weitem freundlich zu. Sie hatten es sich bereits in ihrer Ecke bequem gemacht, der Schornstein war ein guter Orientierungspunkt, wenn sie nach einem kleinen Gang übers Deck wieder zu ihrem Platz finden wollten. Die ganze Nacht hindurch weckte sie wieder und wieder das Dröhnen des Basses. Am nächsten Morgen stellten sie fest, dass die Reisetasche verschwunden war. Lea lief lange auf dem Dampfer herum in der Hoffnung, sie wiederzufinden, bis sie sie schließlich tatsächlich in einer Ecke entdeckte. Auf die unerwartete Freude folgte schnell die Enttäuschung. Die Tasche war leer, der Boden kurzerhand sachkundig aufgeschnitten worden: Der Dieb war nicht dahinter gekommen, wie sich das Schloss öffnen ließ. Mama setzte ihren Brief an Papa fort: »Die Reisetasche ist geklaut. Wir fahren weiter.« Auf diesem Schiff würden sie noch einige Tage verbringen müssen. Sollten sie die ganze Zeit hinter diesem Schornstein sitzen bleiben?

Noch eine Halbliterflasche, und am nächsten Tag bekamen sie wie durch ein Wunder eine eigene Zweimannkajüte. Allerdings in der untersten Klasse, die allereinfachste Kajüte, aber sie waren allein, ihre Sachen hatten sie bei sich, den Schornstein waren sie los und konnten hinter verschlossener Tür in zwei Kojen schlafen. Hier hatten sie sogar ein kleines rundes Fensterchen, und Lea konnte das schäumende Wasser sehen und hinter dem weißen Schaum das unendliche Meer. Inzwischen hatte der Dampfer die Kama verlassen und fuhr auf der Wolga. Durch das Fensterchen war kein Ufer mehr zu sehen, so breit war hier der Fluss.

Sie fuhren direkt nach Stalingrad und hatten fast vergessen, dass die Stadt erst vor kurzem vom Feind befreit worden war. Es war Sommer 1943. Der Sommer der lang erwarteten Kriegswende. Die sowjetischen Truppen waren zum Angriff übergegangen und befreiten langsam die besetzten Gebiete.

Der Dampfer fuhr an großen Städten vorbei: Uljanowsk, Samara (damals Kuibyschew), Saratow, und jedes Mal machte er für ein, zwei Stunden Halt. An den Anlegestellen wurde wie auf einem Markt frisches Gemüse verkauft, Obst, Wasser- und ebenso große Honigmelonen. Es war Ende Juli und das Wetter sommerlich. Mama und Lea stiegen aus, kauften riesige rote Tomaten, frisch gesalzene, nach Dill und Knoblauch duftende Gurken, Eier, Melonen, manchmal auch ein Brathähnchen. Sogar selbst gebackenes Brot konnte man bekommen. Mama ging gerne so über den Markt, und langsam fiel die Anspannung von ihr ab.

Das Oberdeck

Ihre Kajüte lag nicht ganz unten und auch nicht oben, sondern irgendwo in der Mitte. Ihr Deck hatte nichts Interessantes zu bieten. Der lange, enge Gang mit sehr vielen gleich aussehenden Türen – bestimmt lagen dahinter genau solche einfachen Kajüten wie ihre – war still und menschenleer. Lea langweilte sich und suchte nach einer Zerstreuung, ihre Bücher waren längst geklaut, ihre Mama schlief sich endlich in der abgeschlossenen Kajüte aus, und so ging Lea auf dem Schiff spazieren. Zuerst stieg sie nach unten, ins Zwischendeck, wo es wenig Licht und viele Menschen gab, die dunkelgraue gesteppte Wattejacken trugen. Dadurch erschien hier alles noch dunkler und trüber. Warum sind Wattejacken immer bloß grau?, überlegte sie. Warum nicht bunt wie Farbstifte – rot, grün, blau, gelb.

Hier unten wunderte sie sich über nichts. Bei ihrem Spaziergang wusste sie oft nicht, wohin sie zwischen Gepäck und auf dem Boden hockenden Menschen ihre Füße setzen sollte. Im Durchgang, direkt auf dem Boden des Zwischendecks – die einfachen Holzbänke entlang dem Gang waren alle besetzt –, saßen auf ihren Bündeln und Koffern oder lagen kreuz und quer alle diejenigen, die keinen Platz mehr abgekriegt hatten, wie anfangs auch Mama und sie. Einige schliefen, andere aßen, eine alte zerknitterte Zeitung auf den Knien ausgebreitet, in die der Brotkanten eingewickelt gewesen war. Sie bissen ein Stück vom gekochten Ei ab und aßen dazu frische, in lange Streifen geschnittene und mit Salz bestreute Gurken. Dort, wo die Salzkörnchen lagen, traten die leuchtenden Tränen des klaren Gurkensafts hervor. Eine Prise groben, schmutziggrauen Salzes war auf eine Ecke der Zeitung gestreut, und das Ei wurde hineingestippt, bevor man abbiss. Auf der anderen Ecke der Zeitung lagen die zerbrochenen Eierschalen. Man durfte sich nicht rühren, damit das Ganze nicht herunterfiel. Ein alter Mann, der mit seinem Essen schon fertig war, las gewissenhaft alle Brotkrümel von der Zeitung auf, denn aus ihr konnte er sich noch eine Zigarette drehen.

Hier war es frisch, fast kalt, als ob dem Sommer die Kraft fehlte, hereinzuschauen. Kein einziger Sonnenstrahl, kein einziges Fenster. Diejenigen, die zerknitterte Sommerkleidung trugen, hatten sich fröstelnd Wattejacken oder dicke Strickjacken aus selbst gesponnener Wolle übergezogen oder auch graue flauschige Tücher.

Nachdem Lea lange genug dort herumspaziert war, stieg sie aufs Oberdeck, obwohl die Passagiere von den unteren Decks hier keinen Zugang hatten. Nach dem halbdunklen Zwischendeck schien hier oben eine unerwartet grelle Sonne, wehte ein leichter Wind, und der Himmel war beinahe so blau wie Leas Kleid.

Hier standen gedeckte Tischchen und auf ihnen diverse Flaschen: Auf den dunklen Etiketten stand »Portwein«, auf den grünen mit gelben Buchstaben »Citro«. »Citro« hatte Lea vor dem Krieg sehr gern getrunken und erinnerte sich deshalb gleich an diese sprudelnde und wohlschmeckende süße Limonade. Auf den mit kleinen Blümchen verzierten weißen Tellern sah sie Reste von rötlichem Gulasch und Reisklümpchen, das Besteck lag unordentlich auf den Tellern und daneben. In den Gläsern war noch dunkler Wein.

An den Tischen saßen Frauen mit grell angemalten Lippen und Dauerwelle, in geblümten Kleidern aus Chinaseide oder Georgette. Der Wind blähte leicht die weiten Glockenröcke. Männer gab es kaum, und die es gab, waren völlig unscheinbar, außer zwei Offizieren. Einer sah ein bisschen wie ein Modegeck aus, mit dunklem Schnurrbart, hübsch und lustig. Er trug eine in der Armee gerade erst eingeführte neue Offiziersjacke, die er zwar auf der Brust aufgeknöpft, aber nicht ausgezogen hatte, obwohl es hier oben recht heiß war. Die Jacke verlieh ihm tatsächlich eine hier rare Eleganz. Wie schön er ist!, dachte Lea. Der andere Offizier, der verwundet war und einen verbundenen Arm und einen verbundenen Kopf hatte, trug eine ganz gewöhnliche Feldbluse. Sie alle unterhielten sich laut, als ob sie sich schon lange kannten, sie schienen hier sogar etwas zu feiern.

Die beiden Flügel der breiten Salontür aus dunklem Holz mit matten gemusterten Glasscheiben waren weit geöffnet – Lea konnte die für den Abend gedeckten Tische sehen, mit weißen gestärkten und gebügelten Tischdecken – wie vor dem Krieg –, Weingläsern und sogar mit Servietten. Ein Matrose mit einer fast bodenlangen weißen

Schürze kam manchmal aus dem Salon herausgelaufen, stellte etwas auf einen Tisch, nahm von einem anderen schmutzige Teller weg und verschwand erneut geschäftig im Salon, hinter dem offensichtlich die Kombüse lag. Abends wurde im Salon getanzt, die laute Musik – Tangos von Utjossow und Foxtrotts von Eddi Rosner – war bis zu ihnen in der Kajüte zu hören.

Am nächsten Tag das Gleiche, nur dass der Offizier, der Lea so gefallen hatte, heute eine Frau im gelben Seidenkleid mit großen roten Mohnblumen, die schönste von allen, umarmte.

Lea kam jetzt öfter hierher. Sie hatte eine Ecke gefunden, aus der sie alles beobachten konnte. Sie hockte sich hin und betrachtete lange diese lebenden Bilder, am häufigsten aber den schönen Offizier mit dem schmalen Schnurrbart und die Frau, die er umarmte und immer enger an sich drückte. An diesem Tag lachten beide laut, schauten einander unverwandt in die Augen und hielten sich an den Händen. Und dann standen sie auf, gingen, ohne einander loszulassen, dorthin, wo die Kajüten lagen, und verschwanden in einer von ihnen. Die Fenster dieser Kajüten gingen aufs Deck. Lea hätte gern gesehen, was sie jetzt dort taten, aber beim Betreten der Kajüte hatten die beiden gleich die Gardine zugezogen. Sicher taten sie dort das, was Lea bereits von anderen Mädchen zur Genüge gehört und in Andeutungen sogar selbst in Büchern gelesen hatte.

Der Offizier in der Uniformjacke und die Frau im Kleid mit den roten Mohnblumen verließen die Kajüte eigentlich gar nicht mehr. Auf dem Deck wurde es langweilig. Der verwundete Offizier saß immer öfter allein dort und stierte die Tischdecke und die Flasche an. Gott allein weiß, was er dort sah und worüber er grübelte.

Ein ganz anderer Sonnenaufgang

Es war noch dunkel, als der Dampfer ein letztes Mal schwer tutete und in Stalingrad anlegte. Ein bisschen gruselig war es in dieser fremden Dunkelheit am Ufer der Wolga, die wer weiß was verbarg. Und wie sollten sie mit ihren schweren Koffern und Taschen zu Mamas Werk kommen, ohne zu wissen, wo es lag und wohin sie gehen mussten?

An Land trat ein älterer Mann von kleinem Wuchs und mit ärmlicher Kleidung zu ihnen und fragte leise, ob sie vielleicht Hilfe brauchten. Mama sagte gleich erfreut ja. Er sah auf den Zettel mit der Adresse und sagte, dahin kämen sie mit dem Zug. Der Bahnhof lag fast im Zentrum, so dass sie praktisch durch die ganze Stadt mussten. Von dem Mann erfuhren sie, dass sie, um zu Mamas Werk zu kommen, noch einige Stationen mit dem Zug bis Krasnoarmejsk zu fahren hatten, in die südlichste Vorstadt von Stalingrad. Der Mann nahm beide Koffer und ging schweigend los. Sie folgten ihm in die Dunkelheit der fremden Stadt. Er kam jede Nacht zur Anlegestelle, um sich ein bisschen Geld zu verdienen. Ob nur für sich selbst oder ob seine Familie noch lebte – das erfuhren sie nicht. Er ging sehr langsam, blieb oft stehen, das Koffertragen fiel ihm schwer, und er tat ihnen Leid. Doch er ging mit einer schicksalsergebenen Ruhe, die ihnen Vertrauen einflößte und sie dankbar machte, nicht sich selbst überlassen zu sein. Er führte sie den kürzesten Weg direkt von der Anlegestelle zum Zug. Zunächst ging es an der Rückseite der Häuser entlang auf einem Trampelpfad, und als sie die erste Straße erreichten, begann es zu dämmern. Zuerst erschien am Himmel, direkt vor ihnen, ein schmaler heller Streifen, der sich dann allmählich orangerot färbte und immer breiter und breiter wurde. Dann wurde der ganze Himmel über ihnen allmählich rosa, während es unten auf der Straße immer noch nicht hell war, als ob die Morgendämmerung noch nicht richtig in Gang gekommen wäre. Bürgersteige gab es keine mehr. Sie gingen mitten auf der Straße, aber das waren eigentlich auch keine Straßen mehr: Ihr Weg führte zwischen Schuttbergen zerstörter Häuser hindurch, die auch die Reste der Bürgersteige bedeckten. Die Ruinen waren unterschiedlich hoch – je nachdem, wie groß die Häuser gewesen waren. In dieser friedlichen Stille konnte man kaum glauben, dass unter den Ruinen zahllose Tote lagen. Wer waren sie? Die Menschen, die früher in diesen Häusern gewohnt und es nicht geschafft hatten, vor dem Krieg zu fliehen? Oder Soldaten – eigene und fremde? Wer unter diesen Ziegelbergen lag und wie viele es waren, konnte ihnen keiner sagen, auch ihr »Fremdenführer« nicht. Dabei sah es so aus, als wären diese Häuser erst gestern eingestürzt, die Ruinen wirkten irgendwie unberührt. Nur hin und wieder bewegte sich dort etwas. Der Mann warf einen Blick hinüber und sagte seelenruhig, die Stadt sei voller Ratten. Und verstummte wieder.

Es herrschte völlige Stille. Ungewöhnliche Morgenstille. Die Vögel schwiegen, und die Hunde bellten nicht. Einwohner gab es keine. Aber was soll das für eine Stadt sein, wenn keine Menschen darin wohnen? Von den Einwohnern der ganzen Stadt schien als Einziger dieser nächtliche Begleiter übrig geblieben zu sein. Man konnte nicht einmal sagen, dass die Stadt noch schlief – die Stadt war einfach nicht mehr da.

Im Dämmerlicht der aufgehenden Sonne, vor dem Hintergrund des rötlich rosa Himmels, zeichneten sich in der Ferne dunkle Silhouetten ab, anscheinend nicht zerstörte mehrstöckige Häuser. Als sie näher kamen, war es bereits ganz hell, und die ersten Sonnenstrahlen fielen auf diese Häuser. Erst da sahen sie, dass es lediglich noch stehende Hauswände waren, an denen sich hier und da sogar noch, unbegreiflich wie, Fußböden hielten, von denen – von einem Stockwerk zum anderen – Eisenbetten herabhingen, Tische, Schränke. An den Betten hafteten Bettdecken, Kissen, Matratzen. An einigen Wänden sah man Bilder und Spiegel, in den gähnenden Fensteröffnungen flatterten zerrissene Gardinen, und überhaupt konnte man genau sehen, wo das Schlafzimmer gewesen war, wo die Küche, wo das Kinderzimmer. Ein Stuhl lag auf dem Rest eines Fußbodens, ein anderer hing in der Luft, beim nächsten Windstoß, schien es, würde er ein Stockwerk tiefer, wenn nicht bis ganz nach unten fallen. In einer Ecke schimmerte weiß ein umgestürztes Toilettenbecken. Wenn sie ganz nahe an einem solchen Haus vorübergingen, konnten sie sogar Schrubber und Schüsseln erkennen. Aus einem Kinderbettchen hing eine Puppe mit rotem

Kleid, die sich irgendwie verhakt hatte. Es war, als hätten die Menschen die Zimmer gerade erst verlassen und würden gleich zurückkehren und alles wieder aufräumen. Aber die Treppen, auf denen sie hätten hochsteigen können, gab es nicht mehr. Von diesem Teil des Hauses war nichts weiter übrig geblieben. Die Ruinen waren lebendig und tot zugleich. Lea sah zum ersten Mal, was Krieg bedeutete und was er anrichtete – nicht aus dem Radio, nicht aus den Zeitungen, nicht aus Erzählungen der Leute, wenn sie vom Krieg und von der Front redeten. Obwohl diese Wände schon fast ein halbes Jahr so standen, schien es, als ob der Krieg erst gestern hier gewütet und diese Häuser zerstört hätte.

So durchquerten sie eine Stadt, die es nicht mehr gab.

Der Alte brachte sie auf den Bahnsteig. Es war noch sehr früh, und sie waren die ersten Passagiere. Sie mussten zwei Stunden auf den Zug warten. Mama gab dem Begleiter Geld, und er ging wieder zurück zur Anlegestelle.

Der Betrunkene in der Tür

So waren sie also in Stalingrad angekommen, genauer gesagt, in Krasnoarmejsk. Hier gab es ein großes Chemiewerk, das Giftstoffe für die Kriegführung herstellte – die Gase Iprit und Luisit. Hier sollte von nun an Mama arbeiten.

Es war immer noch sehr früh. Sie stiegen aus dem Zug auf den leeren Bahnsteig. Das war die Endstation der Vorortbahn. Niemand holte sie ab. Hinter dem Bahnsteig winkte ihnen jemand von weitem zu, um zu zeigen, in welche Richtung sie gehen mussten. Zum Glück lag das Werk ganz in der Nähe. Zuerst gingen sie an einem für hiesige Verhältnisse überraschend heil gebliebenen großen, sechsgeschossigen Backsteingebäude mit mehreren Eingängen und ungleichmäßigen grauen Zementnähten vorbei. Später entdeckten sie, dass sich gleich hinter dem Werk vor den Fenstern dieses Hauses eine auf der anderen Seite von Schluchten durchzogene Steppe ausbreitete. Wie ihnen später die dicke Pförtnerin erzählte, waren die Deutschen bis zu diesen Schluchten vorgedrungen und dort, ganz in der Nähe des Werks, aufgehalten worden. Lea kam es so vor, als seien das überhaupt keine Schluchten, sondern Schützengräben, in denen jetzt Steppengras wucherte – in der Steppe wächst alles schrecklich schnell. Und dann glaubte sie zu sehen, dass sich in diesen Schützengräben Soldaten versteckt hielten und schossen und dass Verwundete und Gefallene auf den Grund der Schluchten rutschten, wie sie es aus Kriegsfilmen kannte.

Gleich hinter dem Haus war die Pförtnerloge, durch die man aufs Werkgelände gelangte. Mama gab hier an, dass sie im Werk arbeiten werde, und fragte, was sie tun und wohin sie gehen müsse.

Eigentlich war ihr eine Wohnung versprochen worden. Aber als sie nach endloser Fahrt am zwölften Tag endlich ankamen, war ausgerechnet der arbeitsfrei, im Büro keine Menschenseele, obwohl das Werk Tag und Nacht arbeitete, in drei Schichten. Schließlich holte die Pförtnerin einen Mann herbei, der sie in die Verwaltung führte.

Hinter dem Eingangstor stand ein unansehnliches barackenähnliches Haus mit Obergeschoss und dahinter mehrere willkürlich hingesetzte ebenerdige Backsteingebäude, die wie Flugzeughangars aussahen. Das waren diverse Nebenabteilungen der Fabrik, wie Lea später erfuhr. Etwas abseits, rechts von dem Verwaltungsgebäude, stand ein ordentlich aussehendes Haus mit erkennbaren Anzeichen von Architektur. Es stellte sich später heraus, dass in diesem Haus die so genannte Rote Ecke, ein großer Versammlungssaal, und das Wichtigste, die Werkkantine, untergebracht waren.

Das eigentliche Werk, die Produktionshallen, stand weit hinten, von hier aus konnte man sie kaum sehen, und dorthin zu gelangen war nicht ganz einfach. Nur die hohen Fabrikschornsteine, aus denen Wolken oder so etwas wie Dampf von giftiger schmutzig gelber Farbe aufstiegen, verrieten, dass dort die Fabrik lag. Die Produktion galt als gesundheitsschädlich, deshalb erhielten die Arbeiter hier bessere Verpflegung und zusätzlich Milch.

Die Fabrikverwaltung war in dem unansehnlichen zweigeschossigen Haus untergebracht. Die zerkratzte Haustür, die sich nicht abschließen ließ, und die schmale knarrende Holztreppe mit ungleichmäßigen Stufen, die zum Obergeschoss hochführte, verhießen nichts Gutes. Oben war ein Korridor mit mehreren Türen. Der Mann führte sie zur dritten Tür, stieß sie auf – sie war nicht nur nicht abgeschlossen, sondern man konnte sie überhaupt nicht schließen –, und sie traten ein. In dem Zimmer standen einige alte Bürotische von unterschiedlicher Art und Farbe. Links war noch eine verschlossene Tür, hinter der sich, wie ihnen später gesagt wurde, das Büro des Chefs befand. Der Mann erklärte, bis morgen könnten Mama und Lea hier bleiben, morgen komme der Chef und werde entscheiden, was mit ihnen geschehen soll. Er gab ihnen zwei Marken für das Mittagessen und zeigte ihnen aus dem Fenster die Kantine. Diese Kantine erschien ihnen geradezu als Paradies. Mit ihren Marken durften sie im Saal für technisches Personal und Angestellte essen, die Arbeiter hatten einen anderen Saal. Nach all den Entbehrungen kam ihnen die Kantine wie ein luxuriöses Restaurant vor, ja, sie fühlten sich wie zu Besuch bei einer sehr gastfreundlichen Wirtin. Im Saal hing ein großer Kronleuchter, und es war sehr hell. Die ordentlich aufgestellten kleinen quadratischen Tische mit weißen Tischdecken und Salzstreuern aus Glas waren nach dem tristen Büro, in dem sie übernachten sollten, an sich schon Attribute einer unverhofften, ja unvorstellbaren Zivilisation. Zwei füllige Frauen mittleren Alters, sauber, beinahe schmuck gekleidet, mit weißen Schürzen, die mit weißem Spitzenband gesäumt waren, mit feschen Käppchen auf dem Kopf und dem Aussehen fürsorglicher Gastgeberinnen, liefen zwischen den Tischen hin und her, sammelten die Essensmarken ein und trugen Teller mit einer rötlichen heißen Suppe aus. Auch Mama und Lea bekamen einen fast bis zum Rand gefüllten Teller mit Reissuppe, angemacht mit so etwas Ähnlichem wie Tomatenpaste. Die Suppe war sehr schmackhaft, und solange sie auf dem Werkgelände im Büro wohnten, und das mussten sie bis zum Spätherbst, ging Lea mit Mama jeden Tag zum Mittagessen in diese märchenhafte Kantine und wartete jedes Mal ungeduldig darauf, dass die Serviererin einen Teller mit dieser hellroten Suppe vor sie hinstellte. Mama fing plötzlich wieder an zuzunehmen, wurde immer dicker und verwandelte sich aus einem jungen Mädchen schnell wieder in eine erwachsene Frau.

Wo sollen wir denn schlafen?, dachte Lea bei sich, als sie wieder ins Büro zurückkehrten. In dem halbdunklen Zimmer mit den schmutzigen Wänden und der Tür, die nur noch Spuren alter graublauer Farbe aufwies, standen am verstaubten Fenster, das zur ganzen Atmosphäre des Büros passte, zwei kleine Tische. An der anderen Wand noch zwei. Und in der Mitte des Zimmers zwei etwas größere Tische.

In der ersten Nacht schliefen sie irgendwie auf Stühlen – was soll's, eine Nacht! Es war trocken, warm, nicht heiß, und sie waren satt, und das schmutzige Klo auf dem Korridor hatten sie auch gefunden.

Am Morgen kam der Chef und bat Mama zu sich ins Büro. Bald kam sie wieder heraus, aufgeregt, sogar empört. Wie sich herausstellte, hatte das Werk die versprochene Wohnung für sie nicht. Sie mussten warten, und man erlaubte ihnen, so lange in diesem Büro zu übernachten.

So hausten sie mehrere Monate im Büro. Wenn abends alle Mitarbeiter nach Hause gingen, rückten sie die beiden großen Tische in der Mitte des Zimmers zusammen, legten sich etwas unter den Kopf – Bücher, Mappen –, deckten sich mit irgendetwas zu – mit dem Mantel oder einem Pullover – und schliefen so nebeneinander, jede auf ihrem Tisch. Morgens mussten sie vor Arbeitsbeginn aufgestanden sein und die Tische auf ihren Platz zurückgestellt haben, überhaupt durften sie keine Spuren ihres Nachtlebens zurücklassen. Nur die Koffer in der Ecke hinter der Tür zeugten davon, dass hier jemand wohnte. Und sie wohnten die ganze Zeit gar nicht mal »auf Koffern«, sondern auf Tischen oder, was noch schlimmer war – auf Tischen und Koffern. Vor Arbeitsbeginn setzte sich Mama an ihren Tisch, nahm einen Bleistift zur Hand und blickte nachdenklich aus dem Fenster, um sich von der unbequemen Nacht zu erholen. Lea setzte sich auch an einen Tisch, der gerade frei war, so als hätten sie nie hier geschlafen. Die Tür öffnete sich, die ersten Angestellten kamen herein, und sie beide waren wieder obdachlos.

In der dritten Nacht kreuzte ein Betrunkener im Haus auf und stieg schimpfend die Treppe hoch. Lea erschrak furchtbar, Mama ebenfalls, zeigte es aber nicht, um die Tochter nicht noch mehr zu ängstigen. Ihre Tür war wie unten die Haustür nicht verschlossen, der Betrunkene riss sie auf. Schwankend stand er in der Tür und wunderte sich sehr, eine Frau mit einem Mädchen hier vorzufinden. Mama sagte mit strenger Stimme, sie schliefen hier, er solle verschwinden. Der Betrunkene wunderte sich noch mehr – möglicherweise kam er nicht das erste Mal hierher, um seinen Rausch auszuschlafen. Aber zum Glück zog er sich zurück – zu ihnen drangen nur noch seine wüsten Flüche.

Nach diesem Vorfall hatte Lea solche Angst, dass sie nicht mehr bei unverschlossener Tür schlafen wollte. Sie besorgte von irgendwoher einen langen dicken Strick, ein Ende knotete sie an die Türklinke – die Tür ging nach außen auf –, an das andere machte sie eine Schlinge und zog sie nachts über ihren Arm. Wenn jetzt jemand versuchen sollte, die Tür zu öffnen, würden sie sofort aufwachen. Mit dieser Erfindung konnte sie ruhiger einschlafen.

Es war ein heißer südlicher Sommer, ohne Regen, Staubwolken stiegen von den Lastwagen auf, wenn sie über trockene unbefestigte Straßen holperten, die so ausgefahren waren, dass kein Mensch sich in seiner lebhaftesten Phantasie vorzustellen vermag, wie solche Straßen überhaupt befahren werden können.

Lea hatte Ferien, und solange Mama arbeitete, trieb sie sich auf dem Werkgelände und in der Umgebung herum. Bald hatte sie in der Nähe einen kleinen Markt mit Obst und Gemüse entdeckt. Die südlichen Früchte beeindruckten Lea sehr – über das Gemüse wunderte sie sich nicht besonders, das hatten sie selber angebaut! Aber die riesigen roten Äpfel, die saftigen Birnen, Pflaumen, Aprikosen, Weintrauben – all das war sehr verführerisch, besonders die großen gestreiften Melonen. Eine Melone kostete fünfzig Rubel (vor dem Krieg hatte ein Glas Himbeeren oder Walderdbeeren auf dem Markt nicht mehr als einen Rubel gekostet). Mama nahm abends aus ihrem Gürtel, den sie weder am Tag noch in der Nacht ablegte, zwei eingenähte Fünfzig-Rubel-Scheine und gab den einen Lea. Lea aß jeden Tag eine Melone. Das Fruchtfleisch war grellrot, saftig und süß.

Zu Anfang, als Lea noch direkt im Werk wohnte, spazierte sie zum Zeitvertreib durch die Werkhallen, betrachtete alles, was ihr unter die Augen kam, und lernte die Arbeiter kennen.

So lebten Mama und sie bis Mitte September in dem Büro. An einem der Schreibtische machte Lea noch ihre ersten Hausaufgaben im neuen Schuljahr und schrieb sogar einen Brief an Genka Sasonow nach Sterlitamak.

Schließlich wurde Mama gesagt, dass sie aus dem Büro ausziehen könne.

Die »Wohnung« war ein Zimmer im fünften Stock jenes hohen Backsteinhauses, das neben dem Werk stand. Der stellvertretenden Chefingenieur Iwan Iwanowitsch Wanjuschkin ließ Mama gnädigerweise in seine Wohnung einziehen, in eines seiner drei Zimmer. Mama und Lea waren nun in der Rolle ungebetener, zugewiesener Untermieter: Weder die Küche noch die Toilette noch das Bad durften sie benutzen. Nur ab und zu das Waschbecken. Wanjuschkin hatte eine Frau, Maria Petrowna, und einen Sohn, ein verrotztes anderthalbjähriges Kind, das ewig durch die Wohnung kroch und schrie. Maria Petrowna war eine sehr unscheinbare Frau. Sie war gar nicht begeistert davon, dass ihr Mann eine Fremde mit Kind in ihre Wohnung gelassen hatte, lächelte die beiden nie an, bereitete ihnen aber auch keine Unannehmlichkeiten. Sie übersah sie einfach, und die Bitterkeit über den Einzug fremder Leute in ihre Wohnung trug sie schweigend mit zusammengepressten Lippen in sich.

Das Zimmer war nicht groß und länglich, rechts von der Tür hatte es zwei Fenster mit breiten Fensterbrettern übereck. Ein primitives Eisenbett stand darin, und Mama hatte bereits einen kleinen alten Tisch und zwei Hocker beschafft. Inzwischen war auch ihr Gepäck eingetroffen: das Klavier und die zwei riesigen Kisten mit Büchern und

Hausrat. All das mussten sie, so wie es war, ins Zimmer stellen. In ein Fenster baute Mama ein Regal ein. Das wurde ihr Schrank für das einfache Geschirr und die Lebensmittel. Schlafen mussten sie gemeinsam in einem Bett.

Die Schule war wieder weit entfernt – sechs Kilometer zu Fuß oder mit dem Zug. In Beketowka, einer anderen Vorstadt, näher bei Stalingrad, allerdings hatte Lea sich bald mit Rima angefreundet, einem lebhaften Mädchen, das etwa drei Jahre älter war und mit dem sie nun fast jeden Morgen den langen Weg machte. Die Schule war von diesem Jahr an eine reine Mädchenschule, in ihrer Klasse waren die Mädchen alle groß und schweigsam, ohne Fröhlichkeit, sehr ernst. Viel zu erwachsen, da sie allesamt ein Jahr älter waren, als es ihrer Klassenstufe entsprach. Die Schule öffnete nach den zwangsläufig lang geratenen Ferien – dem ausgelassenen Schuljahr – wieder ihre Tore, mitten im Krieg. Alle waren wie durch ein Wunder am Leben geblieben, wirkten nach der in den Kellern verbrachten Zeit der Schlacht wie aus einem langen Winterschlaf erwacht und glaubten selber noch nicht recht daran, dass sie am Leben geblieben waren, dass es eine Schule gab und sie wie gewohnt traditionsgemäß am 1. September wieder zum Unterricht gehen konnten. Jetzt war alles so, als hätte es »Stalingrad« nie gegeben, als hätte ein ganz normales Schuljahr begonnen. Niemand sprach vom Krieg. Und wer jemanden verloren hatte, erzählte nicht davon. Die Lehrerinnen waren ebenfalls ernst – nicht überstreng, einfach in sich gekehrt. Sie und die Kinder brauchten jetzt die Schule wieder.

Bald hatte Lea jeden zweiten Tag nach der dritten oder vierten Unterrichtsstunde Kopfschmerzen und erhöhte Temperatur. Sie fühlte sich schlecht, konnte sich nicht auf den Unterricht konzentrieren und kaum das Ende der letzten Stunde abwarten. In der zweiten Tageshälfte, gegen Abend, war alles wieder weg. Mama machte die Adresse einer glücklicherweise in Krasnoarmejsk gebliebenen Ärztin ausfindig. Sie mussten zu Fuß einen schrecklich langen Weg in eine entfernte Siedlung zurücklegen. Die sympathische füllige Ärztin untersuchte Lea, hörte sie ab, und als sie erfuhr, dass sie in Sterlitamak starke Malariaanfälle gehabt hatte, sagte sie, das sei ein Rückfall in abgemilderter Form. Wieder Chinin. Damals ging man mit Malaria wie heute mit Grippe um: Chinin nehmen und abwarten, bis es vorübergeht. Außerdem könne auch Klimawechsel hilfreich sein. Und tatsächlich, Lea hatte später in Baku noch einmal einen letzten heftigen Malariaschub, danach war die Krankheit wie weggeblasen.

Die Ratten

Mama erwachte – es kam ihr vor, als ob etwas Weiches ihr Gesicht berührt hätte. Es war noch Nacht, ihre Tochter schlief eingerollt neben ihr an der Wand.

In der darauf folgenden Nacht wiederholte sich die Sache, etwas Schweres und Geschmeidiges lief auch noch schnell über die Bettdecke. In der dritten Nacht fühlte Mama, dass ihr ein lebendiges Wesen über das Gesicht lief und am Ohr innehielt. Sie lag da, ohne sich zu rühren, mit weit aufgerissenen Augen. Sie wollte ihre Tochter nicht wecken, die wie immer fest neben ihr schlief, und hatte schreckliche Angst vor diesen Ratten – dass es welche waren, wusste sie jetzt ganz genau –, die vom Fußboden aufs Bett und vom Bett noch höher sprangen – aufs Fensterbrett, auf ihren Schrank, wo der Zucker, die Wurst, das Brot lagen, alles, was sie auf Marken bekamen.

Mama ließ nachts nun das Licht brennen, in der Annahme, das werde die Ratten abschrecken. Mal schlief sie ein, mal wachte sie wieder auf und beobachtete das Leben der Tiere im Zimmer. Bei Licht sprangen die Ratten tatsächlich nicht mehr aufs Bett. Aber sie erschienen im Zimmer und flitzten über den Boden auf der Suche nach etwas Essbarem. Wenn sie ihre fetten fellbedeckten Körper mit den dünnen Schwänzen und dem Schnäuzchen, das immer irgendwo herumschnupperte, mit den ewig knabbernden Zähnen sah, dann grauste Mama nicht nur, ihr wurde hundeübel. Die Augen – flink, dunkel, gleichzeitig Blicke in alle Richtungen werfend – waren von Bosheit durchdrungen. Nach ein paar hellen Nächten wusste Mama über das Nachtleben der Rattenfamilie genau Bescheid – es war eine Familie. Wenn in der Wohnung alles still wurde, jegliches Rascheln aufhörte – gegen ein Uhr nachts –, tauchten sie im Zimmer auf. Sie kamen durch die Tür – die war etwas kürzer als der Türrahmen, so dass zwischen ihr und dem Fußboden ein relativ breiter Spalt klaffte. Ob die Ratten vorher Wanjuschkins aufsuchten oder erst nach ihnen dorthin gingen, wusste Mama natürlich nicht. Als Erste erschien vorsichtig die größte Ratte, der Papa, hinter ihm – ebenso vorsichtig und etwas kleiner – die Rattenmama und dann, flink und furchtlos, vier Rattenkinder.

Jemand hatte Mama vorgeschlagen, die Ratten in eine Falle zu locken. In einer der folgenden Nächte stellte Mama in die Zimmermitte einen großen Eimer mit Wasser. Auf den Eimer legte sie eine Pappe mit einem Stückchen Speck, und an den Eimer lehnte sie ein Brettchen, auf dem die Ratten zum Speck hochklettern konnten. Lea war schon fast eingeschlafen, als Mama sie plötzlich anstieß: »Da!« Die Rattenfamilie stellte sich wie immer ein: Die sechs liefen von der Tür zum Fenster, auf ihrem Weg aber stand der Eimer mit dem Wasser und dem Speck. Der Rattenpapa roch den Speck als Erster und begann mit kleinen Sprüngen das Brett hochzuklettern, drehte dabei allerdings vorsichtig den Kopf nach allen Seiten. Mama und Lea lagen mit angehaltenem Atem da und rührten sich nicht, um die Ratte nicht zu verscheuchen. Nun hatte der Rattenpapa den Eimerrand erreicht – der Speck lag so nah und roch noch verführerischer. Die Ratte vergaß alle Vorsicht, trat auf die dünne Pappe und fiel mit ihr und dem Speck ins Wasser. Heraus kam sie nicht mehr. Die anderen erschraken und rannten weg.

In der nächsten Nacht stellte Mama den Eimer wieder hin. Die Ratten kamen wie immer, allerdings nicht mehr vollzählig, schauten sich vorsichtig um, entdeckten den Eimer und schlüpften flink unter der Tür zurück. Seit dieser Zeit tauchten sie Gott sei Dank nie wieder auf.

Lea saß auf dem Fensterbrett. Das Fensterbrett war breit, und sie saß da mit angezogenen Beinen. Es machte nichts, dass das Brett kurz war, dafür konnte man sich bequem mit den Beinen abstützen, das Buch auf die angewinkelten Knie legen und sich mit dem Rücken an den Fensterrahmen lehnen, fast so wie an eine Sofalehne. Wie man es sich auf einem Sofa bequem machte, wusste sie sowieso nur aus Büchern und Filmen. Mit einem Buch aufs Fensterbrett zu klettern, war ihre Lieblingsbeschäftigung, die sie dem Bett und den Hausaufgaben vorzog. Manchmal aß sie beim Lesen Zuckerbonbons und trank kaltes Leitungswasser dazu.

Das Fenster war im fünften Stock des riesigen Backsteinhauses, von dem man nicht wusste, ob es gerade erst fertig geworden war und noch verputzt werden sollte oder ob es schon lange her war, dass man entschieden hatte, es so zu belassen. Das Haus grenzte auf der einen Seite direkt an die Fabrik, auf der anderen breitete sich die Steppe aus: von dort, aus den Steppenschluchten, hatten noch vor kurzem deutsche Soldaten das Gebäude beschossen. Das Haus machte den Eindruck, unbewohnt zu sein – die Fenster waren nackt. Den Leuten stand nicht der Sinn nach Gardinen, noch war Krieg. Dennoch lebten in diesem Haus viele Menschen, sogar ein kleines Mädchen mit seiner Mama.

Das Fenster ging zum Fabrikgelände hinaus, das mit Stacheldraht umzäumt war. Wenn draußen etwas Interessantes passierte, legte Lea das Buch sofort beiseite, obwohl die Vorgänge auf der Straße nicht gerade abwechslungsreich waren und auch nicht immer ganz verständlich. Dafür waren sie ganz real, realer noch als ein Film.

Jeden Tag um dieselbe Zeit brachten Soldaten mit geschulterten Gewehren eine Gruppe Gefangener auf das Fabrikgelände, die gleichgültig und kraftlos ihre Spaten nahmen und irgendetwas umzugraben begannen. Trotzdem gaben sie sich beim Arbeiten eine merkwürdige Mühe, sie schienen das einfach aus alter Gewohnheit zu tun. Daraus, wie sie die Köpfe drehten, erriet Lea, dass sie sich manchmal einzelne Worte zuwarfen, aber bis zu ihr hinauf waren sie nicht zu verstehen. An den graugrünen, fremden Uniformen, die ihnen wie ungepflegte Zivilkleidung am Körper hingen, konnte sie erkennen, dass es Gefangene waren, die in einer unverständlichen Sprache redeten. Sie betrachtete sie als Feinde, obwohl sie ihr nichts Böses mehr antun konnten. Trotzdem hatte sie, wenn sie so vom fünften Stock auf sie hinuntersah, ein bisschen Angst vor ihnen. Aber gleichzeitig taten ihr diese Leute Leid.

Heute hielt Lea ein riesiges Stück süße rote Wassermelone in der Hand. Die schmeckte sogar noch besser als die Zuckerbonbons mit kaltem Wasser. Genießerisch versenkte sie ihr ganzes Gesicht in der Frucht, die reifen Stückchen schmolzen im Mund, und der Saft lief ihr übers Gesicht und tropfte aufs Kleid und aufs Fensterbrett. Die großen schwarzen reifen Kerne, die im roten Fruchtfleisch glänzten, als wären sie zu dessen Verzierung da, spuckte sie aus dem Fenster und warf dabei jedes Mal einen Blick auf die Gefangenen. Als sie fast alles aufgegessen hatte und nur noch die Schale mit den letzten rosafarbenen Resten des Fruchtfleischs in der Hand hielt, überlegte sie kurz – und plötzlich schleuderte sie die Schale auf die fremden und unverständlichen Menschen da unten. In diesem Moment tat sie es bösen Jungen gleich, die aus Langeweile mit Steinen nach herrenlosen oder ihnen irgendwie missfallenden Hunden werfen. Sie wollte einfach einen von denen dort unten mit der Schale treffen.

Die Melonenschale war groß, aber zu ihrer Enttäuschung traf sie niemanden, sie fiel auf die Erde und zersprang in mehrere Stücke. Ein älterer Mann hob den Kopf, entdeckte das Mädchen auf dem Fensterbrett und begann die grünroten Melonenstücke sorgfältig aufzusammeln. Er schimpfte nicht mit ihr, im Gegenteil – es kam ihr so vor, als sei er ihr dankbar. Er hob noch mehrere Male den Kopf, lächelte ihr zu und wartete wohl darauf, noch weiter beschenkt zu werden. Nachdem Lea jedoch zunächst einen Schreck bekommen hatte wegen ihres dummen Streichs und sich verstecken wollte, schnitt sie schrecklich alberne Grimassen und streckte die Zunge heraus, wie um sich dafür zu rächen, dass sie nicht getroffen hatte, und überhaupt für alles, alles.

Der Scheuerlappen

Schließlich erhielt Mama endlich die Versetzung nach Baku. Maria Petrowna wurde gleich viel freundlicher. Wenn sie sich jetzt in der Diele trafen, lächelte sie Lea immer zu und bewirtete sie einmal sogar mit warmem Apfelkuchen.

Am Morgen kam der Lastwagen, die Arbeiter verluden wieder einmal das Klavier und die Kisten, nahmen die Koffer und Taschen, und Mama und Lea verabschiedeten sich – mit Freude auf beiden Seiten – von Maria Petrowna. Mama bat Maria Petrowna, ihr Zimmer nach altem russischem Brauch heute noch nicht aufzuräumen. Maria Petrowna nickte und sagte, das wisse sie selbst.

Platzkarten für den Zug waren nicht zu bekommen gewesen, und Mama hatte beschlossen, nicht vom Hauptbahnhof in Stalingrad abzufahren, sondern von einer kleinen Station in ihrer Nähe – von Beketowka, wo der Zug zwar nur für drei Minuten hielt, aber hier stiegen nur wenige ein, und die Chance mitzukommen war hier größer als in Stalingrad. So war es der Mama geraten worden. Tatsächlich wartete außer ihnen beiden niemand weiter auf den Zug. Sie standen allein mit ihren Siebensachen auf dem Bahnsteig. Das Klavier und die Kisten hatten sie als Reisegepäck aufgegeben. Schließlich hörten sie es pfeifen, die Dampflok bremste, der Zug hielt, und sie rannten zum nächsten Wagen, aber der Schaffner stand an der Tür und wusste sie gegen die neuen Fahrgäste zu verteidigen. Sie schafften es noch, zum nächsten Wagen zu rennen, zum dritten, doch überall dasselbe: Der Zug war überfüllt. Er fuhr ab, und Mama schaute ihm verzweifelt hinterher. Ein Zuhause hatten sie nicht mehr, und es blieb ihnen nichts anderes übrig, als in Maria Petrownas Wohnung zurückzukehren.

Sie fuhren zurück, in das leere Zimmer mit dem nackten Eisenbett und den Holzbrettern am Fenster. Sie wussten, Maria Petrowna würde nicht erfreut sein. Die Tür öffnete ihnen Wanjuschkin persönlich. Als sie die Wohnung betraten, wischte Maria Petrowna gerade den Fußboden in der Diele – in ihrem Zimmer hatte sie bereits aufgewischt. Auf Knien wrang sie gerade den Scheuerlappen über dem Eimer aus. Maria Petrowna sah Mama beleidigt an, und die betrachtete sie ihrerseits stumm mit einem ausdrucksvollen Blick: Sie haben Ihr Wort nicht gehalten, deswegen sind wir zurückgekommen! Nach diesem Vorfall aus ihrer Kindheit räumte Lea niemals gleich auf, wenn jemand von ihr wegfuhr, egal, ob Familienangehörige oder Gäste.

Mama stellte sich darauf ein, den Versuch, aus Krasnoarmejsk wegzukommen, mindestens eine Woche lang wiederholen zu müssen, aber bereits am nächsten Tag öffnete eine Schaffnerin unvorsichtigerweise die Wagentür, und nachdem sie ein Fläschchen Schnaps bekommen hatte, ließ sie sie hinein und hatte sogar Platz für zwei. Sicher wischte Maria Petrowna nach ihrer Abfahrt die ganze Woche den Boden in ihrem Zimmer nicht, um sicher zu sein, dass sie nicht wiederkämen!

Der Zug war völlig überfüllt mit Frauen, alten Leuten, Kindern, Frontsoldaten, Verwundeten mit Verbänden und Krücken, die offenbar aus den Lazaretten bis zur völligen Genesung zu einem Kurzaufenthalt oder auch für immer nach Hause fuhren. Im Wagen waren alle Sitzplätze und Bänke belegt, sogar die Gepäckflächen – dort lagen jetzt auch Menschen anstelle von Koffern und Bündeln, sitzen konnte man da oben nicht. Für das Gepäck blieb nur auf dem Boden Platz. Die Verwundeten, die in der Regel ohne Gepäck reisten, legten sich ihren Mantel unter den Kopf und schliefen auf der Liegebank, die immer für sie frei gemacht wurde. So kamen sie, mit zweimal Umsteigen und Übernachtungen auf den Bahnhöfen, wo sie auf neue Platzkarten warteten, nach mehreren Tagen in Baku an.

V. BAKU

Durch nächtliche Straßen

Der Zug erreichte Baku um vier Uhr morgens. Es war noch ganz dunkel. Sie gaben ihre Sachen in der Gepäckaufbewahrung ab und gingen zu Fuß zur Großmutter – wieder wie in Stalingrad vom Bahnhof durch die ganze Stadt bis zum Zentrum. Die Großmutter wohnte immer noch in jenem Haus, in das Lea mit Mama und Papa aus Amiradshany zu Besuch fuhr, als noch kein Krieg war. Einen Führer wie in Stalingrad brauchten sie hier nicht – Mama kehrte in ihre Heimatstadt zurück. Sie gingen durch menschenleere breite Straßen mit großen schönen Häusern vom Ende des 19. und Anfang des 20. Jahrhunderts. Sie unterhielten sich laut – aus Angst, und ihre Stimmen und Schritte hallten durch die nächtliche Stille. Die letzten Straßenbahnen waren bereits in ihren Depots, nur Mama und Lea beeilten sich noch, dorthin zu gelangen, wo man schon lange auf sie wartete. Mama war nicht wiederzuerkennen: Sie war beinahe euphorisch, freute sich, wieder zu Hause zu sein, und flog geradewegs durch die Stadt. Die Straße führte leicht abwärts, und Lea konnte kaum folgen.

Nicht nur, dass Mama diesen Weg vom Bahnhof zum Haus der Großmutter gut kannte, mit jeder Ecke der Stadt, mit jeder Straße und Gasse verbanden sich Erinnerungen an ihre Jugend und ihre Studentenzeit. Hier hatten sich Mama und Papa ineinander verliebt, hier wohnten einst ihre alten Freunde. Und nun eilte sie zu dem Haus, in dem sie früher gelebt hatte, in dem ihre Tochter Lea geboren war. Dieses Haus war immer voller Menschen gewesen, die Mama gern gehabt hatten und mit denen sie sich wohl gefühlt hatte. Aber das alles gehörte der Vergangenheit an.

Mama erzählte Lea das alles mit atemloser Stimme. Sie zeigte auf ein großes altes vierstöckiges Haus und sagte: »Wir sind jetzt auf der Telefonnaja-Straße, und das ist das frühere Olga-Gymnasium. Hier ist immer noch eine Schule, kann sein, dass du in sie gehen wirst.«

Je näher sie dem Haus der Großmutter kamen, desto ungeduldiger wurde Mama. Sie gingen immer schneller und schneller, und Mama redete immer schneller und schneller. Und schließlich erreichten sie die Ecke Artistitscheski-Gasse und Gymnasitscheskaja-Straße.

Die Tür wurde von der Großmutter geöffnet, hinter ihr stand schon die verschlafene Tante Katja, Papas Schwester. Beide Frauen betrachteten Lea mit liebenden Augen, umarmten und küssten sie und wiederholten immer wieder: »Lejetschka-dshan.« Sie hatten irgendwelche dunklen Morgenröcke oder Jacken über ihre Nachthemden von unbestimmtem Weiß übergeworfen. Es war Ende Januar, und in Baku herrschte auch noch der Winter. In der Wohnung war es kalt, die Heizung funktionierte nicht, nur eine schwache Gasflamme leuchtete in einem hohen alten dunkelgrünen Kachelofen. Vor Lea und der Mama standen zwei alte abgemagerte Frauen, die inzwischen ihre Männer, den Vater, den Sohn und den Bruder, begraben hatten und von den allerärmlichsten Lebensmittelkarten lebten. Bei der Großmutter hingen Falten alter Haut herunter, Haut, die plötzlich zu groß geworden war für diese kleine, ehemals füllige Frau. Tante Katja hatte sich in eine flachbrüstige Greisin verwandelt – dabei war sie noch ganz jung, erst fünfundvierzig Jahre. Außer ihnen war niemand mehr im Haus. Der Großvater war ein Jahr zuvor gestorben und gleich danach Tante Katjas Mann. Von dem einen Sohn der Großmutter, der an der Front war, gab es keinerlei Nachrichten, den anderen hatten sie schwer verwundet von der Front in ein Lazarett nach Baku gebracht, wo er in den Armen der Großmutter gestorben war. Das war jener Mimik, der damals der Mama beim Packen geholfen und Leas Papa so sehr ähnlich gesehen hatte, vor allem wegen seiner Augen. Tante Katjas Söhne hatte der Krieg ebenfalls in alle Winde zerstreut: Einer war an der Front, der andere von zu Hause weggegangen. Und es gab jetzt niemanden, der die Großmutter besuchen konnte, sie hätte den Gästen auch gar nichts vorzusetzen gehabt. Das riesige Zimmer der Großmutter war dunkel und kalt. Das große Ölporträt von Lisa, Papas Schwester, die schon als junges Mädchen gestorben war, hing an seinem alten Platz gleich an der Tür. Dieses Porträt hatte Lea immer gefallen, sie konnte sich Großmutters Zimmer gar nicht ohne die schöne Lisa mit ihren dunklen Augen unter dichten Brauen und mit dem langen schwarzen Zopf, der über die Schulter auf die Brust geworfen war, vorstellen. In den gewaltigen Schränken, die fast die ganze Wand einnahmen, deren Türen durch ein mit brauner Ölfarbe gemaltes Wandornament kaschiert wurden und in denen früher Gott weiß was aufbewahrt worden war, standen jetzt, wahrscheinlich noch aus der Vorkriegszeit, große leere graue, weiß getüpfelte Emailletöpfe mit Deckeln, von denen die Kälte der Wand ausging. Lange unbenutzt geblieben, waren sie matt geworden. Nur einen Topf benutzte die Großmutter, wie Lea später erfuhr, zur Aufbewahrung des kleinen Stücks Brot, das sie auf Marken bekam. Sie aß es nicht gleich auf, sondern langsam, immer ein bisschen, und damit es nicht hart wurde, legte sie es in diesen großen emaillierten Zehnlitertopf.

Das Brötchen

Die Großmutter und Tante Katja waren ganz außer sich, und Mama lächelte ebenfalls erleichtert: Jetzt waren sie und Lea nicht mehr allein. Da Mama etwas Geld mitgebracht hatte, nahm sie jetzt die Verantwortung des Familienoberhaupts auf sich und gab sich große Mühe, die beiden Frauen mit ihrer Energie und ihren Scherzen aufzumuntern. Am Morgen gab sie Tante Katja erst einmal Geld, damit diese in einem neu eröffneten Brotladen, in dem man ohne Marken, dafür aber um ein Vielfaches teurer einkaufen konnte, genügend Brot holte, das für alle reichte.

Es begann der erste Morgen in Baku, obwohl es eigentlich schon Tag war – sie waren erst gegen Morgen eingeschlafen. Tante Katja nahm Lea mit in den Brotladen.

Sie kaufte ihr ein süßes Milchbrötchen mit glänzender braun gebackener Kruste. Lea hielt das Brötchen in der Hand, und obwohl nicht mehr warm, war es so weich, dass Lea glaubte, wenn sie es anbeißen würde, wäre es trotz allem noch warm. Das Brötchen roch schrecklich gut.

Sie traten auf die Straße, Lea konnte sich nicht beherrschen und biss ein kleines Stückchen von der dunkelbraunen Kruste ab. Das Brötchen schmeckte tatsächlich wunderbar, so ein wunderbares Brötchen hatte sie in ihrem ganzen Leben noch nicht gegessen.

Sie wollte gerade noch einmal richtig abbeißen, führte das Brötchen zum Mund und genoss schon den Vorgeschmack, als es im selben Moment wie durch Zauberei aus ihrer Hand verschwand: Ein kleiner Junge kam von hinten angerannt, entriss ihr das Brötchen und verschwand genauso schnell. Lea hatte ihn gar nicht richtig gesehen. Zuerst begriff sie überhaupt nicht, was passiert war. Tante Katja aber sagte ärgerlich: »Dieser Strolch!«

Aber ein neues Brötchen kaufte Tante Katja nicht, denn es war ein teures Brötchen, nicht auf Marken, und für ein zweites reichte das Geld nicht mehr. Sicher war er sehr hungrig, dieser kleine Strolch, dachte Lea.

Seitdem sucht Lea, wenn sie hungrig ist, besonders auf Reisen, kleinen oder großen, immer den nächsten Bäckerladen auf und kauft sich ein Milchbrötchen, am liebsten mit Rosinen.

Wunden an den Beinen

Sie lebten von nun an zu viert: Jeden Tag ging Tante Katja zur Arbeit, sie war Statistikerin im städtischen Krankenhaus, Mama fuhr mit der Vorortbahn nach Sumgait ins Chemiewerk, Lea ging zur Schule und die Großmutter kümmerte sich um den Haushalt, dem es dank Mamas Geld erheblich besser ging. Die Großmutter konnte nun Lebensmittel auf dem Markt kaufen oder bei Händlern, die schon am frühen Morgen durch die Höfe zogen und ihren Gesang anstimmten: »Pottaaaaasche, wer braucht Pottaaaaasche? Wer braucht Pottaaaaasche zum Wäschewaaaaschen?« »Milch. Mazoni, friiiiiische Mazooooni!« »Kiiiiinsa! Frischer Koriaaaander!« Und der Lumpensammler – damals gab es dieses Gewerbe noch – rief singend: »Alte Saaaaachen, kaaaaaufe alte Saaaaachen! Luuumpen!«

Plötzlich bekam Lea an den Beinen fürchterliche eitrige Wunden. Die einen verschwanden, andere kamen. Großmutters Cousin, Doktor Schamkorjan, früher Landarzt, nun Gynäkologe, stellte schnell die Diagnose – Vitaminmangel –, gab ihnen eine Salbe, und bald waren die Wunden verschwunden.

Mama und Lea wohnten nun also in Großmutters berühmtem Saal, im rechten Teil, dort, wo sich das Fenster aus Leas frühester Kindheit befand. In dieser Saalhälfte wechselten die Bewohner häufig – die Großmutter hatte ein großes und gütiges Herz. Eingerichtet wurde dieser große »Winkel« – beinahe fünfundzwanzig Quadratmeter – je nachdem, wer gerade dort wohnte. Jetzt stand vor dem Fenster anstelle des Betts der bereits erwähnte altertümliche Schreibtisch mit geschnitzten Beinen und vielen Schubkästen. Hier hatte Rafik, der unlängst zum Studium nach Moskau gefahren war, seine Hausaufgaben gemacht. An diesem Schreibtisch arbeitete nun auch Lea. Bald stellte sie fest, dass die Schubkästen bis obenhin mit Rafiks Schulheften angefüllt waren. Sie sah sie durch und entdeckte ein ganzes Vorratslager an Schulaufsätzen – über Puschkins Tatjana, Eugen Onegin, Lenski und andere Helden der russischen Literatur. Rafik war ein sehr fleißiger Schüler gewesen, und Lea verwendete seine Aufsätze zum Abgucken. Das Zimmer war auch früher schon durch Schränke geteilt gewesen, und Mama stellte an die Hinterwand der Schränke das Klavier, das immer noch mit Brettern verkleidet war und wie eine große Kiste aussah. Eine Erinnerung an die Vorläufigkeit ihres Lebens.

Olja Nossowa, Beta Gorskaja, Nelli Listengarten und Riwa Reinisch

Lea ging tatsächlich in der Telefonnaja-Straße zur Schule, wie Mama in der Nacht ihrer Ankunft vermutet hatte. Die Schule lag nur fünfzehn Minuten von zu Hause entfernt. Diese kurze Strecke ging Lea durch schöne breite Straßen und über einen Platz mit herrlichen mehrstöckigen Häusern im Jugendstil. Als sie wieder einmal auf dem Heimweg so in den Anblick der Häuser versunken war, dass sie mit der Stirn heftig gegen eine Straßenlaterne rannte, ging ihr plötzlich der Sinn des Ausdrucks »Sterne sehen« auf.

Sie besuchte eine Mädchenschule, deren stellvertretende Direktorin Mamas Jugendfreundin Rosa Natanowna war – eine große Frau mit energischem und lautem Gang, was auch an den hohen Absätzen ihrer schwarzen Stöckelschuhe lag. Sie hatte schönes dichtes rotes Lockenhaar, modisch kurz geschnitten, und eine große runde Hornbrille. Sie sprach streng, laut und belehrend, wie es sich für eine pädagogische Direktorin gehörte.

Das noch aus alten Zeiten stammende Schulgebäude hatte eine schöne breite Treppe und große Klassenräume. Das Zimmer der sechsten Klasse lag im dritten Stock. Sie waren mehr als dreißig Mädchen, wahrlich eine internationale Klasse. Die armenischen und jüdischen Mädchen bildeten die Mehrheit, dazu kamen ein paar Russinnen und eine Aserbaidshanerin. Die aserbaidshanischen Kinder gingen zu der Zeit in Baku meist in aserbaidshanische Schulen. All diese Mädchen waren geborene Bakuerinnen, und die Bakuer sind ein besonderer Menschenschlag. Multinational, offen, temperamentvoll, gastfreundlich. Fast alle in der Klasse kamen aus besser gestellten Familien: Ihre Eltern waren stadtbekannte Ärzte, Rechtsanwälte, Musiker. Nur der Vater der zarten Riwa Reinisch mit der melodischen leisen Stimme war Schuhmacher, aber kein einfacher, sondern ein privater – eine große Seltenheit damals –, der keine Schuhe flickte, sondern sehr teure maßgearbeitete Damenschuhe anfertigte und in Baku eine große Berühmtheit war. Viele Mütter wollten Schuhe von ihm, aber er schaffte es natürlich nicht, alle Wünsche auf einmal zu erfüllen, und deshalb war es sehr schwierig, von ihm Maßschuhe gemacht zu bekommen. Natürlich wusste Riwa das, und als Lea sie fragte, wo ihr Papa arbeite, sagte sie mit sanftem Stolz, er arbeite zu Hause, er sei Schuhmacher!

Auch das Äußere der Mädchen war ganz verschieden: bunt, interessant, aber keine ragte allein heraus, alle zusammen zeichneten sich aus, die ganze Klasse. Da war Tanja Swerewa, eine stämmige Blondine mit breitem Gesicht und großen blauen Augen, laut und temperamentvoll. Lea war eng mit ihr befreundet. Oder Olja Nossowa, ebenfalls blond, klein, still, mit glatten Haaren und geradezu aristokratischen Manieren. Oder die dominante Beta Gorskaja – grundhässlich, mit herausquellenden großen grauen Augen, einer langen Vogelnase und gelocktem aschblondem Wuschelkopf, die Haltung einer Jeanne d'Arc, weiche, gedämpfte, doch selbstbewusste Stimme. Nelli Listengarten fiel einem gleich auf durch ihr stürmisches Gemüt, sie war dick, nicht gerade hübsch, aber mit wunderbar hellhäutigem Gesicht, in dem, schwarzen Glasperlen gleich, feuchte Augen glänzten – selbst wenn sie nicht weinte. Nonna Safardshijewa war ein sanftes, zurückhaltendes schönes Mädchen mit großen blauen Augen und schwarzen Locken, die ihr Gesicht umrahmten wie bei Anna Karenina. Und jedes dieser Mädchen dachte, gerade es sei etwas Besonderes. Sicher wurde aus diesem Grund alles laut diskutiert, die Mädchen stritten, aber alle vertrugen sich wunderbar.

In der achten Klasse wurden sie flügge – die Frisuren änderten sich und vor allem die Manieren. Lea aber rutschte nach wie vor gern vom dritten Stock das Treppengeländer hinunter wie ein Junge. Zweimal ertappte Rosa Natanowna sie dabei und ließ der Mutter bestellen, sie möge in die Schule kommen. Lea überlegte, die Sache sei ja nicht weiter schlimm, werde aber Mama unangenehm sein, und bat ihren Cousin Rafik, der gerade zu einem Ferienaufenthalt aus Moskau gekommen war, in die Schule zu gehen und Mama nichts zu verraten. Was er natürlich tat. Das blieb für immer ihr gemeinsames Geheimnis.

Der Mathematiklehrer Schachnasarow, ein untersetzter älterer Herr mit rundem Glatzkopf und einem Kranz dünner grauer Haare drum herum, hatte seine Spitzennummer: Wenn eines der Mädchen in der Klassenarbeit ein »ungenügend« bekam, weil es die gestellte Aufgabe nicht hatte lösen können, sagte er: »Sie will uns testen, ob wir das richtig lösen können.«

Der Aserbaidshanischlehrer Achundow, ein groß gewachsener, ebenfalls kahler Mann mit einem Kürbiskopf und zwei goldenen Vorderzähnen, sprach Russisch fehlerhaft und mit starkem aserbaidshanischem Akzent. Lea war von Aserbaidshanisch befreit, weil sie erst in der zweiten Jahreshälfte in die Klasse gekommen war, im folgenden Jahr dann würde sie wie alle anderen Mädchen Aserbaidshanisch lernen müssen. Vorerst war das ihr Lieblingsfach – sie brauchte keine Hausaufgaben zu machen, keine Angst zu haben, dass sie aufgerufen wurde, sie konnte in aller Ruhe dasitzen und Achundows Stunde als Zeitvertreib genießen. Achundow hatte einen gewissen Sinn für Humor, doch war ihm anzumerken, wie es ihn verdross und kränkte, dass die Mädchen sein Fach nicht ernst nahmen und ihn manchmal sogar ärgerten. Besonders aber prägte sich Lea die Geographielehrerin ein. Das war eine junge unansehnliche Frau mit glatt nach hinten gekämmten, angeklatschten, zum Knoten zusammengesteckten Haaren und Seitenscheitel. Sie war gleichzeitig die Klassenlehrerin. Die Mädchen beschwerten sich einmal bei ihr, dass die Jungen ihnen mit unanständigen Bemerkungen hinterherrannten. Das geschah in Baku, in einer orientalischen Stadt des Südens, wo nicht nur die Männer, sondern auch die jungen Kerle und sogar schon die Schuljungen den Frauen und natürlich auch den Mädchen gegenüber auf der Straße zudringlich wurden. Die Lehrerin riet: »Ich mache immer ein ganz strenges Gesicht, zeige weder Angst noch Interesse und blicke so gleichgültig geradeaus, dass sie den Mut verlieren und gar keine Lust mehr haben, mich zu belästigen.« Diesen Ratschlag merkte sich Lea.

An den großen Feiertagen lud man ein asderbaidshanisches Musikantentrio mit Duduks ein. In Baku liebten alle die Duduk-Musik – etwas Ähnliches wie Klezmer auf Kaukasisch. Die Duduk wurde auf Hochzeiten gespielt und bei verschiedenen anderen Feiern, und wenn manchmal von draußen durchs Fenster Duduk- und Surna-Melodien drangen, gefiel das Lea genauso gut wie eine Etüde von Chopin, die aus der Ferne zu ihr herüberklang. Schwer zu sagen, ob die Duduk daran schuld war, doch damals erwachte in Lea eine zarte Liebe zu Baku als ihrer Heimat.

Der Krieg hatte sich bereits auf fremdes Territorium verlagert. Die Nachbarin Jekaterina Petrowna bekam als eine der Ersten ein Paket von ihrem Sohn aus Österreich, kurz danach ein zweites. Ach, was für schöne Sachen da drin lagen! Ein teurer schwarzer Pelzmantel aus Seehundsfell, ein Kleid, ein Kostüm, Woll- und Seidenstoffe. Aber der Pelzmantel war das Hauptereignis. Jekaterina Petrowna war sehr stolz auf ihn, aber wozu brauchte sie diesen teuren, eleganten Damenmantel? Sie versetzte ihn schließlich und kaufte Mama den berühmten Wintermantel aus Wollstoff mit dem großen Waschbärpelzkragen ab.

Pakete kamen aus Ungarn, der Tschechoslowakei, aus Österreich, Deutschland, von überall her, wo die Sowjetarmee einmarschiert war. Briefe von der Front erhielten die Leute aus irgendeinem Grund nicht so regelmäßig wie diese Pakete. »Beutepakete« wurden sie treffend genannt.

Kein Mensch machte sich Gedanken darüber, wie die Soldaten an solche Sachen herankamen. Das arme Volk glaubte angesichts dieser Pakete, dass im Ausland alles einfach so herumliege, man brauche nur zuzugreifen. Nach den qualvollen Kriegsjahren betrachtete man diese Pakete als winzige Belohnung für alles Durchgemachte. Hier, weit weg von der Front, dachte niemand über die Herkunft dieser Pakete nach und auch nicht über die moralische Seite: Sie waren so willkommen! Dass alle diese Sachen das Resultat von Plünderungen waren, darüber schrieb keiner in seinen Briefen von der Front. Die Deutschen, Tschechen, Ungarn, Polen hatten den russischen

Soldaten bestimmt keine Pelzmäntel aus Seehundsfell geschenkt.

Der Strom der Pakete ging immer weiter. Alle, die jemanden an der Front hatten, erhielten eins, manche sogar zwei oder drei. Schon machte die Anekdote die Runde, dass die Offiziersfrauen, die von ihren Männern Nachthemden aus zartem Georgette bekamen, sie wie ein Festkleid anzogen, um abends darin auf der Strandpromenade spazieren zu gehen. Die fremdländischen Kleider wurden zu teuren Schieberpreisen auf dem Trödelmarkt und über Bekannte verkauft und weiterverkauft. Kurzum, die Pakete gehörten bereits zum Alltag.

Von Papa aber kam nichts. Bestimmt hätte Mama auch gern solch ein Paket erhalten, am besten mit einem echten Pelzmantel. Plötzlich kam doch ein Paket. Ein einziges. Darin lag ein wunderbares Kleid aus einem feinen dehnbaren Stoff. Es war weiß mit großen roten Mohnblumen. Das Kleid umhüllte elegant Mamas schöne Figur. Außerdem enthielt das Paket eine sehr auffällige Kette mit großen weißen Glasperlen, die Mama ebenfalls sehr gut stand und zu diesem Kleid passte, zu seinem runden Ausschnitt.

Später war zu hören, dass die Offiziere sich die Sachen für gewöhnlich von plündernden Soldaten bringen ließen, Papa aber hatte dieses Kleid und die Perlenkette von der Hauswirtin, bei der er in dem slowakischen Städtchen Trnava einquartiert war, geschenkt bekommen. Für seine Tochter hatte sie ihm eine schöne kleine Uhr mit rotem Armband gegeben. Allerdings konnte man diese Uhr, als sie einmal stehen geblieben war, nicht mehr reparieren. Daneben fanden sie im Paket viele schöne Ansichtskarten,

Hefte, Notizblöcke, Füller, Bleistifte und sogar Radiergummis, eine mit Seide ausgeschlagene rote Schatulle und ein schönes graues Plastikschächtelchen von irgendeinem Medikament. All das sah herrlich aus, so fremdländisch, Papa gefiel alles Fremde, und nun hatte er es geschafft, ins Ausland zu kommen, in Soldatenstiefeln.

Der Blutsturz

Das Herannahen des Kriegsendes war immer deutlicher zu spüren. Im Radio wurden jeden Tag aus Moskau Artilleriesalute übertragen, und es wurde mitgeteilt, zu Ehren welcher Siege diese Salven geschossen wurden. Man hatte sich bereits an sie gewöhnt. Anhand dieser Salute wurde allmählich klar, dass es weiter westwärts nicht mehr ging, denn auch Berlin war bereits eingenommen. Und tatsächlich, am 9. Mai 1945 verkündete der legendäre Rundfunksprecher Juri Lewitan, dass Deutschland kapituliert habe und der Krieg zu Ende sei. Was da los war! Freudenschreie, Tränen – alles strömte auf die Straßen. Feuerwerk und Luftballons – woher die bloß kamen? Musik, Duduks, die Surna, und das die ganze Nacht bis zum Morgen.

Als Erster kam zum Glück bald Aschot zurück, Leas Cousin, der Sohn von Tante Katja – er bekam als Frontoffizier gleich nach Kriegsende Urlaub. Großmutters Haus füllte sich wieder mit Gästen. Aschots Freunde und Klassenkameraden tauchten wieder auf. Aus Moskau kam in den Ferien Rafik, Aschots jüngster Bruder, zu Besuch.

Die Jungen warfen sich abends in Schale, rasierten sich sorgfältig und gingen mit Mädchen aus. Aschot zog sich eine todschicke graue Militärjacke an, die ihm wunderbar stand. Rafik kleidete sich bescheidener, zu den Verabredungen mit den Mädchen ging er aber immer im weißen Hemd mit Umlegekragen. Wenn er das Haus verließ, lief Lea ihm jedes Mal hinterher, um zu sehen, mit wem er sich traf. Wenn er sie bemerkte, versuchte er, sie wegzujagen, aber Lea blieb hartnäckig in einem gewissen Abstand hinter ihm, bis sie schließlich sah, welches Haus er betrat und mit wem er ein paar Minuten später wieder erschien.

Von Papa erhielten sie einen Brief, dass er wahrscheinlich bald aus der Armee entlassen werde, und tatsächlich kam er am Ende des Sommers zurück, noch im Militärhemd, aber nicht mehr als Soldat. Jetzt beredeten Mama und er mit den übrigen Verwandten, was zu tun sei, wo man für Papa eine Arbeit suchen könnte, ob sie in Baku bleiben sollten oder nicht, als Papa plötzlich eines Morgens Blut spuckte. Dann floss das Blut richtig aus dem Hals: eine akute Tuberkulose. Da war es aus mit dem Planen. Es wurde entschieden, dass Papa unverzüglich nach Moskau in Behandlung müsse; er fuhr los und kam sofort in eine Tuberkuloseheilanstalt. Mama hatte gleich in ihrem Betrieb gekündigt und war mit Papa nach Moskau gereist. Lea blieb ein ganzes Jahr allein in Baku bei der Großmutter und Tante Katja.

VI. TOMILINO – MOSKAU

Ein sonnenhelles Zimmer

Als Lea ein Jahr später, im Mai, zu ihren Eltern reiste, stellte sich heraus, dass die Familie wieder nicht in Moskau wohnen würde, sondern in Tomilino, einem Erholungsort ganz in der Nähe. Um irgendwie Wohnraum zu bekommen, musste Mama als Erzieherin im Sommerkindergarten eines Ministeriums arbeiten. Sie bekam das kleinste Zimmer in einer Gemeinschaftswohnung, ganze neun Quadratmeter groß. In derselben Wohnung lebte die Leiterin des Kindergartens mit ihrem Sohn, der gerade die Schule beendete. Sie allerdings hatte zwei große Zimmer mit Balkon. Neben dem Zimmerchen lag auf der einen Seite die kleine Gemeinschaftsküche, aus der oft Frauenstimmen zu ihnen drangen – die Frauen tratschten miteinander, während sie darauf warteten, dass ihr Wasser kochte. Durch die andere Wand waren fast jeden Tag die ersten Akkorde der »Mondscheinsonate« zu hören, sehr selten allerdings in flüssiger Ausführung, zudem brach das Spiel sehr schnell ab – der Sohn der Kindergartenleiterin lernte da Beethovens Sonate nach Noten spielen. Das kleine Zimmer war absolut quadratisch und wahrscheinlich deshalb sehr hell: Es reichte ein Sonnenstrahl, und es war sonnenüberflutet. An der rechten Wand stand ein breites, hohes Bett, das fast die Hälfte des Raums einnahm, links ein Schrank, direkt neben der Tür ein kleiner

Tisch, über dem ein kleines Wandbord für Geschirr hing. In die Mitte des Zimmers legten sie jeden Abend auf den Boden eine Luftmatratze, auf der Lea schlief.

Das war eine herrliche Zeit: Papa wurde geheilt aus der Klinik entlassen, er war nach einer sehr rätselhaften Methode kuriert worden – mit Gold. Das klang sehr edel, und Papa war sehr stolz darauf. Es handelte sich um Spritzen, die Gold enthielten. Mama hatte endlich ihr eigenes Bett – nach einem ganzen Jahr, das sie auf einer Klappliege bei den Moskauer Verwandten hatte zubringen müssen, um täglich zu Papa in die Klinik zu fahren, oft sogar zweimal am Tag, mit frisch gekochter Hühnerbrühe.

Sie waren noch jung, und nach den langen Kriegsjahren und dem einjährigen Klinikaufenthalt von Papa war das für sie wie Flitterwochen. Wer weiß woher, war plötzlich ein Grammophon da – es stand auf einem Hocker am Fenster, natürlich war das Papas Werk. Und Papa war es auch, der die neuesten Schallplatten von Klawdia Schulshenko, Leonid Utjossow, Wadim Kosin, Eddy Rosner und anderen damals beliebten Sängern besorgte.

Der Sonntagmorgen fing jedes Mal mit einer Schallplatte an, meist mit Utjossow, und endete erst gegen Mittag – sie lagen lange im Bett, die Eltern oben, auf dem hohen Bett, und die Tochter ganz unten auf dem Fußboden, lasen, sangen die Lieder mit, alberten herum, erzählten sich Witze und lachten Tränen. Und waren sorglos, obwohl Papa noch keine Arbeit hatte und Mama nur die grässliche Sommerarbeit im Kindergarten. »Normale« kleine Alltagssorgen kannten sie hier nicht, denn sie hatten keinen Alltag im herkömmlichen Sinne. Sie lebten beinahe wie im Hotel, kochten in der Gemeinschaftsküche Wasser, spülten dann ihre drei Teetassen aus, und nichts konnte ihnen die Laune verderben. Das war nicht ihr Zuhause, sondern ein vorübergehendes Dach überm Kopf, aber sie waren unbeschwerter, heiterer Stimmung: Endlich konnten sie wieder zusammen sein, das war die Hauptsache. An die Stimmung in diesem Zimmer, in diesem Sommer, beim Tango und beim Foxtrott von Utjossow und den Liedern von Klawdia Schulshenko erinnerte sich Lea ihr Leben lang.

Donnerwetter

Diese gute Laune konnte Mama nicht einmal ihre Arbeit verderben. Jeden Morgen ging sie in den nahe gelegenen Kindergarten, wo den ganzen Tag, von morgens bis sechs Uhr abends, eine Gruppe kleiner Kinder unter ihrer Obhut stand. Das war die Miete für das Zimmer.

Mama hatte kleine Kinder sehr gern, aber als Erzieherin war sie völlig ungeeignet: Die Kinder folgten ihr nicht, sie war nicht in der Lage, sie zu beschäftigen, und vor Langeweile benahmen sie sich schlecht. Ihre Hilflosigkeit ging Mama auf die Nerven, machte sie äußerst reizbar, die Kinder fühlten das und gehorchten ihr überhaupt nicht mehr. Trotzdem erzählte sie jeden Tag, wenn sie nach Hause kam, sehr amüsant von ihren Erlebnissen mit den dreißig Kindern im Alter von drei bis fünf Jahren.

Einmal ging Mama mit ihrer Gruppe im Park spazieren, die Kinder rannten auf eine große Wiese und spielten unbekümmert oder beobachteten die Ameisen, die auf ihren Ameisenstraßen hin und her liefen und kleine Stückchen von Grashalmen und Stängeln schleppten. Plötzlich wurde alles dunkel, die schwarzen Wolken wurden immer dichter und rückten immer näher. Ein Gewitter zog auf, gleich musste ein Guss niedergehen. Mama hatte Angst um die Kinder, sie befürchtete, dass sie nass würden. Da entdeckte sie in der Nähe ein rettendes Dach. Sie rief die Kinder zu sich, aber da hatte sie sich geschnitten! Wie immer hörten sie nicht auf sie. Die ersten Tropfen fielen bereits, und in der Ferne leuchtete ein Blitz auf, dann donnerte es, aber die Kinder hatten es nicht eilig, unters Dach zu kommen. Mama wurde immer nervöser und schrie in ihrer Hilflosigkeit schließlich: »Wenn ihr nicht augenblicklich unter das Dach kommt, kann der Blitz euch erschlagen!« Das wirkte, alle Kinder rannten los und umringten sie, das Gewitter kam näher, ein Blitz nach dem anderen erleuchtete den dunklen Himmel, ein Platzregen ging nieder, den sie abwarten mussten, und nun harrten die Kinder, einige sogar eng an Mama gedrückt, gehorsam aus. Plötzlich fragte der kleine vierjährige Fimotschka: »Zelda Michailowna, kann der Blitz auch Lehrerinnen erschlagen?« So sehr wollte der kleine Junge von solch einer Erzieherin befreit werden, wie Leas Mama eine war.

Die Ferien waren zu Ende, und im September kam Lea in Tomilino zur Schule, in die neunte Klasse bereits. Diesmal war die Schule in einem großen Holzhaus untergebracht, alle Klassenzimmer lagen auf einer Etage. Im Korridor und in den Klassenzimmern knarrten die einfachen hellen Holzdielen unerträglich laut. Wenn es klingelte, gingen alle gleichzeitig in die Zimmer, und dann vereinigte sich das Knarren der vielen Füße zu einem einzigen schrecklich lauten Knirschen.

Lea erwartete hier allerdings eine unangenehme Überraschung. Die Klasse war nicht sehr groß und gemischt (getrennten Unterricht für Mädchen und Jungen gab es nur in den großen Städten), und wie in der Provinz üblich, kannten sich alle gut, sie gingen seit der ersten Klasse gemeinsam zur Schule, und Neue waren schon lange nicht mehr dazugekommen. Und nun plötzlich ein fremdes Mädchen, aus der Stadt, ganz anders als sie. Vor dem Klingelzeichen fragten die Kinder Lea ein bisschen aus, freundschaftlich, wie es schien, aber als die Lehrerin hereinkam und Lea bat, sich vorzustellen und zu erzählen, woher sie komme und in welche Schule sie früher gegangen sei, brach die Klasse gleich beim ersten Wort der Neuen in Gelächter aus. Allein ihr schwer auszusprechender armenischer Nachname rief Lachen hervor. Lea begriff nicht, was die Kinder an ihr so lustig fanden. Als sie in der Pause ein Mädchen danach fragte, das etwas abseits von den sich laut unterhaltenden Grüppchen stand – die reden über mich, dachte Lea –, antwortete es: »Du sprichst so dramatisch wie im Theater.« Lea zuckte mit den Schultern und dachte bei sich: Ich bin anders als sie. Sollen sie doch lachen, von mir aus.

Das war schon die sechste Schule in ihrem Leben. Wer weiß, wie sie sich in der neuen Klasse zurechtgefunden hätte, wahrscheinlich gut. Aber dann kam der Herbst.

Mamas Arbeit im Kindergarten ging zu Ende. Papa bekam in Moskau Arbeit. Und Mama fand auch eine Stelle in einem Forschungsinstitut der Erdölindustrie.

Ein Zimmer fast ohne Tür

Um in Moskau leben zu können, brauchte man außer Arbeit, die gar nicht so schwer zu finden war, auch eine Bleibe. Das allerdings war praktisch eine unlösbare Aufgabe. Da beschlossen die Eltern, wenigstens auf privatem Weg ein Zimmer zu mieten. Mit großer Mühe, über Bekannte und sogar irgendwie durch ein Wunder, fanden sie ein Zimmer. Sie mussten viel Miete dafür zahlen – fünfhundert Rubel im Monat (in dieser Zeit bekam Mama ein Gehalt von ungefähr tausendzweihundert, die staatliche Miete für die ganze Wohnung betrug höchstens fünfzig Rubel).

Das war nicht einfach nur ein Zimmer in einer Kommunalka, sondern ein »Zimmer im Zimmer«, ein Raum, den eine Frau vermietete, die in dieser Kommunalka ein Zimmer hatte, das geteilt war. Olga Georgijewna, so hieß ihre Wirtin, wohnte im ersten, dem Durchgangszimmer, und vermietete an sie das kleine hintere Zimmer. Außer diesem Raum hatten sie nichts: weder eine Küche noch ein Badezimmer noch Gas, nicht einmal Licht im Korridor, nur auf dem Klo brannte trüb die kleinste Birne, die es gab, und waschen mussten sie sich ebenfalls im Dunkeln. Olga Georgijewna ging es offenbar noch schlechter als ihnen, sonst hätte sie nicht fast die Hälfte ihres an sich schon bescheidenen Wohnraums abgegeben. Das zweite Zimmer hatte nur eine leichte Ziehhamornikatür aus Sperrholz, die man nicht richtig zumachen, geschweige abschließen konnte. In diesem hinteren kleinen Zimmer wohnte Lea mit Papa und Mama. Olga Georgijewna selbst lebte im größeren Durchgangszimmer, wo in der linken Ecke, gleich neben der Tür, hinter einem Kattunvorhang ein hohes Eisenbett stand, daneben eine hohe Kommode, die auch als Toilettentisch diente. Ein kleiner Spiegel stand darauf, ein gerahmtes Foto, Kosmetiksachen – ein Döschen mit Creme, Lippenstift und Medikamente in Fläschchen und Schächtelchen –, alles staubig und ungeordnet hingestellt. An der rechten Wand, neben dem Fenster zum Hof, standen ein Herd und ein Tisch. Der Herd konnte mit Kohle oder Holz geheizt werden, aber Olga Georgijewna benutzte ihn selten, denn meist kochte sie auf einem kleinen elektrischen Kocher, den sie auf den Herd stellte. In dem schmalen Zimmerchen, in dem Lea jetzt mit Mama und Papa wohnte, gab es zwei Fenster zur Straße und eins auf den Hof. An Möbeln hatten sie nur das Nötigste, und selbst das reichte nicht aus. Einen Geschirrschrank besaßen sie nicht, dafür war auch kein Platz, deshalb nutzten sie ihre Stalingrader Erfahrung und bauten das Seitenfenster zum Hof als Schrank aus, indem sie Bretter einfügten und einen Vorhang davorhängten. Im Zimmer standen zwei Betten, mit einem kleinen Durchgang und einem kleinen Tisch dazwischen. Eines der Fenster zur Straße, das heißt sein breites Fensterbrett, diente als Toilettentisch, darauf stand der schöne, noch von der Großmutter stammende alte Kristallspiegel. Das andere Fensterbrett ersetzte Lea den Schreibtisch, darauf lagen die Schulbücher und Hefte. Und rechts von der Tür fand sich noch Platz für einen kleinen Kleiderschrank.

Das Haus selbst, ebenerdig, ohne jede Besonderheit, außen verputzt, stammte noch aus der alten vorrevolutionären Zeit. Erstaunlicherweise hielt der nachgedunkelte Putz immer noch. Was früher im Gebäude untergebracht war, ein Wohnheim für Arbeiter oder eine Pension, vielleicht aber auch ein Stall für die Pferde seiner Majestät, wusste keiner. Das Haus stand in einer kurzen Reihe ähnlicher Bauten – rechts ein ebenfalls steinernes, ebenerdiges, links ein zweistöckiges Holzhaus. Am Anfang der Gasse, auf der gegenüberliegenden Seite, stand unten hinter einer hohen Mauer eine malerische kleine Kirche. Durch hohe Bäume und dichtes Gesträuch verdeckt, war sie von der Straße aus kaum zu sehen, aber alles zusammen verlieh dieser Ecke in der Nähe des Arbats eine gewisse provinzielle Romantik. Die Gasse führte hinunter, zur Uferstraße an der Moskwa. Am Ende der Gasse stand links ein langes, ebenerdiges Ziegelhaus – dort gab es ein altes Dampfbad, das sich als sehr nützlich erwies, denn sie hatten zu Hause weder Dusche noch Wanne.

Einmal in der Woche, sonntags, ging Lea mit Mama in dieses Dampfbad. Sie gingen die Gasse hinunter mit ihren Schüsseln und Taschen, in denen Handtücher, Seife und saubere Kleidung lagen – manchmal nahmen sie auch schmutzige Wäsche mit, um sie dort schnell mal durchzuwaschen. Sie traten in einen riesigen Raum voller Dampf, mit Steinbänken und Wasserhähnen für kaltes und heißes

Wasser, verzinkten Kübeln von zweifelhafter Sauberkeit und vielen nackten und nassen Frauenkörpern – jungen Frauen, oft mit Kindern, und alten, manchmal mit Enkeln. Die einen saßen auf den dunklen Steinbänken und seiften sich ein, andere, gleich daneben, schrubbten sich gegenseitig den Rücken, und die, die bereits den Schmutz abgewaschen hatten – nicht selten war der mehrere Wochen alt –, gossen im Stehen aus den Kübeln Wasser über sich. Manchmal bildeten sich an den Wasserhähnen eine lange Schlange nackter Frauen mit Kübeln. Lea und Mama mieden die anderen Frauen, die vorsichtig in diesen feuchten, dampfenden Raum hereinkamen und auf den nassen Bänken nach einem freien Platz suchten: Sie verbreiteten den Geruch lange nicht gewaschener Körper.

Die Vermieterin

Olga Georgijewna war Witwe, früher hatte sie mit ihrer Tochter Lida zusammengelebt. Jetzt studierte Lida an der Hochschule für Flugwesen und wohnte im Studentenheim. Sie schrieb eine Diplomarbeit über Hubschrauber – sie erinnerten an rätselhafte gigantische Insekten, die sie Lea, riesige Papierbögen aufrollend, auf technischen Zeichnungen zeigte. Olga Georgijewna vermietete Lidas Zimmer. Sie selbst arbeitete im Ministerium für Erdölindustrie, war eine eher kleine lebhafte Frau, die ihnen freundlich und offen begegnete. Sie sah nicht mehr jung aus, sprach in kurzen, fast abgehackten Sätzen, die aus ihrem Mund herausgeschossen kamen. Und nachdem sie sie ausgesprochen hatte, drehte sie sich, ebenso entschieden, wie um das Gesagte zu unterstreichen, auf dem halbhohen Absatz ihrer nicht mehr neuen Schuhe um.

Gewöhnlich stand Olga Georgijewna früh am Morgen auf und begann gleich in ihrem bescheidenen Haushalt herumzuwirtschaften: wusch in einer Schüssel auf einem Hocker die Wäsche, kochte manchmal etwas für den Abend oder für Lida vor, wenn sich die Tochter für diesen Tag angesagt hatte. Und erst gegen zehn ging sie zur Arbeit. Nach Hause kehrte sie allerdings nicht selten sehr spät und sehr müde zurück und legte sich gleich schlafen.

Lida besuchte ihre Mutter ziemlich häufig, blieb aber meist nicht über Nacht. Außer Lida kam niemand Olga Georgijewna besuchen, abgesehen davon, dass sie manchmal einen Mann mitbrachte, wenn sie von der Arbeit kam. Wenn sie die Tür öffnete und ihn vor sich ins Zimmer treten ließ, sprach sie genauso abgehackt und bewegte sich genauso ruckartig wie immer, nur dass der Grund dafür jetzt ihre Verlegenheit zu sein schien. Nichtsdestotrotz störte es Olga Georgijewna nicht im Geringsten, dass hinter der nicht richtig zu schließenden Tür sie waren, ihre Untermieter. Oder tat sie nur so, als ginge sie das nichts an? Diese Männer waren wahrscheinlich Kollegen aus dem Ministerium. Sie brachten Tüten mit Essen mit, dazu eine Flasche Wein oder Wodka, und nachdem sie schnell zu Abend gegessen hatten, löschten sie das Licht und legten sich ins Bett. Dann unterhielten sie sich im Bett noch lange bis tief in die Nacht. Und ihre Untermieter mussten, wenn sie an ihnen vorbei zur Toilette gingen, so tun, als ob sie nichts sahen und hörten. Bei diesem durch die Ziehharmonikatür dringenden Geflüster schlief Lea immer ein, obwohl sie zu gern etwas aufgeschnappt hätte. Wann der mitgebrachte Mann ging, wusste niemand, doch wenn Lea aufstand, war er meist nicht mehr da.

Die Nachbarn

Hinter der zweiten Tür im Korridor wohnte die Familie Lejkin: Frau, Mann und zehnjähriger Sohn. Der Mann, schmächtig, ein kleiner Angestellter, war nie zu Hause. Er redete schnell, unordentlich und mit jiddischem Akzent. Sie war, obwohl gar nicht so sehr dick, unförmig und behäbig, mit erschlafftem Körper und zu einer Masse zusammenfließenden Gesichtszügen. Ihre großen Augen blickten ständig verstört. Sicher dieser Verstörtheit wegen kam Madam Lejkina selten aus ihrem Zimmer, wenn sie in der Wohnung war, und schwieg immer, als befürchte sie, dass man sie zum Sprechen zwingen könnte. Sie arbeitete nicht, ging aber ständig irgendwohin. Oft brachte sie große Schachteln und Taschen angeschleppt. Olga Georgijewna erzählte ohne Neid, dass die Nachbarin von ihrer Schwester Pakete mit Kleidung aus Amerika bekam, von deren Verkauf die Familie lebte. In Amerika hatte Madame Lejkina Verwandte, die wegen der Pogrome noch vor der Revolution emigriert waren. Sogar solche rein schwesterliche Verbindung mit dem Ausland galt als große Sünde, das heißt, solange die Behörden es nicht mitkriegten oder aus irgendeinem Grund so taten, als ob sie es nicht merkten, wurden die Leute in Ruhe gelassen, aber niemand wusste, wie lange. Die Lejkins bekamen also diese Auslandspakete geschickt, lebten davon und zitterten vor Angst. Eine unglückliche, in ihrer Angst befangene kleine jüdische Familie war das, die von allen um die Pakete aus Amerika beneidet wurde. Niemand hatte je gesehen, dass sie ihnen nach Hause gebracht worden wären, die Lejkina holte sie immer selbst von der Post ab.

Ganz am Ende des Korridors lag links die Toilette mit trübem Licht, dafür aber mit einer Menge alter Zeitschriften und Zeitungen (nirgendwo las Lea so viel auf der Toilette wie hier), der Korridor selbst endete in einer rätselhaften Verbreiterung, in der undurchdringliche Finsternis herrschte, gleich links war da ein Waschbecken und rechts noch eine Tür. Die Birne über dem Waschbecken brannte ständig durch und wurde selten ausgewechselt. Tagsüber hatte man als Lichtquelle wenigstens noch den schwachen Lichtstreifen, der unter der dritten Tür im Korridor hervordrang. Wenn sich diese Tür öffnete, fiel für kurze Zeit Licht in die Ecke des Korridors, und dann konnte man sehen, dass alles mit Gerümpel voll gestellt war, mit Kisten voller Papier und einem Haufen alter Zeitungen und Zeitschriften.

Hinter dieser dritten Tür lebte die Familie Perelman: er mürrisch, klein, mit einem großen Buckel, sie groß, dünn, mit bösen, hervorquellenden dunklen Augen. Im Korridor gegenüber der Tür von Olga Georgijewna stand auf einer Kiste ein Petroleumkocher, auf dem Leas Mama kochte. Diese Perelmansche war so giftig und missgünstig, dass sie einmal, als Lea auf dem Petroleumkocher Borschtsch kochte, im Vorübergehen in den Topf ein Stückchen Seife warf. Leider bemerkte Lea das zu spät. Der Borschtsch schien bestens gelungen, aber als Lea den Topfdeckel hochhob, schlug ihr ein seltsamer Geruch entgegen. Und als er in die Teller gefüllt war, erwies er sich als ungenießbar, so sehr stank er nach Seife. Die Perelmansche war eine richtige Bestie, wenn auch nicht zu allem fähig, so doch zu vielem, und die Lejkins fürchteten sie nicht ohne Grund.

Einmal kam zu den Perelmans aus der Ukraine ein sehr hübscher junger Kerl mit feurigen schwarzen Augen zu Besuch. Lea verliebte sich beinahe in ihn. Nachdem er den Sommer bei ihnen verbracht hatte, verschwand er wieder. Das war ein Neffe aus Charkow, Ljowa Schulman, der sich zum Studium an der Militärakademie beworben hatte. Als er wieder weg war und Papa endlich eine neue Birne in dem dunklen Korridor eingeschraubt hatte, fand Lea in einem offenen Karton Ljowas zerfetztes Tagebuch. Was war diese Perelmansche doch für eine Giftschlange! Wie konnte sie einfach Ljowas Tagebuch wegwerfen!

Schwarzer Kaviar

Papa aß schwarzen Kaviar sehr gern, roten mochte er nicht. Eines Tages brachte er vom Büro in die Elendshütte in der Wrasheski-Gasse ein großes Zweiliterglas mit, bis oben gefüllt mit schwarzem Kaviar. Lea war gerade mit Papa allein zu Hause, Mama war auf Dienstreise, und außer ein paar Zwiebeln hatten sie nichts zu essen im Haus. Nicht einmal Brot. Sie machten sogar noch Witze darüber: »Nichts da, bleibt nur, am Hungertuch zu nagen!« Lea stellte sich das wörtlich vor: wie sie mit ihren Zähnen an einem Tuch nagt. Und sie lachte laut los. Es waren die ersten Nachkriegsjahre. 1946 war sowieso ein schlechtes Erntejahr, ein Hungerjahr. Lebensmittel gab es nur auf Marken, und selbst auf die bekam man nur Brot und vielleicht noch etwas Zucker.

Den Kaviar hatte Papa von einem Kollegen geschenkt bekommen, er war sein Partner beim Kartenspielen, ein guter Kumpel und gerade von einer Dienstreise aus Gurjew zurückgekommen, einer am Kaspischen Meer an der Mündung des Ural-Flusses gelegenen Stadt, wo man bei Wilderern ganz billig frischen schwarzen Kaviar kaufen konnte.

Der Kaviar war hervorragend. Papa und Lea schraubten immer und immer wieder den Deckel ab und schaufelten zuerst mit einem Teelöffel, dann mit einem Suppenlöffel den Kaviar heraus und aßen ihn pur, Brot hatten sie ja keins! Der Kaviar wurde immer weniger, aber er musste auch schnell aufgegessen werden, damit er nicht verdarb. Natürlich dachten sie an Mama und hätten ihr gern welchen übrig gelassen, aber bis zu ihrer Rückkehr waren es noch zwei Wochen, und an einen Kühlschrank war zu dieser Zeit noch nicht zu denken. So mussten sie sich also ranhalten und den Kaviar möglichst schnell mit Suppenlöffeln aufessen.

Als Mama zurückkam und von dem Kaviar erfuhr, war sie ganz erleichtert – Gott sei Dank hatten die beiden nicht gehungert ohne sie.

Die neue Lehrerin

Die neue Russischlehrerin betrat die Klasse, streifte alle mit einem flüchtigen Blick, trippelte in ihrem absonderlichen langen engen Rock zum Lehrertisch und schlug das Klassenbuch auf. Sie war recht eigenartig: eine eher hässliche, aber interessant aussehende junge Frau, klein und mager, mit kurz geschnittenen glatten schwarzen Haaren im Stil der zwanziger Jahre und großen leicht vortretenden grauen Augen. Ihr ungewöhnlicher polnischer Name – Shiwult – passte ganz gut zu ihrem Äußeren. Im Unterschied zu den anderen Lehrern redete sie die Schülerinnen mit »Sie« an.

Der Lehrerin fiel das kleine Mädchen mit den glatt nach hinten gekämmten, zu einem dicken Zopf geflochtenen Haaren gleich auf. Das betrachtete am ersten Tag die Lehrerin sehr aufmerksam, lauschte ihrer seltsamen, etwas fremd klingenden Satzmelodie und überlegte sogar, die neue Lehrerin könnte eine Ausländerin sein.

Als die Lehrerin einmal im Unterricht wie mit einem inneren Schauer den Namen Pasternak erwähnte, merkte Lea auf. Das war, als sie im Unterricht Goethes *Faust* behandelten. Die Lehrerin äußerte sich abschätzig über die neue *Faust*-Übersetzung und erzählte der Klasse von Pasternaks Übertragung, die in der neuen Goethe-Ausgabe aus irgendeinem Grunde durch diese neue, ihrer Meinung nach völlig stümperhafte ersetzt worden war. Einmal brachte sie sogar Pasternaks *Faust*-Übersetzung mit und las zum Vergleich einzelne Strophen aus beiden Ausgaben vor. Den Namen Pasternak hörte Lea zum ersten Mal – sie spürte, dass ihn eine Aura umgab, ein Geheimnis, etwas Verbotenes, so kam es ihr vor. Diese Lehrerin und der Name Pasternak prägten sich ihr fürs ganze Leben ein, obwohl sie damals noch nicht recht wusste, warum, in der Stimme der Lehrerin hatte sie einfach etwas Besonderes erspürt, eine innere Begeisterung, die die Lehrerin nicht laut zu äußern wagte.

Einmal ließ die Lehrerin die Klasse einen Aufsatz schreiben und stellte drei Themen zur Wahl: »Das Schaffen Alexander Fadejews«, »Die Gestalten der Bolschewiki in Scholochows *Neuland unterm Pflug*« und ein freies Thema. Lea wählte Letzteres: »Alexej Meressjew. Das Bild eines Sowjetmenschen«. Sie nahm dieses Thema, weil es nicht so langweilig war, vor allem aber, weil sie sich auf die anderen Themen nicht vorbereitet hatte. Sie wollte etwas Eigenes schreiben, nicht etwas, was sie gelesen und auswendig zu lernen hatte. Solch ein Mensch wie Meressjew, der an der Front beide Beine verloren und durch große Willenskraft mit zwei Prothesen wieder gehen gelernt hatte und sogar wieder Pilot geworden war, das begeisterte sie. In einem von Papas Heften aus dem Kriegspaket, denen mit Pappdeckel, die sie sorgfältig aufbewahrte, gab es noch ein paar leere Seiten, und darauf schrieb sie ihren Aufsatz über Meressjew. Nicht so, wie es in den Zeitungen stand, sondern auf ihre Art. Als Lea ihren Text noch einmal durchsah, gefiel er ihr. Ihr war, als hätte sie das alles in einem guten Buch gelesen. Sie verfiel sogar zu ihrer eigenen Überraschung auf eine List: Damit die Lehrerin nicht wusste, von wem der Aufsatz stammte, schrieb sie ihren Namen nicht aufs Heft.

Die Lehrerin betrat die Klasse, ging wie immer mit raschelndem Rock und klappernden Stöckelschuhen rasch zum Lehrertisch, holte aus ihrer alten schwarzen Ledertasche mit dem riesigen Metallschloss einen Stoß Hefte heraus und begann sie auszuteilen, wobei sie den Namen und die Zensur nannte, die sie mit einem Rotstift als große Zahl unter jeden Aufsatz geschrieben hatte. Lea wartete darauf, dass endlich irgendwo unten das schwarze Heft zum Vorschein käme. Die Lehrerin nahm ihr Heft in die Hand, schlug es auf, las das Thema vor, schaute sich die Zensur an und sagte zufrieden: »Eine Fünf«. Was die Bestnote war. Sie fing schon an, den Aufsatz zu loben, doch plötzlich hielt sie inne, als frage sie sich, wen sie da eigentlich lobte. Sie hob die Augen, blickte in die Klasse, dorthin, wo die beiden besten Schülerinnen saßen, und fragte: »Wem gehört das Heft, wer hat das geschrieben?« Aber aus dieser Ecke kam keine Antwort. Lea sagte leise: »Das ist mein Heft.« Die Lehrerin sah sie erstaunt an, presste die ohnehin schmalen Lippen zusammen und fragte: »Ihr Heft?«, so als könne sie es nicht glauben. »Ja«, sagte Lea. Und die Lehrerin reichte es ihr beinahe widerstrebend.

Im Frühling öffnete sich die verheilt geglaubte Kaverne, und Papa musste wieder zur Behandlung in die Tuberkuloseklinik. Mama fuhr erneut jeden Tag zu ihm – morgens zur Arbeit an das eine Ende der Stadt, nach der Arbeit zum Einkaufen ins Zentrum – nur dort war etwas zu bekommen –, dann zu Papa, ans andere Ende von Moskau. Nach Hause kam sie spätabends, völlig erschöpft. Aber zu Hause musste sie noch Papa für den nächsten Tag Essen kochen.

Auch Lea fuhr Papa besuchen.

Er trug wie alle in der Heilstätte Krankenhauskleidung. In der Hand hielt er, ebenfalls wie alle anderen, ein Glas mit Deckel bereit, in das er den grauen Auswurf spucken musste. Bei vielen war das Glas völlig grau, fast bis oben hin voll. Aber grauer Auswurf – das war schon nicht so schlimm, Hauptsache kein Blut.

»Heute«, sagte Papa und hustete zur Seite, »hab ich wenig Auswurf gehabt«, und er zeigte sein Glas, das zu einem Drittel voll war mit diesem von großen Koch-Stäbchen wimmelnden Schleim.

Und da ihm einfiel, dass TBC zu dieser Zeit noch als kaum heilbar galt, sagte er, seinen Worten größeres Gewicht verleihend und beinahe stolz: »Wennschon – dennschon: Tuberkulose ist die vornehmste aller Krankheiten! Man stirbt würdevoll: bei vollem Bewusstsein.« Er lachte über seine eigenen Worte, und dann unterhielt er sich gut gelaunt mit Lea.

Zum Glück ging auch diesmal alles gut aus. Papas Befürchtungen, die Krankheit könnte auf die Kehle übergreifen, bewahrheiteten sich nicht. Papa wurde operiert – ein Pneumothorax vorgenommen, das heißt, der kranke Teil der Lunge durch Lufteinfüllung zum Zusammenfallen gebracht und die Kaverne so verschlossen. Nach einem halben Jahr kam er wieder nach Hause in die Zweite Wrasheski-Gasse.

An einem Sonntagnachmittag

Es war Sommer, und es war Sonntag.

Es waren Ferien, und es gab keinen Unterricht.

Es gab eine Operation und einen Pneumothorax.

Papa war wieder da, ohne offene Kaverne.

Mama war da wie immer, und sie lebten zu dritt in einem Zimmer.

Nebenan war noch ein Zimmer, und dort lebte Olga Nikolajewna.

Es gab ein Bett und keine Tür.

Es gab sie und die Tochter.

Sie schickten sie spazieren.

Spazieren gehen war langweilig, und das Mädchen kam schnell zurück.

Olga Nikolajewna schälte Kartoffeln.

Sie sagte: »Geh wieder spazieren, mein Kind!«

Aber das Mädchen ging dickköpfig ins Zimmer.

Sie saßen wie aufgescheucht auf dem Bett.

Unter ihnen ein sehr weißes Laken.

Das Laken war gebügelt und hatte noch Falten.

Weiße Laken legt man nicht auf die Bettdecke, dachte das Mädchen.

Sie versuchten, sie nicht zu sehen.

Dann sagte Papa: »Geh noch mal spazieren, Töchterlein!«

Sie wollte nicht.

»Warum liegt auf der Bettdecke ein weißes Laken?!«

Dann ging sie doch.

Diesmal kam sie nicht so schnell zurück.

Fast ein Krimi

Papa hatte gerade die Tür hinter sich zugeworfen und sich auf den Weg zur Arbeit gemacht. Unter dem Fenster knirschten seine Soldatenstiefel auf dem Schnee, die er jetzt im Winter trug. Die Gasse stieg an, und Papa war gezwungen, langsam zur Straßenbahnhaltestelle zu gehen. Lea blieb allein zu Hause. Es war bereits zehn Uhr. Olga Georgijewna hatte fünf bis zehn Minuten vor Papa das Haus verlassen: Bei den Ministerialbeamten begann der Arbeitstag spät – um halb elf. Die Minister und ihr Apparat begannen mit der Arbeit, wenn Stalin erwachte, und hörten spät in der Nacht auf, manchmal erst gegen Morgen: Der große Führer des Volkes arbeitete nachts. Der Apparat ging nicht nach Hause und wartete: Am Ende braucht er dringend irgendwelche außerordentlichen Berichte.

Mama war wie immer schon kurz nach acht aus dem Haus zu ihrem Institut losgegangen. Lea hatte Ferien, und sie wollte sich in Ruhe ihre Bücher vornehmen. Die Wohnungsnachbarn verließen auch das Haus, endlich zog Stille ein.

Plötzlich klopfte es an der Haustür. Lea ging aus dem Zimmer, trat zur Tür und fragte: »Wer ist dort?« Eine unbekannte grobe Männerstimme verlangte: »Öffnen Sie!« Sie fragte noch: »Zu wem wollen Sie?«, und als sie keine vernünftige Antwort bekam und ihr bewusst wurde, dass sie ganz allein in der Wohnung war, beschloss sie, einfach nicht aufzumachen. Vor der Tür wurde es nach einiger Zeit ebenfalls still, aus den sich entfernenden Schritten schloss Lea, dass der Unbekannte wieder ging.

Am nächsten Morgen, nachdem Papa weg war, wollte Lea sich in der Schüssel den Kopf waschen und war schon dabei, ihre schönen langen Haare in das auf dem Petroleumkocher heiß gemachte Wasser zu tauchen, als es abermals klopfte. Diesmal ging sie nicht zur Tür, sondern zum Fenster und sah vorsichtig hinter dem Vorhang auf den Hof, bemüht, sich nicht zu verraten. Vor der Tür stand ein großer unbekannter Mann in Halbpelz und Fellmütze und trat ungeduldig von einem Bein aufs andere. Von Zeit zu Zeit warf er einen Blick zum Fenster hoch, hinter dem mucksmäuschenstill Lea stand. Lea erschrak sehr, ihr Herz pochte, der Magen zog sich zusammen wie damals in der Kindheit, als ihre Njanja Milizionäre mit ins Haus gebracht hatte. Ohne einen Laut von sich zu geben, wartete sie, was weiter käme. Nach einiger Zeit klopfte der Unbekannte wieder an die Tür, wartete, klopfte wieder und ging schließlich. Am nächsten Morgen kam er abermals und musste erneut unverrichteter Dinge abziehen. Diesmal rannte sie schnell von einem Fenster zum anderen und konnte beobachten, wohin er ging. Der Unbekannte steuerte auf ein großes schwarzes Auto zu, setzte sich hinein und fuhr weg. Offenbar war das der Fahrer. Das wiederholte sich noch zwei Tage. Das glänzende schwarze Auto kam schon vorher in die Gasse gefahren, aber »er« stieg erst aus, wenn Papa bereits um die Straßenecke bog. Einmal hatte Lea den Eindruck, dass der Mann nicht allein war, dass in seinem Auto noch jemand wartete. Natürlich erzählte Lea alles ihrem Vater.

Schließlich beschloss Papa, diese geheimnisvollen Besuche aufzuklären. Am nächsten Morgen verließ er das Haus schon etwas früher. Das schwarze Auto fuhr gerade in die Gasse ein und hielt diesmal dreißig Meter vom Eingang entfernt. Papa ging langsam an dem Auto vorbei und versuchte zu erkennen, wer darin saß. Als er fast hinter der Straßenecke verschwunden war, stieg diesmal ein anderer Mann in der Uniform eines Majors der Staatssicherheit aus und schritt wie immer auf die Haustür zu. Aber Papa war schnell zurückgekehrt, und Lea hörte, wie er direkt unterm Fenster mit energischer Stimme fragte: »Was suchen Sie hier? Zu wem wollen Sie?«

Der Major erwiderte, Oberst Sarkissow habe ihn wegen Lea Tschachmachtschewa hierher geschickt: »Oberst Sarkissow möchte sie zu sich einladen.«

Papa sagte so ruhig und streng, wie er konnte, wenn der Oberst etwas von seiner Tochter wolle, dann solle er sich an ihn wenden, den Vater. Und sie sollten aufhören, sie jeden Morgen zu belästigen! Er wartete noch eine Weile auf der Straße, bis der Major sich ins Auto gesetzt hatte und davongefahren war, stieg zu Lea hinauf, um sie zu beruhigen, und ging dann zur Arbeit.

Natürlich war Papa in diesem Moment nicht bewusst, welche nicht wieder gutzumachenden Folgen sein energischer Ton gegenüber dem Major des KGB haben konnte. Er wollte Lea schützen und setzte sich damit selbst jener Gefahr aus, die man »abholen« und »einsperren« nannte und der Millionen Menschen zum Opfer fielen. Einige Tage danach kam dieser Major noch einmal abends angefahren und sagte zu Mama (Lea war nicht zu Hause), morgen um acht Uhr abends käme Oberst Sarkissow zu ihnen. Er wolle Lea Tschachmachtschewa kennen lernen. Da legten sich Mama und Lea einen Plan zurecht, wie sie den Oberst empfangen wollten. Natürlich war das naiv von ihnen, aber sie beschlossen, dass Lea zunächst nicht aus dem Zimmer kommen würde, dann wollte man weitersehen. Als Oberst Sarkissow erschien, empfingen ihn Mama und Lida, Olga Georgijewnas Tochter, die Mama unterstützen wollte, im ersten Zimmer bei Olga Georgijewna am runden Tisch.

Mama hatte sogar Kuchen gekauft, um den Oberst zum Tee einzuladen. Der war eher klein zu nennen, noch nicht alt und sah recht intelligent aus. Als er sich an den Tisch setzte, nahm er seine graue Persianermütze ab und fragte Lida: »Sie sind Lea Tschachmachtschewa?« Sie antwortete: »Nein.« Mama stellte er diese Frage nicht. Aber Mama und Lida fragten ihn wie aus einem Munde, warum er sich so für Lea interessiere. Lea selbst saß währenddessen mucksmäuschenstill im hinteren Zimmer, konnte aber durch die besagte Ziehharmonikatür alles hören und zitterte vor Angst: Wie sollte sie auch nicht, wenn jemand vom KGB sie suchte! Der Oberst wollte seinerseits wissen, wo Lea sei und was sie mache. Mama erwiderte, sie studiere an der Universität. Mama hatte sogar für alle Fälle ein unschönes Foto von Lea herausgesucht, das sie dem Oberst zeigte.

»Die hier wollen Sie kennen lernen?«

Nachdem der Oberst einen Blick auf das Foto geworfen hatte, verabschiedete er sich auf einmal schnell und fragte noch dumm, ob die Studentin Lea nicht Lehrbücher und Hefte brauche, er wolle gern behilflich sein. Mit diesen Worten ging er, und die schwarze Limousine wurde nie mehr gesehen.

Eine absurde Geschichte, aber der Schreck saß ihnen in den Knochen. Ihr Hintergrund klärte sich kurze Zeit später.

Einige Zeit zuvor hatte Leas Cousine Galja bei ihnen gewohnt. Galja war damals fünfundzwanzig Jahre alt und umwerfend schön – nicht nur einfach schön, sondern von einer wie zur Schau gestellten Schönheit. Galja war groß und hatte eine Figur à la Sophia Loren. Wenn sie ging, verlieh die hohe Brust ihrem langsamen Gang die Geschmeidigkeit eines Schwans. Manchmal machte Lea mit ihr zusammen einen Spaziergang auf dem Arbat, das mochte sie sehr. Galja, ohnehin groß, schritt auf Stöckelschuhen in ihrem Schwanengang dahin und wiegte sich in den Hüften. Ihre dunklen tief liegenden Augen strahlten sanft und fröhlich, die leicht gelockten kastanienbraunen Haare, die in allen Goldtönen schillerten, umrahmten ihr Gesicht. Mit Lea schwatzend, ging sie mitten in der vom Leben niedergedrückten grauen Moskauer Menschenmenge so majestätisch und damenhaft, als wollte sie sagen: »Seht doch, wie schön ich bin!« Als ob sie der glücklichste Mensch auf der Welt wäre – im Leben wie in der Liebe. Alle drehten sich nach ihr um, und Lea war sehr stolz auf sie.

In Wirklichkeit war Galja ein Pechvogel, schon zu dieser Zeit befand sie sich, allein geblieben mit einer kleinen Tochter, ohne Mittel und Beruf, in einer sehr schwierigen Lage. Als Mama von einer ihrer Dienstreisen aus Baku zurückgekommen war, hatte sie Galja mitgebracht – andere brachten aus Baku schwarzen Kaviar mit, Mama aber Galja, damit sie in Moskau studieren und nach und nach ihr Leben langsam, aber sicher in Ordnung bringen konnte. Seitdem wohnten sie zu viert in dem kleinen Zimmer ohne Tür: Mama und Papa schliefen auf dem einen Bett, Lea und Galja auf dem anderen. Mit dem Studium klappte es bei Galja nicht, sie fand aber Arbeit in einer Redaktion. Ein Jahr später zog sie zu ihrem Cousin, wo sie die Hälfte eines kleinen Zimmers für sich hatte, was natürlich besser war als die Hälfte eines Betts in der Zweiten Wrasheski-Gasse. Trotzdem kam Galja sie oft besuchen, sie war für Lea so etwas wie eine ältere Schwester. Die ganze Zeit hatte sie bei ihnen ohne polizeiliche Anmeldung gewohnt, das heißt illegal. Eine Zuzugsgenehmigung für Moskau zu kriegen war schon immer schwer. Bald nach der Geschichte mit Oberst Sarkissow ergab es sich, dass Galja erzählte, wie ihr vor einiger Zeit ein

Oberst auf dem Arbat hinterhergelaufen sei. Einmal sei er ihr sogar auf die Post gefolgt, die sie aufsuchte, um ihrer Tochter ein Paket nach Baku zu schicken. Als Absender hatte sie die Zweite Wrasheski-Gasse draufgeschrieben. Ihre Adresse und Leas Namen! Der Oberst stellte sich hinter sie in die Schlange und sprach sie an. Da Galja aber nicht in Moskau gemeldet war, bekam sie einen Schreck, und irgendwie gelang es ihr, den Oberst abzuhängen. Jetzt war es klar: Natürlich hatte er Galja besuchen wollen, nicht Lea. Leas Vater entschied, Galja müsse vor diesem Sarkissow in Sicherheit gebracht werden. Vorläufig verließ sie Moskau.

Nach der Enthüllung der Verbrechen unter Stalin wurde bekannt, dass der Apparat des KGB und Oberst Sarkissow persönlich für Berija schöne Frauen und junge Mädchen »einfing«. Überall hielt man nach ihnen Ausschau, um sie mehr oder weniger gewaltsam für Orgien zur Verfügung zu stellen, die Berija (nicht ohne Beteiligung einiger anderer Mitglieder des Politbüros) veranstaltete.

Krasnaja Presnja

Nach etwa fünf Jahren erhielt Papa von seinem Betrieb statt der versprochenen Wohnung endlich wenigstens ein Zimmer, das etwas größer war als das bisherige, mit Küche und Bad – allerdings zur gemeinsamen Benutzung –, und es gehörte nicht mehr zu einer Gemeinschaftswohnung, sondern lag auf einem Gemeinschaftskorridor, was eine höchst ungewöhnliche Form des Zusammenlebens war.

Dieses Zimmer in Krasnaja Presnja, einem alten Moskauer Arbeiterbezirk, bekam Papa nur für zwei Jahre zugesprochen, solange die Inhaberin des Zimmers beruflich im Ausland war.

Das große zweistöckige Haus aus schwarz verfärbtem Backstein war ursprünglich von einem Moskauer Zuckerfabrikanten als Wohnheim für seine Arbeiter erbaut worden. Der düstere Bau stand nicht der Straße, sondern dem Hof, ja gleich mehreren Höfen zugewandt.

Im Erdgeschoss befand sich eine Kinderküche. Jeden Morgen brachten die Leute leere Fläschchen hierher, um sie gegen mit Kindernahrung gefüllte einzutauschen, weiß leuchtende mit Milch und Kefir oder rote mit dünner Grütze für ältere Kinder. Weiße Watte, mit der die Flaschen zugestöpselt wurden, ragte aus den Fläschchen und sollte die Menschen von der Sterilität des Inhalts überzeugen. Bereits von sechs Uhr morgens an sah man Mamas, Papas, Großväter und Großmütter herbeieilen und anschließend nach Hause laufen, um die Babys zu füttern und es noch pünktlich zur Arbeit zu schaffen. Diese »Kindernahrung« gab es auf ärztliches Rezept.

In den Wohntrakt gelangte man durch zwei Eingänge auf beiden Hausseiten. Eine breite Treppe führte in den ersten Stock. Dort befand sich ein sehr breiter Korridor, von dem links und rechts Türen in einzelne Zimmer führten, zum Teil auch in Zweizimmerwohnungen.

Ihr Zimmer war schmal und lang, mit einem Fenster zum Hinterhof hinaus, wo außer der Ausgabestelle von schneeweißen Kinderfläschchen noch der Müllplatz zu sehen war, zu dem nicht nur die Bewohner ihres Hauses mit ihren Mülleimern gingen, sondern auch die der benachbarten großen fünfstöckigen Gebäude und natürlich viele, viele herrenlose Straßenhunde. Sie wühlten lange im Müll, der oft einfach neben die Tonnen auf die Erde gekippt wurde.

Auch wenn es nur für zwei Jahre war, immerhin hatten sie nun ein abgeschlossenes Zimmer – in dem Sinne, dass sie jetzt vom Korridor direkt zu sich eintraten. Der Korridor war hell, er führte in eine geräumige Küche, und auf der anderen Seite der Küche lag noch ein Korridor mit acht Zimmern. In der Küche standen vier Gasherde mit sechzehn Flammen (eine Flamme pro Zimmer). Außerdem gab es neben der gemeinsamen Toilette ein großes gemeinsames Badezimmer mit drei Kabinen und zwei Waschbecken, das man abschließen konnte. In den Kabinen standen Wannen. Sie gingen mit Schlüssel, Handtuch, Seife und Zahnpasta dorthin. Es war hell und sauber.

Manche Bewohner waren schon vor ewigen Zeiten eingezogen, lange vor dem Krieg. Andere, wie sie selbst, waren erst seit kurzem hier. Besonders prägte sich Lea eine freundliche ältere jüdische Frau mit dunklen Augen ein. Diese Frau sprach Russisch mit starkem Akzent, aus irgendeinem Grund hatte Lea deshalb Mitleid mit ihr, der Akzent verriet sie als Jüdin. Wenn sie aus der Küche über den langen Korridor mit Hühnersuppe oder gefüllten Plinsen zu ihrem Zimmer ging, verbreitete sich überall ein wundervoller Duft. Diese Nachbarin verriet gern die Geheimnisse ihrer Rezepte. Einmal erklärte sie Lea, wie man Rote Bete für einen Salat am besten in der Schale kocht. Noch heute benutzt Lea dieses Rezept.

Einige Nachbarn traf Lea selten im Korridor, als wohnten sie gar nicht in dem Haus. Anderen wiederum begegnete sie so häufig, als ob sie nichts anderes zu tun hätten, als aus dem Zimmer in die Küche, zu den Nachbarn und wieder ins Zimmer zu gehen. Eine dieser Nachbarinnen war eine Frau mit schriller Stimme und einem Gesicht, das immer von fettiger Creme glänzte. Sie unterschied sich von allen anderen Frauen im Korridor. In einem geblümten Morgenrock ausländischer Herkunft, der vorn ständig aufging, mit Lockenwicklern im Haar und einem weißen Lappen auf der Stirn, der am Hinterkopf zusammengeknotet war – als hätte sie Migräne, in Wirklichkeit aber, um die Falten auf der Stirn zu glätten –, rannte sie ständig aus ihrem Zimmer – mal ins Bad, mal in die Küche oder einfach zu den Nachbarn. Sie lebte allein, war sehr gesprächig und auf ihre Weise freundlich. Es hieß, sie sei die Witwe eines Testpiloten, der bei einem seiner Flüge ums Leben gekommen sei.

Einige Familien mit Kindern hatten ihr Zimmer geteilt, wenn es die Größe des Raums zuließ, oder eine Zwischenetage eingebaut. Aber diese Trennwände und Zwischenetagen ergaben auch so keine Wohnung, ein Zimmer blieb ein Zimmer.

Wieder standen sich hier, wie in der Wrasheski-Gasse zu beiden Seiten des Fensters, zwei Betten gegenüber. Am Fußende des einen, gegenüber der Zimmertür, stellten sie den Schrank auf, der das Zimmer in ein Schlafzimmer und ein winziges Esszimmer teilte. Gleich vor die Tür passte recht und schlecht ein einfacher kleiner Tisch, an dem gerade drei Personen Platz fanden. Dieser Tisch war gleichzeitig auch Leas Schreibtisch, an dem sie lernte.

Im Vergleich zu dem Zimmer bei Olga Georgijewna lebten sie jetzt etwas besser. Sie besaßen einen eigenen Schlüssel – und sogar einen Schlüssel fürs Badezimmer. War das nicht ein wenig viel – gleich zwei Schlüssel?

Capriccios von Goya

Gern hätte sie den Traum zu Ende geträumt, aber es ging schon auf den Morgen zu. Lea erwachte allmählich im Zimmer in der Mantulinskaja-Straße. Sie lag in ihrem Bett, unter ihrer Decke, im Bett gegenüber, nur durch einen Stuhl von ihr getrennt, schlief Papa – er war gestern wie immer spät in der Nacht von der Arbeit gekommen. Papa schlief still, er gab keinen Laut von sich, nicht einmal sein Atmen war zu hören. Obwohl sie den Traum so gern zu Ende geträumt hätte, dachte Lea erleichtert: Gott sei Dank, ich bin zu Hause, und alles ist in Ordnung, wie immer. Der Traum war seltsam, schrecklich.

Lea hatte geträumt, sie sei in der Banja, wohin sie immer einmal in der Woche mit Mama gegangen war, als sie noch in der Wrasheski-Gasse gewohnt hatten. Bei der Suche nach einem freien Platz verirrte sich Lea mit ihrer Waschschüssel in einen riesengroßen Umkleideraum, der eher an ein Theater mit Balkon und Logen erinnerte. In diesen Logen saßen eigenartige Wesen mit Affenköpfen, aber ohne Fell, mit menschlichen Körpern. Als sie Lea bemerkten, kletterten sie zu ihr herunter, ohne sie anzuschauen. Einige trugen genau solche Schüsseln wie Lea, andere dicke Ordner. Sie waren nackt und sprangen affenartig schnell direkt übers Geländer. Sie bewegten sich verhalten, als ob sie etwas fürchteten. Lea fand, dass sie sich nicht menschlich benahmen, nicht würdig. Manchmal schrien sie etwas und rannten plötzlich aufeinander zu, aber die Worte waren nicht zu verstehen. Auf einmal erkannte Lea die Mitglieder des Politbüros! Man konnte deutlich den schnurrbärtigen und schweigsamen Mikojan sehen, die würdige Glatze des großen hüpfenden Kaganowitsch, Berija, der zwischen allen hin und her huschte, mit glänzender Brille in Goldfassung. Berija trägt aber doch einen Kneifer! – ging es Lea durch den Kopf. Molotow hielt ein Blatt mit einer Rede in der Hand und rannte plötzlich direkt auf Lea zu, ohne sie jedoch zu erreichen. Natürlich war auch Stalin dabei – ebenfalls nackt, aber mit Pfeife und dem Blick des Führers. Das war eine merkwürdige Sitzung des Politbüros, und sie dachte noch im Halbschlaf: Mein Gott, so sind sie also in Wirklichkeit!

Noch im Traum hatte Lea sich gefreut, dass sie die sonst so Unerreichbaren endlich einmal zu Gesicht bekam. Aber gleichzeitig erschrak sie – sie so gesehen zu haben, war gefährlich. Nicht sie war ermächtigt, die Führer zu entlarven. Dann wurde sie endgültig wach. Als sie sich überzeugt hatte, dass alles nur ein Traum gewesen war, dachte sie: Wie in den Capriccios von Goya. Sonderbar, aber erzählen darf ich das keinem. Für so einen Traum kann man schwer büßen.

Mama, der Agitator

Mama war ebenso wenig wie Papa in der Partei, nur in der Gewerkschaft, und das zählte nicht, denn in der Gewerkschaft waren alle. Um jedoch überhaupt eine Chance bei der Wohnungszuteilung zu haben, musste man »aktiv« am gesellschaftlichen Leben teilnehmen. So wurde Mama Agitator. Ein Agitator musste in seinem Bezirk die Teilnahme aller Bewohner an der bevorstehenden Wahl sichern, mit anderen Worten, er musste sich um die Wähler kümmern und sie überreden, zur Stimmabgabe zu gehen, und wenn jemand nicht wollte, ihn entweder zwischen den Zähnen zum Wahllokal schleppen oder die Urne zu ihm nach Hause bringen: Alle Wahlzettel mussten eingeworfen werden!

Mama wurde das Arbeiterwohnheim zugeteilt, in dem als Bauarbeiter nach Moskau angeworbene Leute vom Land und aus den Kolchosen lebten. Für sie war das eine Chance, der ausweislosen Existenz als Kolchosenbauern zu entfliehen.

Das Wohnheim war in einer langen niedrigen Baracke mit mehreren großen Zimmern untergebracht. In jedem durch bunte Kattunvorhänge in Parzellen aufgeteilten Zimmer lebten sechs bis acht, manchmal auch mehr Familien. Einige Männer waren zusammen mit ihren Frauen zum Arbeiten hergekommen, manche hatten es bereits geschafft, hier Kinder in die Welt zu setzen. So lebten sie hinter diesen Vorhängen nebeneinander. Eine Außenecke an der Wand, die nur einen Vorhang hatte, galt als die bessere Variante. Die Säuglinge schrien, die Erwachsenen stritten sich, und nach einem Besäufnis wurde es immer besonders »lustig«.

Wenn Mama in die Baracke kam, behandelten die Bewohner sie wie eine Vertreterin der Staatsmacht. Mama sollte für die Wahlkandidaten agitieren, doch die Sache endete damit, dass sie sich die Klagen der Arbeiter anhörte: Es tropfte durchs Dach, das Klo war verstopft oder die Heizung funktionierte nicht. Sie versuchte ihnen zu helfen, indem sie die Mängel weitermeldete. Die Leute beschwerten sich niemals darüber, dass sie in solchen Verhältnissen wohnen mussten, kamen gar nicht auf die Idee, ein eigenes Zimmer haben zu wollen. Sie hatten gewusst, worauf sie sich einließen, dass das der Preis dafür war, in Moskau wohnen zu dürfen und einen Personalausweis zu besitzen.

Mama verstand sich mit den Barackenbewohnern, die ihr versicherten, sie könne unbesorgt sein, ihr zuliebe würden sie zur Wahl gehen, obwohl die ihnen völlig gleichgültig war. Abends, nach der Arbeit, wenn »ihre« Wähler von den verschiedenen Baustellen hinter die Vorhänge zurückkehrten, ging Mama zweimal in der Woche in die Baracke – ein Glück, dass sie keine Wohnungen abklappern und jedes Mal dasselbe erzählen musste, sondern mit allen gleichzeitig reden konnte, wenn alle Vorhänge aufgezogen waren.

Stalins Begräbnis

Schon seit einigen Tagen wurde im Radio Trauermusik gespielt. Chopin, Beethoven, Tschaikowski. Der Sprecher erklärte nichts, es erklang nur immerzu Musik. Die Menschen hatten ihre Erfahrung damit und verstanden auch ohne Worte. Schließlich sagte Lewitan, Stalin sei schwer krank, und wohl erst zwei Tage später gab er es bekannt – Stalin war gestorben.

Am Tag der Beisetzung fielen in der Universität die Vorlesungen aus: Alle gingen zur Beerdigung, auch die, die nicht gehen mussten. Plötzlich hatte Lea einen freien Tag. Sie blickte aus dem Fenster auf die Straße. Der Tag war grau, alles sah aus wie sonst, aber es herrschte eine solche Stille, als ob die Straße stumm und taub geworden sei. Die grauen Bürgersteige und die grauen Häuser verrieten nicht, ob es Herbst oder Frühling war. Aber es war Frühling – März 1953.

Lea knabberte am Ende ihres dicken langen Zopfs – das tat sie immer, wenn sie nachdachte: Alle sind im Zentrum, beim Friseur muss man heute sicher nicht lange warten. Plötzlich hatte sie es eilig.

Außer zwei Friseuren, die sich langweilten und froh waren, dass sie keine Arbeit hatten, war tatsächlich niemand da. Im Radio berichtete Lewitan mit ebenso feierlicher Stimme, wie er die Siegesmeldungen von der Front verlesen hatte, er las einen vorbereiteten Text und erwähnte mit keinem Wort, dass im Stadtzentrum in dem entsetzlichen Gedränge Menschen umkamen. Der eine Friseur rief: »Njura, für dich!«

Lea setzte sich in den Sessel.

»Schneiden Sie mir den Zopf ab!«

Njura, eine junge, alt aussehende, füllige Frau, die selber nicht einmal den Anschein einer Frisur auf dem Kopf trug, nahm die Schere und näherte sich Lea.

»Abschneiden?! Wird Ihnen das nicht Leid tun?«

Sie gab ihr die Chance, es sich anders zu überlegen.

Der Zopf war dick, dunkelbraun und die Haare goldglänzend, das Zopfende kringelte sich, so dass der Zopf auch ohne Gummi nicht aufging.

Njura legte die Schere beiseite und löste den Zopf. Die Haare fielen Lea in Wellen auf den Rücken, reichten ihr fast bis an die Hüfte. Die Friseuse nahm sie in die Hand und schaute Lea wieder an.

»Ist doch schade! So schöne Haare.«

»Ich kann sie mir ja wieder wachsen lassen, wenn ich will.«

Njura seufzte.

So was, dachte Lea, ich bin doch eine Fremde für sie, und der Zopf gehört nicht ihr, aber sie seufzt. Vielleicht sollte ich ihn wirklich nicht abschneiden lassen?

Die Friseuse hatte den Zopf schon wieder geflochten und schnitt ihn ab – es wollte nicht gleich klappen, so dick war der Zopf. Doch dann fiel er auf den Boden. Njura hob ihn auf: »Wollen Sie ihn mitnehmen?«

»Nein, wozu?«

»Wie Sie wollen.«

Da tat es Lea plötzlich Leid, den Zopf so allein zurückzulassen. Und sie sagte: »Gut, geben Sie her, ich nehm ihn mit.«

Der Winter war noch nicht vorüber.

Stalin war noch nicht tot.

Die neuen Wohnsiedlungen existierten noch nicht, auch nicht Nowyje Tscherjomuschki, eines der ersten Chrustschow'schen Wohnviertel aus Stahlbeton, wo für die ersten Glücklichen ein Traum Wirklichkeit wurde: Endlich konnten die inzwischen erwachsenen Kinder mit ihren Familien aus den Zimmern ihrer Eltern in eigene Zimmer ziehen – und einige wenige sogar in eine eigene Wohnung. Später dann Millionen, die wie Lea und ihre Eltern vorher jahrelang in Gemeinschaftswohnungen gelebt hatten.

Es waren damals wirre und schreckliche Jahre: Die berühmtesten Ärzte des Landes sollten führende Persönlichkeiten der Partei und Regierung mit ihrer Behandlung vorsätzlich zu Tode gebracht haben. Alle diese Ärzte wurden eingesperrt, ihre Namen bekannt gemacht. Bei fast allen handelte es sich um Juden. Das war ein Signal: Die Hetzjagd auf jüdische Ärzte, von denen es nicht wenige gab, war eröffnet. Alle lasen in den Polikliniken und Krankenhäusern die Namenschilder an den Türen der Arztzimmer jetzt anders und wollten sich nicht mehr von Ärzten mit jüdischen Namen behandeln lassen. Und obwohl sie noch nicht abgeholt und eingesperrt waren, gingen bereits schreckliche Gerüchte über sie um und verbreiteten Angst. Allen war irgendwie klar, dass das der Beginn der Judenverfolgung war. Wurden früher die Juden als Kosmopoliten durch Rufmord ausgeschaltet oder stellte sich heraus, dass die überwiegende Mehrheit der so genannten Kosmopoliten Juden waren, empfand man das als nicht so schrecklich, denn es betraf nur einige Personen, und es waren ideologische, unblutige Attacken, für Kosmopolitismus allein wurde kaum jemand eingesperrt. Nun wurden die Ärzte aber einfach als Mörder bezeichnet.

Leas Mama arbeitete in einem Forschungsinstitut der Erdölindustrie, das in einem großen mehrstöckigen Gebäude untergebracht war. Mama kam von der Arbeit und sagte: »Ich habe nie gewusst und auch nie darauf geachtet, wer bei uns im Institut Jude ist. Und jetzt sprechen mich auf dem Korridor und auf der Treppe Kollegen an, die ich nicht kenne, und fragen, was aus uns wird.«

Tatsächlich ließ Stalin irgendwo hinter dem Polarkreis bereits Lager für Juden bauen.

Um diese Zeit gab es in Mamas Arbeitsstelle ein heftiges Gerangel um die letzten Wohnungen in einem mehrstöckigen Wohnhaus, das neben dem neuen Institutsgebäude gebaut wurde, in dem sie arbeitete. Wie satt sie es hatte, ewig zu dritt in einem Zimmer zu hausen. Schon vor ein paar Jahren hatte sie einen Antrag auf eine eigene Wohnung in dem neuen Haus stellen können. Es wurde zur einzigen Hoffnung für Leas Eltern, endlich aus dem ewigen Einzimmerleben herauszukommen. Außerdem lief die Nutzungsfrist des Zimmers in der Krasnaja Presnja ab, und danach würden sie glatt auf der Straße sitzen.

Die Listen der Wohnungssuchenden waren zusammengestellt worden, als die Bauarbeiter gerade erst das Fundament des künftigen Hauses legten. Aber es wurde nicht nur langsam, es wurde unerträglich langsam, etliche Jahre lang gebaut. Während dieser Zeit schrieb man die Listen mehrmals um. Anfangs hatte es so ausgesehen, als könnten alle auf dem Papier erfassten Bedürftigen versorgt werden. Als aber das Haus fast fertig war, stellte sich heraus, dass es weit mehr Menschen gab, die eine Wohnung brauchten, und weit weniger Wohnungen als gedacht. Ein bestimmter Teil an Wohnungen musste nämlich an die Stadt abgegeben werden, die gleiche Zahl ans Ministerium und noch ein gewisser Prozentsatz an die Bauarbeiter. So dass für die Mitarbeiter des Instituts noch weniger Wohnungen übrig blieben und ein erbitterter Kampf um jede einzelne von ihnen begann. Um eine abzukriegen, waren die Leute zu allem bereit. Die Listen änderten sich ständig – die einen wurden gestrichen, die anderen draufgesetzt, wieder ausgestrichen und wieder eingesetzt. Die Menschen lebten mit diesen Listen, sie wachten auf mit dem Gedanken daran und schliefen damit ein. Ursprünglich war Mama eine Dreizimmerwohnung versprochen worden – weil sie überhaupt noch keine Wohnung hatten. An einem der letzten Tage dann, direkt vor der Übergabe der Wohnungszuweisungen und dem Einzug ins neue Haus, wurde Mama erklärt, dass sie im besten Falle ein Zimmer in einer Gemeinschaftswohnung bekäme. Mama – einer einfachen wissenschaftlichen Mitarbeiterin, Jüdin, parteilos, lediglich Agitator bei ebensolchen Obdachlosen wie sie selbst – blieb jetzt keine Hoffnung mehr und keine Möglichkeit, noch etwas zu ändern. Leas Papa, seit ewigen Zeiten in der Erdölindustrie, beschloss, direkt zum Erdölminister zu gehen und ihn um eine Wohnung zu bitten. Das tat er ungern, aber es gab keinen anderen Ausweg. Als Termin beim Minister wurde ihm zehn Uhr abends genannt, doch der Minister empfing ihn erst um zwei Uhr nachts. Es war April 1953, Stalin war bereits tot, aber die Behörden arbeiteten immer noch nachts.

Das waren schwere Stunden für alle. Lea und Mama legten sich nicht schlafen. Schließlich kam Papa gegen vier Uhr früh nach Hause. Er trat mit gesenktem Kopf ins Zimmer, und es war noch nicht zu erkennen, welche Nachricht er mitbrachte. Schließlich berichtete er in allen Einzelheiten über sein Gespräch mit dem Minister, dieser habe zum Schluss zugesagt, dabei behilflich zu sein, dass Mama eine Zweizimmerwohnung bekäme.

Und Anfang April zogen sie tatsächlich in eine neue Zweizimmerwohnung – mit Küche, Bad, Toilette, Aufzug und sogar einem Müllschlucker und einer alten Frau im Parterre, die nach dem Rechten sah.

VII. UND DER ZUG RASTE IN DIE GELBE STEPPE …

Die Brigantine setzt die Segel

Eigentlich wollte Lea Ärztin werden, dazu fühlte sie sich berufen. Aber erstens gab es am Medizinischen Institut einen unerhörten Andrang – auf einen Studienplatz kamen zehn oder mehr Bewerber –, und zweitens verliebte sie sich plötzlich in die Geofak, wie die Eingeweihten sie kurz nannten – offiziell hieß sie Geographische Fakultät der Moskauer Staatlichen Universität –, natürlich in erster Linie wegen der Expeditionen in die entferntesten Ecken des großen Landes, in dem sie damals lebte. Andere Länder waren den Sowjetbürgern verschlossen, den Geographen, versteht sich, auch.

Die Romantik der Mühen und der Ruhm der Erstentdecker zogen sie an, obwohl für Letztere kaum noch weiße Flecken übrig geblieben waren. Allerdings hatte Lea bereits bei ihrer ersten Expedition – noch als Studentin – das Glück, beim Klettern durch Berge und Schluchten der Chibinen-Berge, die jenseits des Polarkreises liegen, wo es im Sommer die weißen Nächte gibt, auf einem von herabgesunkenem Nebel umwölkten Abhang, eine Pflanze zu entdecken, richtiger, ihre Blüte, die sie in diesem Gebirge als Erste fand.

Oleg war zwei Studienjahre über Lea. Sie trafen sich oft auf der Fakultätstreppe. Einmal sagte Oleg: »Wollen wir heute Abend in den Park?« – »Machen wir.« Sie trafen sich an der Metro und kamen im Park von Ismailowo an, als es bereits ganz dunkel war und man keiner Menschenseele mehr begegnete. Das war Leas erstes richtiges Rendezvous. Sie gingen, wer weiß, warum, nicht auf den Wegen, sondern durch Schneewehen, von einem Baum zum anderen. Aber in Filzstiefeln im Schnee einzusacken machte ihnen kindlichen Spaß. Der Schnee glitzerte mit winzigen Sternchen und spiegelte den dunklen klaren Sternenhimmel wider. Die Bäume waren ebenfalls voller Schnee, und wenn sie sich anlehnten, fiel ihnen Schnee in den Kragen. Das war unangenehm, aber auch zum Lachen. So gingen sie schneebestäubt spazieren, sahen einander in die Augen und wussten nicht, was sie sagen sollten. Schließlich habe nicht ich ihn eingeladen, sondern er mich, dachte Lea. Der Frost wurde, wie immer am Abend, stärker und zwickte sie schon in die Finger. Sie wollte nach Hause.

Schließlich trat Oleg unter einer hohen Kiefer ganz dicht an sie heran und fragte: »Darf ich dich küssen?« Darauf Lea: »Wozu?« Er war beleidigt. Schweigend gingen sie zum Ausgang. Erst jetzt begann sich Lea in diesem leeren abendlichen Park zu gruseln. Sie sagten einander nur »mach's gut«, Lea ging zur Metro, er rannte zur Straßenbahn, die gerade angefahren kam. Lea war weder gekränkt, noch bedauerte sie, dass sie sich nicht geküsst hatten. Sie dachte: Ich bin ja nicht mal in ihn verliebt. Zu Hause fragte Papa, wo sie gewesen sei. Lea erzählte, dass Oleg sie gefragt habe, ob er sie küssen dürfe, worauf Papa antwortete: »Dummkopf, das fragt man eine Frau doch nicht!«

Noch vor diesem Nicht-Kuss hatte Oleg Lea versprochen, dass sie im nächsten Sommer zusammen auf Expedition nach Jakutien fahren würden – der Traum aller Geographen: Ostsibirien, die Lena, ein gewaltiger Strom voller Geheimnisse, der Permafrost und ein Maximum an Schwierigkeiten. Aber nach diesem Rendezvous vergaß er sein Versprechen glatt, und als Lea im August in der Fakultät zufällig gefragt wurde, ob sie nicht in die kalmückische Steppe fahren wolle, sagte sie deshalb, ohne lange zu überlegen, zu. War doch klar – da bot sich ihr die Chance, schon nach dem vierten Semester an einer richtigen Expedition teilzunehmen, während die ganze Gruppe bloß zu einem Praktikum in das wenig aufregende Gebiet Kursk fuhr.

In dieser Zeit gab es die Kalmückische Republik bereits nicht mehr: Stalin hatte sie einfach aufgelöst, wenn man ein Land, und sei es noch so klein, überhaupt auflösen kann. Aber Stalin konnte es. Und auch das Wort »Kalmücke« war in Ungnade gefallen. Kalmücken gab es dort nicht mehr, sie waren innerhalb von vierundzwanzig Stunden aus ihrem Land vertrieben und irgendwo weit nach dem Osten der Sowjetunion umgesiedelt worden. Aber die Steppe war geblieben, abgemagertes Vieh, verlassene Lehmkaten – im selben Farbton wie die Erde, auf der sie standen, denn sie waren gebaut aus dieser Tonerde, vermischt mit Stroh und Mist –, von Hufen zertretene Weiden und noch ein bisschen russische Bevölkerung; in einem Gehöft trafen sie sogar eine armenische Familie an, die es Gott weiß wie in dieses verlassene Steppengebiet verschlagen hatte.

Eine Woche nachdem sie mit dem Zug am Expeditionsstützpunkt angekommen waren, hatte ihr Fahrer Grischa Tscharkin den alten Laster aus Moskau hergebracht. Grischa Tscharkin war das vierte Mitglied ihrer Expeditionsgruppe. Ein forscher Kerl, der es nicht mochte, wenn man »danke« zu ihm sagte: Dann entgegnete er unzufrieden: »Aus einem Dankeschön kann sich keiner einen Pelzmantel nähen!« Geld für ein Fläschchen Schnaps war Grischa natürlich lieber, er trank kräftig. In den Kreisstädten musste Sarja gut auf ihn aufpassen, damit er nicht in eine Saufsträhne verfiel.

Sie waren zu dritt in ihrer Gruppe: Sarja als Leiterin, Lelja und Lea. Sarja und Lelja waren ein paar Jahre älter als Lea. Zu dritt sollten sie drei Monate in dieser öden Steppe leben und arbeiten. Man hatte ihnen eine alte Schrottkiste als Laster mitgegeben, die mal ein SIS-5 gewesen war und bei der ständig die Kugellager laut klopften, bis sie ganz hinüber waren. Aber sie hielten ihre »Alte« in Ehren, sie soll noch eine »Frontkämpferin« gewesen sein! Oben, auf dem offenen Kasten, standen zwei riesige Benzinfässer – in der Steppe gab es natürlich keine Tankstellen –, eine riesige Milchkanne mit Trinkwasser und eine Kiste mit Proviant, geschützt mit einer Zeltbahn, eher vor dem Staub als vor Regen: Im Sommer regnet es in diesen Breiten nicht, erst zu Herbstbeginn setzen starke Regenfälle ein.

Ihren Proviant (Fleischkonserven, Grütze, Trockenkonzentrate) hatten sie aus Moskau mitgebracht, denn in den kleinen Läden der wenigen Kreisstädte wurde alles Mögliche außer Lebensmitteln verkauft. Allenfalls konnte man Salz, Streichhölzer und verdächtige Bonbons, selten Brot, Wodka und Wermut aus lokaler Produktion bekommen. So schuckelten sie mit ihrem Benzin, Wasser und Proviant, zwischen den Benzinfässern sitzend, durch die Steppe und führten ihre Forschungen durch. Die Streckenabschnitte waren lang, manchmal mehr als zweihundert Kilometer von einer Ortschaft zur anderen, tanken konnte man nur in den Kreisstädten, und die lagen noch weiter auseinander. Nachts machten sie tief in der Steppe Rast, legten ihre Schlafsäcke auf die Erde und übernachteten unter freiem Himmel. Sarja sagte, dass sie in dieser weiten Steppe gut geschützt seien vor fremden Augen. Lea hatte nie gedacht, dass sich in einer unansehnlichen Grassteppe, die um diese Zeit mit vertrocknetem Gras und Rolldisteln bedeckt, die uferlos war wie das Meer, mit einem Nachthimmel, an dem wie lebendig die Sterne aller ihr bekannten und unbekannten Gestirne funkelten, dass sich in dieser Grassteppe so viel Romantik und Schönheit verbergen konnten – man musste sie geradezu lieb gewinnen.

Sie klapperten die Steppenkolchosen ab, kartographierten die Vegetation, befragten alte Einwohner – sofern sie welche fanden –, um etwas über die alten Wasserquellen und die Winter- und Sommerweiden in Erfahrung zu bringen: Die Expedition wurde im Zusammenhang mit dem Bauprojekt für den Wolga-Don-Kanal durchgeführt, der zu Stalins »Großbauten des Kommunismus« gehörte.

Einmal, es war bereits im Oktober, auf einem langen Streckenabschnitt mitten in der Steppe, weit weg von allen menschlichen Behausungen und Kreisstädten – von der letzten Kreisstadt waren sie bereits hundert Kilometer entfernt, und die nächste lag noch weiter vor ihnen –, blieb ihr Laster liegen: Das Kugellager der Gelenkwelle war nun endgültig hinüber. Erst zwei Stunden später tauchte auf dieser gottverlassenen Straße ein altes Auto auf, und Sarja blieb nichts anderes übrig, als Grischa mit diesem Auto – allein! – in die nächste Kreisstadt nach einem neuen Kugellager loszuschicken. Sie warteten fünf Tage auf ihn. Am Morgen nach seiner Abfahrt erwachten sie unter Wasser: Es war Oktober, die Regenfälle hatten bereits begonnen, und die Zeltbahn, mit der sie sich zugedeckt hatten, war voller Pfützen. Trinkwasser war nur noch wenig da, der Proviant ging zu Ende, aber am Tag vor der Panne hatten sie in der letzten Kolchose einen ganzen Doppelzentner Wassermelonen gekauft, die jetzt als großer Haufen auf dem Laster lagen. Diese Melonen waren ihre Rettung: Sie teilten sie in der Mitte, aßen das Fruchtfleisch mit Teelöffeln und verzehrten sparsam das verbliebene Brot dazu. Als es zu Ende war und Grischa immer noch nicht kam, machten sich Lea und Lelja in die nächste Siedlung auf, die nach der Karte zehn bis fünfzehn Kilometer entfernt liegen musste.

Tatsächlich tauchte nach einiger Zeit am Horizont eine kleine Ansiedlung mit zehn Häusern auf. Sie gingen von Haus zu Haus und fragten, ob ihnen jemand ein bisschen Brot verkaufen könne. Einen Laden gab es hier natürlich nicht. Die Bewohner der Ansiedlung hatten ihr Brot vor einer Woche gekauft, und das war entweder schon aufgegessen oder ging zur Neige. Jemand zeigte auf ein Haus, das etwas besser aussah, hier backte man das Brot tatsächlich selbst, und die freundlichen Hausherren gaben ihnen einen halben Laib, ohne dafür Geld zu nehmen. In einem anderen Haus gaben sie ihnen statt Brot Eier, ebenfalls umsonst.

Völlig klar, dass Grischa Tscharkin in der Kreisstadt nicht von der Flasche losgekommen war. Das Geld, das Sarja ihm für das Kugellager mitgegeben hatte, versoff er gleich. Erst als er nach dem Suff in irgendeinem Graben zu sich kam, fiel ihm ein, weshalb er hier war und dass irgendwo in der Steppe sein Laster stand und man dort auf ihn wartete. Wie Grischa Tscharkin dann das Kugellager ohne Geld besorgt hatte, erfuhren sie nie. Sarja hatte schon überlegt, ob sie nicht selbst ins Städtchen laufen und Grischa suchen sollte, da tauchte er plötzlich abends auf der Straße auf. Er konnte kaum ein Bein vors andere setzen und war ganz zerknittert – das Gesicht ebenso wie die Kleidung. Man sah sofort, dass er irgendwo am Wegrand liegen geblieben war und seinen Rausch ausgeschlafen hatte. Aber nun war er da und hatte das Kugellager dabei. Er kroch unter den Laster, nahm die Gelenkwelle auseinander, wechselte das Kugellager aus, baute alles wieder zusammen, und sie fuhren weiter, sie konnten es selbst kaum glauben.

In diesem Sommer lernte Lea sehr viel und verliebte sich in die Steppe. Die Steppe war wie ein Meer, nur ohne Grund, und deshalb brauchte man keine Angst vor Meerestiefen zu haben. Nicht nur, dass die uferlose Steppe nichts Bedrohliches hatte, sie schien im Gegenteil bereit, einen jederzeit vor Gefahren zu beschützen.

Als Lea Anfang der Fünfziger, noch vor Stalins Tod, mit ihren Kommilitonen wieder nach Stalingrad kam und vom Moskauer Zug in die Vorortbahn umstieg, stand sie noch ganz unter dem Eindruck der Reise, der lustigen Studentenlieder, die sie unterwegs gesungen hatten: »Wo bist du nur, mein schwarzes Köfferchen ...«, »Vom Odessaer Kitschman« oder »Krambambuli«. Mit dem Singen und Lachen hatten sie schon in Moskau auf dem Kasaner Bahnhof angefangen und bis spät in die Nacht durchgelacht, bis sie einschliefen, und am Morgen war es weitergegangen bis Stalingrad. Als sie aus dem Zug stiegen, lachten sie immer noch, Lea huschte plötzlich, aber nur für einen Augenblick, der Gedanke durch den Kopf, dass sie hier ja mal gewohnt hatte. Nach Erinnerungen stand ihr jetzt jedoch nicht der Sinn. Nur als sie in den Vorortzug stiegen, um zu ihrem Stützpunkt zu fahren, notierte sie in Gedanken: Beketowka, Krasnoarmejsk, hier hab ich doch gelebt, bin ich zur Schule gegangen. Da war ich wohl zwölf.

Als Lea ein paar Tage später wieder in die Stadt musste, sah sie, dass das Zentrum von Stalingrad neu aufgebaut war, das heißt, an der Stelle, wo die alten zerstörten Häuser und Ruinen gestanden hatten, breiteten sich jetzt riesige Plätze aus, breite Straßen, große Denkmäler, ein Kaufhaus und noch einige wenige andere große Gebäude. Wohnhäuser schienen das nicht zu sein. Nach den soliden Haustüren und den Autos zu urteilen, die vor den Eingängen standen, waren alle möglichen hohen Behörden darin untergebracht, das Gebietskomitee der Partei, ihr Stadtkomitee, das Gebietsexekutivkomitee als oberste Verwaltungsbehörde und andere Macht ausübende Instanzen. Alles war monoton von der Sonne beschienen und rief keinerlei Emotionen hervor, geschweige denn Erinnerungen. Allein das Denkmal für die Verteidigung Stalingrads auf dem Mamai-Hügel erinnerte Lea eindringlich an den Krieg. Die Stadt selbst mit ihrem wieder aufgebauten Zentrum war ihr völlig fremd, alles in steingrauer Farbe – die verputzten Gebäude, der Asphalt, die Denkmäler. Es war Mittag und unerträglich heiß, die Luft unangenehm trocken. Da trat ihr plötzlich das Stalingrad von 1943 ins Gedächtnis, mit jenem frühen sommerlichen, noch nicht ganz hellen Morgen, mit dem von der aufgehenden Sonne rot gefärbten Himmel und den malerischen schroffen Silhouetten der zerstörten Häuser – ohne Menschen, aber voller Spuren eines jäh abgebrochenen Lebens, und der Mann fiel ihr ein, hinter dem her ihre Mutter und sie zum Bahnsteig des Vorortzugs getrottet waren.

Mein Gott, was haben sie in diesem Studentensommer gelacht! Sie waren alle neunzehn, hatten Ferien, in denen sie hier freilich arbeiten sollten, auch ihr Professor war dabei, aber es gab keine Prüfungen, und die Arbeit hatte noch gar nicht begonnen: Sie warteten auf die Lastwagen aus Moskau, mit denen sie in die Steppe fahren sollten, in Kreisstädte, Dörfer und kleine Ansiedlungen, wo ihre Expedition Feldforschungen durchführen sollte. Aber noch saßen sie im Stützpunkt in Krasnoarmejsk und genossen ihr sorgloses Leben. Sie gingen baden, einkaufen oder einfach spazieren. Und als endlich verspätet Jascha Arsch dazustieß – sie hatten zwar alle in der Schule Deutsch gehabt, kamen aber irgendwie gar nicht auf die Idee, über diesen Namen zu lachen, kugelten sich dafür gemeinsam mit Jascha vor Lachen über seine Witze –, verliebten sich alle Mädchen, eines nach dem anderen, in ihn, diesen nicht gerade großen lustigen Jungen mit dem Zottelkopf, der so ansteckend über sich selbst lachen konnte. Sie lachten über alles, was komisch war, und sogar über das, was nicht komisch war, und der Hund, der zu ihnen auf den Hof kam und den Ljoschka Bobik taufte, war auf einmal auch komisch.

Auf dem Weg zum Markt, in den Laden oder zum Baden mussten sie an einer großen Baustelle am Wolgaufer vorbei. Schon vor längerer Zeit war hier eine Baugrube ausgehoben worden, tief wie ein See. Jetzt hatte man Pfähle hineingerammt und Stahlkonstruktionen montiert, hier wimmelte es von Arbeitern, und aus der Ferne betrachtet, vermischten sich die länglichen Striche ihrer Körper mit den zum Himmel hochragenden, noch nicht mit Beton ausgegossenen Stahlkonstruktionen. All das lag hinter Stacheldraht, und Soldaten, die mit Maschinenpistolen auf Wachtürmen standen, ließen diese Menschen nicht aus den Augen.

Lea ging, manchmal mit einem Einkaufsnetz oder einem über die Schulter geworfenen Handtuch, einen rotbraunen Lehmweg entlang, zwischen ausgefahrenen Wagenspuren, durch fast oder ganz ausgetrocknete Pfützen, von denen ein rissiges Lehmhäutchen am Grund übrig geblieben war. Dabei warf sie jedes Mal einen kurzen Blick hinter den Stacheldraht. Dahinter geschah etwas, was eigentlich niemand sehen durfte, und das wusste damals jeder. Alle sahen es, aber das hieß noch nicht, dass es jeder sah. Darüber durfte nicht geredet werden. Das war ein fremdes Leben, obwohl jeder dort landen konnte. Man musste sehr rigide Verhaltensregeln einhalten, um nicht selbst hinter Stacheldraht zu geraten. Dennoch konnte Lea jedes Mal, wenn sie hier vorbeikam, nicht vermeiden, einen Blick in diese Richtung zu werfen, in diese verbotene Zone. Sie guckte schnell und verstohlen dorthin, damit es keiner merkte, und gab sich Mühe, ihren Schritt nicht zu verlangsamen und dennoch genau hinzusehen. Lea redete mit niemandem darüber, keiner tat das. Nur Ljoschka, der wusste, was in Wirklichkeit los war, sagte: »Kostenlose Arbeitskräfte, für einen gestohlenen Brotlaib, einen Liter Benzin oder einen erzählten Witz, oder für eine versäumte Liebeserklärung an den Genossen Stalin. Billige Arbeitskräfte für die ›Großbauten des Kommunismus‹.« Für einen aus Hunger gestohlenen Laib Brot wurde so ein armer Schlucker leicht zu fünf Jahren verurteilt, und so kam man hinter diesen Stacheldraht. Es war eine wahnsinnige Art, die benötigten Arbeitskräfte zu beschaffen, indem der Mensch zum Schuften gezwungen und damit sein Leben zerstört wurde.

Wenn Lea hinter den Stacheldraht blickte, auf diese Männer mit entblößtem Oberkörper, auf die braun gebrannten mageren Rücken – sie hatten jetzt die Farbe der Erde angenommen, die sie in der Baugrube aushoben –, hatte sie zwar Mitleid, aber ein Stück Brot hinüberzureichen oder ihnen wenigstens zuzulächeln – sie waren so nah, und ihre Augen flehten sogar darum –, das fiel ihr nicht ein, denn jeder wusste, dass einen das teuer zu stehen kommen konnte, dass man genauso ein Häftling werden konnte wie die. Dazu hatte man sie diesseits des Stacheldrahts abgerichtet.

Plötzlich fiel ihr jener Stacheldraht ein. Der unter dem Fenster des Hauses, in dem sie damals gewohnt hatte, ebenfalls hier, in Krasnoarmejsk, als deutsche Kriegsgefangene in zerschlissenen grünen Uniformen mit abgerissenen Schulterstücken hier arbeiteten und sie aus dem Fenster im fünften Stock eine Melonenschale nach ihnen geworfen hatte, eine Melonenschale, die die Gefangenen als Geschenk des kleinen Mädchens aufnahmen.

Seitdem ist Lea nie wieder in Stalingrad gewesen. Aber unlängst hat sie gelesen, dass nach dem Krieg Stalin vorgeschlagen worden sei, die Stadt als Ruinenfeld stehen zu lassen, als Denkmal für ihre Opfer. Diejenigen, die diese Idee hatten, hat er wahrscheinlich verbannen, wenn nicht erschießen lassen und angeordnet, Stalingrad neu aufzubauen: Einer Stadt, die seinen Namen trug, stand es nicht an, in Ruinen zu liegen.

Der weiße Pilz

Nichts war zu hören. Auf einmal stieg ein weißer Pilz wie aus dichtem Nebel in den Himmel auf und blieb in der Luft hängen. Das war weit weg, und Lea dachte zuerst an eine optische Täuschung: Vielleicht bildete sie sich nach zwei Monaten klaren blauen Himmels ein, plötzlich die ersehnte Wolke an ihm zu entdecken? Doch das war keine Wolke. Und der sympathische gesprächige Alte mit der kleinen Schirmmütze und den zwei verfaulten und so dunklen Zähnen, als wären sie verrostet, der Lea gegenübersaß und ihren nach oben gerichteten Blick gewahr wurde, beschattete die Augen mit der Hand, spähte irgendwo hinter die Sonne und sagte: »Das ist nicht das erste Mal.«

Der weiße Pilz stand noch lange am Himmel, und je verschwommener seine Umrisse wurden, desto geheimnisvoller sah er aus. »Wegen dieser Explosionen« – der Alte blickte nicht mehr nach oben und winkte ab, als sei der Pilz etwas ganz Normales und Unausweichliches –, »wegen dieser Explosionen werden wir jetzt umgesiedelt«. Die Explosion war so weit entfernt, dass sie nicht einmal den Donner der Detonation hören konnten. »Angeblich soll hier ein Versuchsgelände hinkommen.«

Erst jetzt fiel Lea der nicht weit vom Haus gezogene Stacheldraht auf, der bald auch das Haus des Alten einbeziehen würde.

Der Mann war ein Alteingesessener, den Lea mühsam ausfindig gemacht hatte, um sich von ihm alles erzählen zu lassen, was er von dieser Region wusste, was in keinem Plan stand, in keiner Karte und keinem Buch. Sie saß an diesem frühen Mittag neben ihm auf der Bank vor seinem Häuschen mitten in der endlosen Steppe, befragte den Alten und beeilte sich, alles aufzuschreiben.

Diese stille Explosion war Lea irgendwie unheimlich. Dieser über der Steppe hängende riesige Pilz, der keinen

Schatten warf, erschien ihr jetzt gefährlich. Der Alte blieb auf der Bank sitzen – wohin sollte er auch? –, sie aber beeilten sich, hier wegzukommen. Obwohl sie damals noch nicht genau wussten, wovor sie flohen.

Als sie losfuhren, sahen sie vom Lastwagen aus noch einmal den Pilz – ob immer noch der erste in der Luft hing oder ob er schon von einer zweiten Explosion herrührte, erfuhren sie nie. Aber die Strahlen der sich unterdessen schon neigenden Sonne färbten ihn leicht rot, und nun sah er noch geheimnisvoller und gefährlicher aus.

Am Abend erreichten sie Kapustin Jar. Die Stadt war den anderen Kreisstädten an der Wolga völlig unähnlich – voller Soldaten, Offiziere, Autos und Armeelastwagen.

Irgendwie war ihnen wieder bange zumute. Sicher haben sie uns nur aus Versehen durchgelassen, haben nicht damit gerechnet, dass sich hierher, ans Ende der Welt, noch andere Menschen verirren könnten, dachte Lea. Bemerkt zu werden war gefährlich – unerwünschter Zeugen entledigte man sich damals physisch, ohne viel Federlesens.

Zum Übernachten blieben sie nicht hier, sie benutzten lediglich die Soldatendusche und verdrückten sich ohne Abendbrot und ohne auf die bereits hereingebrochene Dunkelheit zu achten, so schnell sie konnten, in die Steppe.

Das war im Sommer 1951.

Shenja

Lea erinnert sich nicht mehr, wie es kam, dass sie sich mit Shenja anfreundete. Shenja war das genaue Gegenteil von ihr, äußerlich sehr zurückhaltend, strebsam, mit erstaunlich dichtem und hartem blondem Haar. Sie waren glatt nach hinten gekämmt und zu einem dicken schönen Zopf geflochten. Lea hatte auch einen Zopf, nur war der dunkel und aus weichem Haar. Sie lachten beide sehr, sehr viel, jede auf ihre Art. Shenja hatte eine stille, leicht gedämpfte Stimme, und genauso still und gedämpft war ihr Lachen. Lea dagegen lachte laut, ja ohrenbetäubend, ohne jede Hemmung. Mama sagte zu Lea: »Du lachst wie ein Mann.« Aber Lea hätte noch lauter gelacht, wenn sie gekonnt hätte, um noch mehr Spaß zu haben.

Shenja war eine ausgezeichnete Studentin und bereitete sich systematisch und ausdauernd auf die Prüfungen vor. Jedes Mal kam sie seelenruhig aus dem Prüfungszimmer – zu der Zeit hatten sie nur mündliche Prüfungen, schriftlich waren nur die Semesterarbeiten –, und als alle zu ihr stürzten – was sie übrigens auch bei den anderen taten – und ihr die entscheidende Frage stellten: »Note?«, sagte sie: »Fünf«, ganz bescheiden, mit leiser Stimme, fast als wäre sie sich selbst nicht ganz sicher.

Lea dagegen kam wie eine Pistolenkugel aus dem Raum geschossen und freute sich einfach, dass sie die Prüfung hinter sich hatte. Die Zensur war ihr völlig egal – Hauptsache, sie hatte bestanden, ganz egal, wer sie gefragt hatte und wie, sie hatte Glück mit der Prüfungsfrage gehabt und sie zu beantworten gewusst.

Beide konnten sie endlos über alles auf der Welt reden, ihre eigenen Schwächen eingeschlossen. Sie vertrauten einander, verstanden sich, hatten den gleichen Sinn für Humor, und nicht eine Sekunde langweilten sie sich zusammen. Ewig hatten sie etwas zu lachen, sie lachten Tränen, alles fanden sie lustig.

Morgens trafen sie sich im Hörsaal, setzten sich nebeneinander und redeten und lachten von der ersten Vorlesung bis zur letzten – Lea natürlich laut, Shenja hingegen mit ihrem gedämpften Lachen, leise kichernd. Aber selbst das war ihnen zu wenig. Wenn sie nach den Vorlesungen zusammen nach Hause gingen – eigentlich mussten sie ja in verschiedene Richtungen –, konnten sie ihr Gespräch einfach nicht abbrechen und sich trennen. Deshalb begleitete Shenja zunächst Lea – kein Frost oder Schneematsch störte sie –, und wenn sie fast schon Leas Haus erreicht hatten, stellte sich heraus, dass sie noch nicht alles besprochen hatten, sondern gerade an der interessantesten Stelle angekommen waren. Sie machten kehrt, und Lea ging mit zu Shenjas Metrostation. Oft wiederholte sich dieses Hin und Her mehrere Male. Schließlich kam die völlig durchgefrorene und ausgehungerte Lea nach Hause und stürzte sich auf den großen Topf mit Borschtsch, den ihre Mama vorgekocht hatte. Lea war so hungrig, dass sie die Suppe kalt hinunterschlang. Mamas Borschtsch schmeckte so gut, dass Lea bis zum Abend einen halben Topf aufessen konnte. Wenn nur noch ein Rest im Topf war, aß sie den Borschtsch ohne Teller direkt aus dem Topf.

Lea und Shenja sprachen über Geographie, über Theater, Politik, über die Jungen aus ihrem Studienjahr, über

Valja Michejewa, die wesentlich älter wirkte, als sie war, und vor allem über die älteren Kommilitonen, die interessierten sie besonders. Sie sprachen über die Professoren, die Eltern und über Shenjas Bruder. Lea hatte keine Geschwister. Deshalb machte sie ihre Cousins und Cousinen zum Gesprächsthema. Shenja kam eigentlich aus einer sehr konservativen Familie. Bei Lea zu Hause dagegen ging alles höchst demokratisch zu. Einmal gab Lea eine Familienwandzeitung heraus, in der sie kritisierte, wie schlecht Mama mit dem Haushalt zurechtkam. Das erzählte sie Shenja. Und Shenja ihrer Mama. Und die sagte missbilligend: »Na so was!«

Shenja war kein Komsomolmitglied, aber beide interessierte nicht im Geringsten, wer von ihnen im Komsomol war und wer nicht. Lea war vierzehnjährig bedenkenlos mit dem allgemeinen Strom in den Komsomol eingetreten. Das kam auch nicht von ungefähr in diesem System: Kinder mit vierzehn Jahren in den Komsomol zu »treiben«, wenn sie sich selbst noch kein Urteil bilden können. Dann ist es zum Bedenken zu spät, das Leben bewegt sich in ausgefahrenen Gleisen, auch der Komsomol kann Nutzen bringen – wir tun es den anderen gleich, da kann es keine Probleme geben. Shenja wurde in diesen Kinderjahren irgendwie übersehen und nicht in den Komsomol »getrieben«, später aber dachte und wusste sie schon zu viel.

Shenja erzählte Lea, es sei kein Zufall, dass sie nicht im Komsomol sei, sie habe ganz bewusst nicht eintreten wollen. Das allein wurde damals als an ein politisches Verbrechen grenzendes Fehlverhalten gewertet. Ein noch größeres Verbrechen aber waren die Gründe ihres Sichverweigerns: Sie war nicht einverstanden mit der Politik der Partei in den Fragen des Kosmopolitismus – unter dieser Losung wurden Ende der vierziger, Anfang der fünfziger Jahre namhafte jüdische Intellektuelle verfolgt –, sie wollte nicht mit denen im Bunde sein, die eine Hetzjagd auf Wissenschaftler, Schriftsteller und Dichter veranstalteten. In ihrer Seminargruppe wusste einstweilen jedoch nur Lea von ihren Ansichten. Bald beklagte sich Shenja bei Lea, dass man sie bedränge, in den Komsomol einzutreten. Anfangs tat sie ihre Ansichten nicht lauthals kund, um die Werbung abzulehnen, sondern erzählte den Komsomolfunktionären in der Fakultät in allgemein gehaltenen Worten, sie sei nicht reif genug für solch einen Schritt, wenn sie eintrete, dann aus Überzeugung.

Das geschah in den frühen fünfziger Jahren, in den schlimmsten Jahren des Stalinismus. Der Stalin-Kult war nicht nur unerschütterlich, er blühte immer mehr auf, und wer weiß, welchen Höhepunkt er noch erreicht hätte, wäre Stalin nicht »rechtzeitig« gestorben. Stalin war dabei, in einen Altersmarasmus zu fallen, der schon bei einer Andeutung von Andersdenken zu extrem grausamen und vielfältigen politischen und physischen Repressionen führte. Jegliches Andersdenken wurde so gründlich mit der Wurzel ausgerottet, dass es so etwas wie Dissidenten damals nicht gab. Es gingen Gerüchte um, mal an der Geologischen, mal an der Historischen Fakultät seien Leute verhaftet worden, weil sie andere Anschauungen vertraten, und alle begriffen, in welch gefährlicher Zeit sie lebten.

Im Oktober trafen sich die Geographen in der Fakultät wieder – alle waren von ihren Expeditionen zurückgekehrt –, bis auf die Verwegensten, die noch in den nördlichsten Gebieten Sibiriens unterwegs waren. Aus Jakutien kam man immer als Letzter zurück. Die ersten Tage, als alle noch unter dem Eindruck des weit weg von der Geofak Erlebten standen, waren stürmisch. Dann fing der Semesteralltag wieder an, mit den ersten Klausuren. Lea und Shenja dachten schon, die Geschichte mit dem Komsomol sei vergessen.

Aber da hatten sie sich getäuscht! Die Komsomolfunktionäre meldeten sich erneut bei Shenja, ob sie jetzt nicht doch in den Komsomol eintreten wolle. Natürlich war in dieser Phase nicht mehr nur ihre Seminargruppe in die Geschichte verwickelt, sondern das ganze Studienjahr, ja die gesamte Fakultät, Gerüchte gingen um, die eine gewisse Gefahr in sich trugen: Das war doch unerhört – nicht in den Komsomol eintreten zu wollen! Das wurde als antisowjetische Haltung gewertet und konnte, wenn man es wollte, als antisowjetische Betätigung qualifiziert werden, dafür bekam man eine hohe Strafe aufgebrummt, dafür musste man mit dem Paragraphen 58 »Vaterlandsverrat« des Strafgesetzbuches büßen. Und Lea konnte man wegen Beihilfe, weil sie die Sache nicht rechtzeitig gemeldet hatte, gleich mit einsperren.

Zu Shenja nach Hause wurden aus der Seminargruppe Anja (ihr Vater war Rektor der Parteihochschule) und Ira (deren Vater entweder stellvertretender Minister oder Minister war) geschickt, damit sie mit ihr redeten und ihr auseinander setzten, womit sie nicht Recht habe. Als

Shenja den Kosmopolitismus vorbrachte, der von der Partei in den Rang eines Verbrechens erhoben worden sei, die unter diesem Deckmantel betriebene Judenverfolgung, wunderten sie sich sehr, wahrscheinlich sogar aufrichtig, und sagten: »Und Ilja Ehrenburg und Lewitan?« Sie begriffen offenbar tatsächlich nicht, was vor sich ging. Galja sagte: »Wie kannst du mit solchen Ansichten in den Marxismus-Seminaren zur nationalen Frage mitarbeiten?«

Schließlich beschloss Shenja doch – alles sah schon sehr gefährlich aus –, in den Komsomol einzutreten. Es wurde eine Komsomolversammlung der Seminargruppe einberufen, die ihrem Antrag zustimmen sollte.

Obwohl es eine Gruppenversammlung war, wurde sie vom Komsomolorganisator des ganzen Studienjahres geleitet, Shora, der den Krieg als Frontsoldat mitgemacht hatte, einem außerordentlich erfahrenen, klugen und anständigen Kerl. Er fragte nach der Meinung der Gruppe. Die meisten schwiegen sich aus. So einfach schweigen wie die anderen konnte Lea nicht. Lea stand auf und sagte – ganz spontan, sehr emotional und sicher unklug –, was sie von Shenja hielt. Sie sagte, Shenja sei ein sehr guter Kamerad, ehrlich und prinzipienfest, daher komme ihre aufrichtige Haltung zum Komsomol. Lea sprach nicht lange, und als sie alles zu Shenjas Verteidigung gesagt hatte, was ihr einfiel, setzte sie sich mit dem Gefühl, dass sie etwas Gutes und Wichtiges auch für sich selbst getan habe. Sie war dieses Mutes wegen sogar ein bisschen stolz auf sich. Außer Lea und einem anderen Mädchen, Dema, sagte niemand aus der Gruppe etwas.

Shora schlug vor, Shenja vorläufig noch nicht in den

Komsomol aufzunehmen. Er sagte, es sei notwendig, dass sie zunächst einmal gesellschaftliche Aktivität entwickele – damit sie das, was sie noch nicht begriffen habe, verstehen lerne. Später dann werde die Gruppe erneut über ihren Antrag beraten. Nun sollten alle abstimmen. Lea stimmte dafür, Shenja sofort in den Komsomol aufzunehmen. Dema enthielt sich der Stimme, und alle anderen stimmten dagegen, das heißt für die Verschiebung der Aufnahme um ein halbes Jahr.

Als dann auf dem Nachhauseweg über diese ungewöhnliche Versammlung gesprochen wurde, sagten manche, die sich für sehr erwachsen und politisch erfahren hielten, es sei gut, dass die Gruppe dagegen gestimmt habe. Wenn sie dafür gestimmt hätte, dann könnte die ganze Seminargruppe als konterrevolutionär in Sibirien landen. Von wegen die Gruppe! In erster Linie hätte es Shenja erwischt, und mit ihr möglicherweise auch Lea.

Aber das Verwunderlichste an dieser Geschichte war, dass es niemanden erwischte – obwohl zumindest die ganze Fakultät davon betroffen war. Nach der Versammlung bestellte Ljowa, der damalige Komsomolsekretär der Fakultät, Shenja zu einem Gespräch, und damit war die Sache beendet. Wie viele Spitzel und Denunzianten wird es an der Fakultät damals gegeben haben, aber niemand hat Shenja verpfiffen. Dass niemand sie denunzierte, das muss man immer wieder betonen, sich darüber wundern, sich freuen, ja begeistern – denn ein solcher Ausgang war damals eine große Ausnahme: Funktionäre, die nicht denunzierten, brachten sich selbst in Gefahr. Nach den

Stalin'schen Normen waren sie verpflichtet, alles Verdächtige an entsprechender Stelle zu melden.

Shenja arbeitete an der Fakultätswandzeitung mit, schrieb einen Vortrag über die »Großbauten des Kommunismus« und hielt ihn dort, wo man sie hinschickte – in Gefängnissen, Berufs- und Fachschulen.

Dann nahm die Gruppe im fünften, dem letzten Studienjahr – bereits nach Stalins Tod – Shenja in den Komsomol auf, ohne ihr noch irgendwelche Fragen zu stellen.

Bischbarmak

In die kasachischen Kolchosen reiste Lea allein. Nach einem Arbeitsgespräch und der Besichtigung lud sie der Kolchosenvorsitzende Karim zu sich ein. Auf dem Weg kamen sie an merkwürdigen weißgrauen Hügeln von zwei Metern Höhe vorbei, die zwischen den Wirtschaftsgebäuden lagen. Aus der Nähe erkannte Lea, dass es nackte und vom Wind getrocknete Schafsschädel waren. Karim erzählte, dass jedes Jahr wegen Futtermangel viel Vieh verhungere, in diesem Winter nun seien ganze Herden wegen der Vereisung eingegangen. Die Schafe, die es gewohnt seien, die leichte Schneedecke aufzuscharren, um an das vertrocknete Gras heranzukommen, hätten es mit ihren Hufen nicht geschafft, das Eis aufzuschlagen. »In diesem Jahr«, sagte Karim, »gibt es praktisch keine Schafe mehr in der Kolchose.«

Am Lehmhaus des Vorsitzenden angekommen, trat

Lea ein. Das Licht fiel durch die offene Tür auf einen riesigen dunklen Deckel von etwa einem Meter Durchmesser. Der Deckel war voll alter angetrockneter Essenreste. Er schien direkt auf dem Boden zu liegen, bedeckte jedoch einen riesigen gusseisernen Kessel, der beinahe vollständig in die Erde eingegraben war. Vor dem Kessel saß eine Frau und kochte Tee. Als Leas Augen sich etwas an die Dunkelheit gewöhnt hatten, sah sie, dass es in der Hütte praktisch keine Möbel gab, dafür aber viele Teppiche, Tagesdecken und bunte Decken und Kissen. Die Fenster waren vollständig verhängt, damit kein einziger Strahl der heißen Sonne die vom Erdboden mit den darüber verstreuten Teppichen und Kissen ausgehende Kühle beeinträchtigte. Rechts, in der Tiefe des Raums, war eine Erhöhung, wahrscheinlich ebenfalls aus Lehmziegeln gemacht, bedeckt mit einem roten Überwurf, darauf aufgeschüttelte Seidenkissen. Weitere Kissen lagen für die Gäste um den Kessel herum verteilt. Karim hatte Lea nämlich zu einem Bischbarmak eingeladen – einem traditionellen kasachischen Gericht aus dem Fleisch eines frisch geschlachteten jungen Lamms: Sie war für ihn, den Kolchosenvorsitzenden, ein wichtiger Gast aus Moskau.

Die Hausherrin hob den Deckel ab, und das fette Fleisch, das in einer heißen sämigen Brühe schwamm, weckte in Lea keinerlei Verlangen. Aber um den Gastgeber nicht zu kränken, musste sie ein Stück Fleisch mit den Händen aus dem Kessel holen und zum Mund führen. So schrieb es der Brauch vor. Lea saß, die Ellbogen in die Kissen gestützt, und dachte: Fast alle Schafe in der Kolchose sind umgekommen, nachher muss ich wieder an den Bergen von Hammelschädeln vorbei. Wo haben sie denn dieses Lamm her? Aber Karim lächelte nur, war gastfreundlich und bot Lea sogar an, von Moskau in seine Kolchose zu übersiedeln.

Während sie den Bischbarmak aßen, hatte der Tee schon gezogen, und Karims Frau reichte ihnen breite Tassen mit dem dunkelgoldenen, duftenden Getränk. In jede Tasse goss sie noch ein Tröpfchen frischer süßer Sahne. Diesen Tee tranken sie, wie es der Brauch vorschrieb, mit einem Zuckerstückchen im Mund. Wohl noch nie in ihrem Leben hatte Lea so aromatischen und schmackhaften Tee getrunken.

Dieses Mal war es also die kasachische Steppe, Westkasachstan. Eine Expedition des Geographischen Instituts der Akademie der Wissenschaften. In diesem Jahr hatte sich Lea in Stalingrad von ihrer Studentengruppe getrennt und war allein nach Kasachstan gefahren, wo sie einige Wochen selbständig Feldforschungen durchführte, um dann mit dem Material ihre Diplomarbeit zu schreiben.

Die Kasachen hungerten. Früher hatten sie an die Natur angepasst gelebt und waren mit ihrem Vieh von einer Weide zur anderen gezogen. Jetzt zwang man ihnen von oben einen für diesen Boden untauglichen Ackerbau auf, der die besten Weiden verschlang und doch keine Ernte brachte, und auch Vieh sollten sie mehr züchten, als die dafür geeigneten Weiden hergaben. Deshalb war die Weidewirtschaft heruntergekommen, für den Notfall fehlte das Futter, und das Massensterben des Viehs brachte die Leute um ihren Verdienst. So mussten sie denn hungern (das Lamm des Kolchosenvorsitzenden konnte nichts daran ändern) und wurden von der Tuberkulose dahingerafft. Nur den Tee versagten sie sich nicht. Das war ihr Hauptnahrungsmittel.

Lea lud alle, denen sie hier begegnete, zu sich nach Moskau ein und gab ihnen ihre Adresse. Als sie wieder zu Hause war und es erzählte, bekam ihre Mutter einen Schreck: In ihr kleines Zimmerchen würden jetzt ganze Heerscharen von Gästen aus der kasachischen Steppe strömen! Aber Lea beruhigte sie: »Sie sind gewohnt, auf der Erde zu schlafen, und ihren Tee trinken sie auch mit Vorliebe auf dem Boden. Wir müssen nur viele Kissen hinlegen.« Ein ganzes Jahr wartete Lea auf die Gäste, aber niemand kam.

Bald schloss sie sich wieder ihrer Gruppe an.

Chabib, ihr Fahrer, war ein fröhlicher Mann. Wodka trank er nicht, lachte aber dafür viel. Lea lachte zusammen mit ihm, und deshalb freundeten sie sich an. Den anderen war aus irgendeinem Grunde nicht nach Lachen zumute. Chabib war Tatare und sprach kaum Russisch, das Wort »Fatalist« kannte er jedoch und verstand es auf seine Weise sogar sehr gut. Der Fatalismus war sein Credo. Woher er diese Lebensphilosophie hatte, versäumte Lea ihn zu fragen, aber anscheinend beruhte sie einfach auf seiner Lebenserfahrung. Chabib hatte den ganzen Krieg mitgemacht und erzählte stolz, wie der Fatalismus ihm das Leben gerettet habe. An der Front war er ebenfalls Fahrer gewesen. Einmal hielt er sein Auto an, weil er kurz mal ins Gebüsch musste, und als er zurückkam, fand er an der Stelle weder das Auto noch seinen Kommandeur, der darin auf ihn gewartet hatte: Ein Artilleriegeschoss hatte ihren Jeep getroffen. Noch viele solcher Geschichten erzählte er Lea, um sie von der Richtigkeit seiner Sicht auf das Leben zu überzeugen. Die ganze Fahrt über suchte er, aus Lea ebenfalls eine Fatalistin zu machen, er meinte, damit lebe es sich leichter. In schweren, ausweglosen Minuten rief sich Lea immer Chabib ins Gedächtnis.

Die Steppe endete irgendwo, die Halbwüste begann – sie sahen nur noch Sand und selten Büsche des bizarren Salzkrauts, da tauchte plötzlich vor ihnen eine echte Oase mit einem richtigen Wald auf. Einst hatte jemand ein Experiment vorgenommen und in der Wüste Bäume angepflanzt, die waren angewachsen und hatten sich zum Wald entwickelt. Der war zwar nicht groß, bestand aber aus echten, hohen Bäumen und Büschen, nur dass unter den Füßen Sand rieselte. Sie beschlossen, hier Rast zu machen. Ganz in der Nähe sollte ein salziger Moorsee sein, und Lea und Ljoschka beschlossen, dorthin zu gehen, während sich die anderen ausruhten.

Früh am Morgen verließen sie den Wald und nahmen nur eine kleine Melone mit. Gleich hinter dem Wald begannen die rötlichen Sanddünen, auf denen ein paar Pflanzen wuchsen. Wie erwartet, erreichten sie nach etwa anderthalb Stunden den See, der auf den ersten Blick wie eine riesige flache weiße Pfütze aussah. Das Gehen durch die hohen Dünen hatte sie ermüdet, und sie setzten sich erleichtert an das Seeufer, um zu verschnaufen. Schweigend aßen sie die Melone. Aus irgendeinem Grund war ihnen nicht nach Reden und Lachen zumute. Die Sonne brannte. Am Ufer natürlich kein Strauch, kein Schatten. Sie schauten noch einmal auf den See und stellten fest, dass es sich nicht gelohnt hatte, hierher zu kommen – die grauweiße trübe flache Oberfläche erstreckte sich ins Unendliche, und das war eigentlich das einzig Sehenswerte. Sie machten sich auf den Rückweg.

Jetzt mussten sie allerdings den Rastplatz wiederfinden. Das war schon etwas schwieriger, als zum See zu gelangen. Nach der Melone bekamen sie bald Durst. Aber Wasser hatten sie nicht mitgenommen. Als der See aus ihrem Blickfeld verschwunden war, begriffen sie, dass sie die falsche Richtung eingeschlagen hatten. Unter ihren Füßen waren keine Dünen wie beim Hinweg, sondern schwarzbraune Erde, die aus trockenen harten Klumpen bestand, über die es sich schwer gehen ließ. Nichts gab es, woran man sich hätte orientieren können, keinen Weg, dabei starben sie bereits fast vor Durst. Sie liefen und liefen und wussten nicht, wohin, nur dass sie nicht stehen bleiben durften, war ihnen klar. Langsam befürchteten sie, sich endgültig verirrt zu haben. Der Tag ging zu Ende, als Lea plötzlich in der Ferne etwas entdeckte. Als sie näher kamen, war es eine offenbar verlassene Lehmhütte – alle Fenster mit Brettern zugenagelt. Vor der Hütte stand ein flacher Kalgan, eine große Metallschüssel, und auf deren Boden sahen sie einige Tropfen Wasser. Da klopften sie für alle Fälle – völlig unerwartet ging die Tür auf, und sie sahen einen alten Mann vor sich. Er wunderte sich kein bisschen und bat sie wie alte Bekannte herein. Drinnen war es kühl, überall lagen Kissen, wie es Lea bereits kannte. Neben der Tür stand ein Eimer mit Wasser, der mit einem runden Brett abgedeckt war, darauf eine Schöpfkelle. Aber der alte Mann bot ihnen vorher noch aus einem anderen Eimer Airan an, eine Art Joghurt mit Reiskernen. »Airan löscht den Durst besser als Wasser«, sagte er. Als die Augen sich an die Dunkelheit gewöhnt hatten, sahen sie, dass es außer den Kissen in der Hütte noch eine Ziege, ein Hündchen, Hühner und an der Decke sogar ein Vogelpaar gab. Sie hatten sich hier alle zusammen vor der Hitze versteckt.

Der Alte erzählte, dass ihm sein Sohn Ruten bringe, damit er daraus Körbe flechten und sich davon ernähren könne. Warum er diese Körbe ausgerechnet hier, in dieser seltsamen Einsiedelei, herstellte, das wurde ihnen nicht klar. Der Alte zeigte ihnen den Weg, und sie trafen gerade vor Einbruch der Dunkelheit bei den anderen ein.

In diesem Jahr kehrte Lea nicht mit dem Zug von der Expedition heim, sondern mit dem Lastwagen – Chabib sollte ihn aus Gurjew nach Moskau bringen, und Ljoschka und Lea beschlossen, ihn nicht allein zu lassen. So fuhr Lea im Wagenkasten vom Nordufer des Kaspischen Meers bis nach Moskau – über Samara, die Shiguli-Berge, wo damals von einem Autowerk und der Stadt Togliatti noch nichts zu sehen war, durchquerten sie das Wolgagebiet und Zentralrussland. Zum Übernachten machten sie in irgendwelchen Dörfern Halt. Jemand ließ sie immer in seinem Haus schlafen, und überall sahen sie niederdrückende Armut. Hier, in Russland, wurde ebenfalls gehungert, nur dass man, statt Tee zu trinken, Kartoffeln aß und dazu Wodka trank.

Die erste Party

Lea dachte: Jetzt ist also der Tag meiner Abfahrt nach Prag gekommen, doch ohne diese Partys würde ich nirgendwohin fahren!

Natürlich hatte sich ihr diese erste Party besonders gut eingeprägt. Ihr älterer Cousin Rafik feierte den Abschluss seines Studiums, und zwar am 7. November – am Jahrestag der Oktoberrevolution, aber nicht aus ideologischen Gründen, sondern einfach deshalb, weil da drei zusammenhängende Tage frei waren. Er lud hauptsächlich seine Kommilitonen ein. Lea mit ihrem zweiten Studienjahr passte eigentlich nicht in diese Erwachsenenrunde.

Doch ihr Papa hatte anders entschieden. Mit dem Recht des Lieblingsonkels rief er Rafik an: »Du veranstaltest heute Abend eine Feier? Lea kommt auch.« Und zur Tochter sagte er: »Heute Abend gehst du zu Rafik.« Sie hatte nichts dagegen, musste sich nur umziehen und losgehen. Bloß hatte sie nichts Schönes zum Anziehen. Nur ihr leichtes dunkelblaues Kostüm aus geripptem Wollstoff, mit dem sie jeden Tag zur Uni ging. An sich war dieses Kostüm nicht übel, wenn es nicht vom täglichen Tragen da, wo man für gewöhnlich draufsitzt, und an den Ellbogen glänzen würde. Am Rock war oben schon ein anderer Stoff angesetzt worden, zwar auch dunkel, hatte der einen irgendwie rostigen Farbton, und es war deutlich zu sehen, dass der Rock sehr oft getragen und ausgebessert war, allerdings sahen das vielleicht nicht alle. Denn die Jacke verdeckte den breiten Streifen. Sie hatte also keine große Auswahl und beschloss, nur den Rock anzuziehen, dazu die fliederfarbene Bluse aus Chinaseide, die sie noch vom Abschlussball in der Schule besaß und seitdem nie wieder getragen hatte.

Lea kämmte sich ihre dunkelbraunen glänzenden Haare glatt nach hinten, flocht sie zu einem dicken Zopf zusammen und drehte einen Knoten daraus. Ihr Gesicht musste sie nicht anmalen: Über den hübschen graublauen Augen – Mama nannte sie aus irgendeinem Grunde fliederfarben –, in denen vielleicht sogar das gleiche fröhliche Fünkchen wie bei Papa funkelte, waren ausdrucksvolle schwarze Brauen. Sie besprühte sich mit Mamas Parfüm »Weißer Flieder« und zog ihre ziemlich abgetretenen Schuhe ohne Absatz an. Mit denen läuft es sich sogar besser zur Tramhaltestelle, dachte sie und rannte los. Die Bahn kam gleich, so dass sie nicht einmal frieren musste.

Zur Feier kam Lea als Erste. Sie wollte natürlich helfen, aber es war schon alles zum Empfang der Gäste vorbereitet: Im großen Wohnzimmer der Nachbarn standen die zum Teil noch von anderen Nachbarn ausgeliehenen Stühle, der große lange Tisch war gedeckt und bog sich unter der Last der vielen Speisen und Getränke.

Lea setzte sich auf das alte abgenutzte rote Ledersofa und erschrak: Sie versank in ihm fast bis zum Boden, als ob man alle Federn entfernt hätte. Das Sofa stand genau gegenüber der Tür. Lea hatte es sich gerade in einer Ecke des Sofas bequem gemacht und sah sich im Zimmer um, ob noch etwas zu tun sei, da klingelte es: Die ersten Gäste kamen. Lea blieb sitzen, sie wollte niemandem ihren schönen Platz abtreten. In der Tür erschienen zwei hochgewachsene Mädchen, festlich gekleidet wie für eine Abendgesellschaft. Wenn Lea heute daran zurückdenkt, sieht sie aus irgendeinem Grund immer drei oder vier Dämchen in der Tür stehen, ja eine ganze Traube, die sie versperrten. Die halblangen Seidenkleider waren bei beiden von kirschroter Farbe, raschelten feierlich und schienen durch den Glanz des damals hochmodischen Satins zu leuchten. Die Mädchen standen in der Tür, als trauten sie sich nicht einzutreten, geschweige denn, sich auf dieses alte Sofa zu setzen, um genauso wie Lea darin zu versinken und ihre teuren Kleider zu zerknittern. Lea forderte die beiden auf, neben ihr Platz zu nehmen, aber sie blieben an der Tür stehen.

Lea saß in das alte Sofa versunken und hatte keine Angst, dass ihr Rock verknitterte, deshalb fühlte sie sich den Mädchen überlegen, die in den prunkvollen, aber überhaupt nicht schönen Kleidern wie angewurzelt an der Tür standen. Mama sagte immer zu Lea, die Jugend sei an sich schön und die Hauptsache sei gute Stimmung und nicht die Klamotten. Jetzt kann sie sie nicht mehr fragen, ob sie tatsächlich so dachte oder ob sie Lea davor bewahren wollte, sich ihrer Armut zu schämen. Zu dieser Zeit hatte Mama selbst immer nur ein und denselben Rock an und ein und dieselbe Bluse, die sie täglich zur Arbeit trug.

Nach und nach kamen die restlichen Gäste. Lea kannte nur Wadik mit dem Akkordeon, ihren fast gleichaltrigen Cousin. Lea hatte wunderbare Laune, obwohl sie keinen Tropfen von dem georgischen Wein, keinen Tropfen von dem armenischen Kognak, ja nicht einmal einen Schluck süßen »Sowjetischen Sekt« trank. Dennoch stieg sie mit einer Flasche Sekt in der Hand auf den Tisch und stimmte das alte, noch aus der Zeit vor der Revolution stammende Studentenlied an: »Verdammt noch mal, Krambambuli, wir wollen jetzt Krambambuli, Krambambim-bambuli, Krambambuli!« Dieses Lied sangen die Studenten der Geofak auf ihren Feten, auf Expeditionen und natürlich am Tatjana-Tag, dem alten Universitätsfeiertag. Lea sang laut, ohne sich zu genieren, obwohl sie weder Stimme noch Gehör hatte.

Wahrscheinlich kam sie so in Stimmung, weil sie den ganzen Abend mit einem lebhaften Jungen flirtete, der schöne schwarze Augen und einen dichten schwarzen Haarschopf hatte und einen dunkelgrauen Wollanzug mit einem winzigen Abzeichen am Revers trug. Sie schnappte sich einen großen Apfel vom Tisch und bot an, ihn mit ihm zu teilen, und während er noch auf dem Tisch nach einem Messer suchte, hatte sie den Apfel schon geschickt mit den Händen in zwei Hälften gebrochen. Geographen, ja, die können das! Sie redete wie ein Wasserfall und erzählte ihm stolz von der Geofak, den Expeditionen, ihren Fakultätsliedern, von der Fakultätswandzeitung »Ein Sechstel der Erde«, die ein Kommilitone aus dem letzten Studienjahr gestaltete, der ehemalige Soldat und Fakultätsdichter Wladimir Maksakowski, in den sie heimlich bis über beide Ohren verliebt war. Ganz offensichtlich gefiel sie Schimon, so hieß der Junge, und er seinerseits erzählte ihr verliebt von Prag, wo er herkam. Mitgerissen von ihrer Begeisterung, schlug er sogar vor, sie oder Wolodja Maksakowski sollten einen Artikel über ihre Fakultät schreiben, für eine Prager Zeitschrift, zum Beispiel für die Wochenzeitung *Student*. Lea freute sich, dass sie jetzt endlich einen Grund hatte, zu Maksakowski zu gehen – natürlich sollte er den Artikel schreiben, nicht sie, und sie sagte Schimon, wo sie in der Fakultät zu finden war, und gab ihm ihre Telefonnummer. Sie trennten sich gegen Morgen, als die Party zu Ende war.

Und tatsächlich, am Montag nach der ersten Vorlesung ging die Tür zum Hörsaal 56 auf, und wer stand da? Ihr Schimon! (Schon *ihr* Schimon!?, dachte sie verwundert.) Dann bekam sie zwei sachliche Briefchen von ihm im Zusammenhang mit dem Artikel, deren Hauptinhalt für sie darin bestand, dass sie mit der Anrede »Liebe Lea!« begannen und mit den Worten »Dein Schimon!« endeten. (Der schreibt ja auch schon »Dein«!) Sie las diese Briefchen ein paar Mal gemeinsam mit Shenja, während sie in einer Vorlesung von Gedymin im geodäsischen Kabinett saßen. Shenja vermutete, dass sie nicht nur sachlicher Natur waren. Doch bei Schimon war das nur so eine Höflichkeitsform, jetzt weiß sie das ganz genau, damals aber wusste sie rein gar nichts von ihm, außer dass sein Bruder Rafiks bester Freund war und diesem sogar das Leben gerettet hatte, mit dem Penizillin, das er beschafft hatte, als Rafik beinahe an Tuberkulose gestorben wäre – in der Sowjetunion war ja an Antibiotika damals noch nicht zu denken.

Dann verschwand Schimon plötzlich. Nicht mal eine kleine Nachricht kam von ihm. Dabei war er für ein Jahr in Moskau und studierte an der Historischen Fakultät. Das Semester war vorbei, das ganze Studienjahr fuhr nach Krasnowidowo, zum zweiten Praktikum. Sie wohnten alle in Zelten, wuschen sich im Fluss, lernten die lateinischen Bezeichnungen von Löwenzahn und Maiglöckchen auswendig, von Klee, Wermut und sogar von einfachem primitivem Gras, das überall wuchs – selbst dort, wo scheinbar nichts mehr wachsen konnte. Sie führten geologische Untersuchungen am Steilufer der Moskwa durch, wurden in Geobotanik und Geomorphologie geprüft. Sie nahmen Vermessungen in Feldern und Wäldern vor und trugen das ganze bescheidene Relief des Moskauer Gebiets im Raum Moshajsk in die Karte ein, woran sich Prüfungen in Geodäsie und Kartographie anschlossen. Am Abend verbrachte jeder die Zeit auf seine Art. Einige gingen zum Rendezvous. Shenja und Lea wohnten in einem Zelt und konnten sich nach Herzenslust ausreden. Wadka machte sich einen Jux daraus, Igor die jüdischen Wörtchen »Bikizer« und »Poz« beizubringen, damit der Wadkas Mutter eine »Freude« bereiten konnte. Igor klingelte später dann an Wadkas Wohnungstür, und als dessen Mutter öffnete, platzte er, stolz auf seine Kenntnisse, heraus: »Bikizer, dieser Poz bringt mich um den Verstand!« Wadkas Mutter zog die Augenbrauen hoch, kapierte dann aber gleich, dass ihr Sohn dahintersteckte.

Shenja Gerzig verschwand nachts mit Garkuscha und kam erst gegen Morgen wieder. Walja Richejewa führte sich auch in diesen nassen Zelten wie eine Dame auf: Sie drehte ihre dünnen rötlichen Haare zu einem »damenhaften« Knoten zusammen, trug Stöckelschuhe, malte sich die Lippen an und rauchte.

Der Sommer in diesem Jahr war verregnet, Tag für Tag regnete es von morgens bis abends. Sie taten alles, um nicht aus ihren durchnässten Zelten kriechen zu müssen, in denen es immerhin trockener war als draußen.

An diesem Sonntag guckte zufällig die Sonne hervor, und sie wurden alle in die nächstgelegene Kolchose zum Unkrautjäten geschickt. Zum Mittagessen kehrten sie ins Lager zurück. Plötzlich war Motorradknattern zu hören, das näher kam, dann sich wieder entfernte. Wie sich herausstellte, fuhren Schimon und sein Bruder Michail knatternd zwischen den Zelten im Lager umher und suchten Lea.

Als die Mädchen Schimon vor sich sahen, waren sie sprachlos, Shenja sogar mehr noch als Lea. Dann gingen sie alle zusammen zum Mittagessen in die Kantine, spazierten durch den Birkenwald, den romantischsten Ort von Krasnowidowo, dann kniete Schimon vor der Telefonistin auf der Dorfpost nieder, damit sie die zum x-ten Male gedrehte Kurbel noch einmal drehte – die Jungen mussten, koste es, was es wolle, zu Hause jemanden erreichen, um mitzuteilen, dass das Motorrad kaputt sei und sie erst am nächsten Tag zurückfahren könnten.

Im Zeltlager gab es ein einziges graues Backsteingebäude, dort war die Sanitätsstelle untergebracht, geleitet von einem gutmütigen, aber nicht sehr hellen Hygienearzt, dem man mit Leichtigkeit eine Angina vorspielen konnte, eine Blinddarmentzündung und andere Krankheiten, mit denen man unmöglich im Zelt bleiben konnte, sondern umziehen musste, ins Trockene. In der Sanitätsstelle standen nämlich noch einige freie Betten, so dass die beiden Jungen dort übernachten konnten.

Schimon war gekommen, um sich zu verabschieden – er fuhr für immer zurück in die Tschechoslowakei, das heißt, er wurde zurückgeschickt, ohne dass er sein Studium abschließen konnte. Wegen Verbreitung seiner antisowjetischen Ansichten war er von der Universität geflogen und wurde aus dem Land gejagt, und gemeinsam mit ihm sein Bruder, dessen Promotion zunichte gemacht war. Und nun fuhren beide zurück nach Prag. Warum er und Mischa beschlossen hatten, sie hier zu besuchen, blieb Lea unklar. Vielleicht hatten sie einfach kein anderes Ziel gehabt für den Ausflug, den sie an diesem Sonntag mit dem Motorrad machen wollten. Aber vielleicht hatte Schimon sie doch wiedersehen wollen? Jetzt wird sie es nie mehr erfahren, denn Schimon hat es bestimmt längst vergessen.

Die zweite Party

Dann kam das »Tauwetter«, und Schimon konnte halblegal mit einer Touristengruppe nach Moskau reisen. Man gab für seinen Bruder und ihn ein Abendessen, damit sie ihre Freunde sehen konnten. Lea war ebenfalls eingeladen.

Sie kam, schön und attraktiv gekleidet – ihrem Vater war das Glück einer längeren Dienstreise nach Rumänien zuteil geworden, und so hatte er seine Frau, vor allem aber seine Tochter mit schönen Sachen aus dem Ausland einkleiden können.

Schimon war schon sehr erwachsen. Das war nicht mehr der magere Junge, für den Lea einen Apfel in zwei Hälften geteilt hatte, sondern ein erwachsener Mann, und das machte ihn für sie besonders anziehend. Es war Schimons Abend: Er erzählte Witze und Geschichten, und von Zeit zu Zeit begegneten sich ihre Blicke. Ohne es selbst zu merken, sah ihn Lea unentwegt an.

Nach der Party, als nachts alle zum Zug gingen, fragte Schimon sie plötzlich: »Könntest du dir vorstellen, in die Tschechoslowakei zu fahren, um dort zu leben?« Worauf Lea, ohne auch nur einen Moment lang zu überlegen, antwortete: »Warum nicht?« Ohne etwas zu begreifen, dachte sie in diesem Augenblick an nichts als die Entfernungen. (Schließlich bin ich ja jenseits des Polarkreises gewesen und am Kaspischen Meer, warum sollte ich nicht in die Tschechoslowakei fahren!) Dabei hatte er nicht einfach so gefragt …

Am nächsten Morgen rief Schimon an, und sie trafen sich in der Stadt, gingen zum Abendessen ins Restaurant des alten Hotels »Savoy«, mit einem Springbrunnen in der Mitte des Saals, um den Springbrunnen herum tanzten sie zur Band. Wie in Paris!, dachte Lea. Dann brachte er sie mit dem Taxi nach Hause, und als sie im Auto nebeneinander saßen, küsste er sie, ohne zu fragen – genau so, wie es Papa gesagt hatte.

Bis zu Schimons Abreise trafen sie sich jeden Tag, ohne zu wissen, wann sie sich würden wiedersehen können.

Lea brachte Schimon zum Flughafen, und als sie wieder zu Hause war, schrieb sie ihm gleich einen Brief – Schreiben war einfacher als Reden. Sie schrieb alles nieder, was ihr bisher nicht bewusst gewesen war und was sie erst jetzt, nach Hause gekommen, begriffen hatte. Es war eine Liebeserklärung. Ihr war ganz gleich, was er antworten würde. Sie musste alles sagen, was sie fühlte. Und er ... er schrieb ihr ebenfalls – noch bevor er ihren Brief bekommen hatte –, dass er sie liebe und dass es fürs ganze Leben sei.

Nun schrieb Lea ihm jeden Tag einen Brief nach Prag. Jeden Tag wartete sie auf Post von ihm, und jeden Tag erhielt sie diese blauen Luftpostumschläge. Sicher hatten sie sich ihren ersten Brief nicht zufällig zur selben Zeit geschrieben: Lea schrieb, dass sie Schimon liebe, und Schimon schrieb, dass er wiederkommen und sie beide heiraten würden. Eigentlich war Lea prinzipiell gegen das Heiraten, aber um zusammen sein zu können, mussten sie zum Standesamt, anderenfalls würde sie nicht zu Schimon ausreisen dürfen.

Ein warmer Wasserstrahl

Im Sommer sollte sie auf Expedition in den Altai fahren, unmittelbar davor aber merkte sie, dass sie schwanger war.

Altai – das bedeutet Berge. Doch Lea schaffte es, auch diesmal nicht in die Berge zu kommen, sondern in die Altai-Steppe! Jetzt war es endlich das ferne und ersehnte Westsibirien und Chruschtschows Neulanderschließungsproblematik. Von der Expedition kehrte Lea mit einer schon recht großen Lenka heim, nämlich im achten Monat.

Geboren wurde Lenka etwas vor dem Termin, sie schrie laut und lief ganz rot davon an. Sie wurde gewogen, gemessen und weggebracht. Lea blieb gerade noch Zeit, ihre vom Weinen zusammengekniffenen Äuglein und die vielen schwarzen Haare zu bemerken, die beinahe wie eine Frisur auf dem Köpfchen lagen. Und die rundlichen kleinen Schultern. Lenka kam gleich ins Säuglingszimmer, so schrieben es die strengen Hygieneregeln vor. Lea sah sie nur beim Stillen.

Lea wurde in einen Krankensaal gebracht, in dem auf einfachen Eisenbetten schon fünfzehn Wöchnerinnen lagen, sie war die sechzehnte. Zum ersten Mal war sie mit so vielen Frauen in einem Zimmer zusammen. Sie alle erschienen ihr wesentlich älter als sie selbst, erwachsener und erfahrener – danach zu urteilen, was sie sich laut von einer Ecke des Krankensaals in die andere zuwarfen oder wie sie sich nach Weiberart lauthals und mit allen Details über ihre Männer oder Kerle unterhielten –, wobei darunter einige sicher jünger als Lea waren. Böse, grob und hasserfüllt schimpften sie auf alle Männer, insbesondere die eigenen, und beklagten sich über ihr Weiberschicksal – Kinder zu gebären.

Zweimal am Tag kam eine Krankenschwester in Begleitung einer Pflegerin. Da verstummten alle Gespräche, jede Frau musste sich auf den Rücken legen und die aufgestellten Beine spreizen. Die Pflegerin stellte eine Schüssel unter und begoss die wunde Stelle aus einem Gefäß, das wie ein Teekessel aussah, der warme Wasserstrahl tat gut, und die Schwester wusch mit einem Wattebausch in einer langen Zange die blutenden Wunden. So gingen sie von einem Bett zum anderen. Und all das – der Krankensaal, die primitiven Eisenbetten, der große Aluminiumkessel und die lange Zange in der Hand der Schwester – war düster, freudlos, als ob sie nicht in einer Entbindungsklinik lägen, sondern in einem seltsamen Gefängnis.

Das Krankenzimmer war groß und geräumig, hatte fest verschlossene und für den Winter mit Papierstreifen verklebte Fenster, zu denen die Frauen vor allem am Wochenende liefen, um nach ihren Männern auszuschauen, die da unten in schwarzen Grüppchen oder einzeln auf dem weißen Schnee standen. Sie unterhielten sich mit den Händen, denn durch die fest verschlossenen Fenster war nichts zu hören.

Die Entbindungsklinik verließ Lea am Tage. Unter den Fenstern standen wie immer die Männer. Sie wandte sich nach dem unverputzten zweistöckigen Haus aus grauen Ziegelsteinen um und warf einen letzten Blick auf die Fenster ihres Krankenzimmers, doch ihre Gedanken waren jetzt nur noch bei dem winzigen Kind, das ihre Mutter trug.

Lenka wurde im Dezember geboren, drei Wochen eher als erwartet, aber trotzdem zur rechten Zeit. Ihren Namen erhielt sie erst einige Monate später, denn der wurde damals nicht in der Klinik gegeben, sondern im Standesamt bei der Anmeldung des Kindes. Den Namen Jelena hatte Leas Cousin Wolodja vorgeschlagen, und sie entschieden sich dafür. Leas Mama nannte ihr Enkeltöchterchen gern mit der Koseform Aljonka.

Maxim wurde sechs Jahre später in Prag geboren, genau an dem Tag, den der Arzt errechnet hatte, ebenfalls morgens, und er hieß gleich Maxim – in Prag musste man den Namen schon vorher angeben. Zur Welt kam er in einem schon Ende des 18. Jahrhunderts erbauten Gebäude des Krankenhauses »Zum Hl. Apollinarius«. Im Zimmer waren sie jedoch nur zu zweit, und auf dem Korridor war ein Bad. Lea konnte besucht werden, und Maxim durfte sie, wenn gerade eine gutmütige Schwester Dienst hatte, länger bei sich behalten.

Ein Vogelklecks

Zum Heiraten musste Schimon erst nach Moskau reisen. Allerdings galt er immer noch als politisch unzuverlässig, und es konnte nicht die Rede davon sein, dass er sofort nach Moskau durfte. Selbst eine offizielle Heiratserlaubnis fürs Ausland war für ihn in Prag nicht zu bekommen, nicht einmal für die UdSSR. Dennoch glückte es ihm schließlich abermals, halblegal mit einer Touristengruppe über Kiew nach Moskau zu gelangen, für ganze drei Tage. Seine Gruppe fuhr weiter nach Leningrad, er blieb bei Lea.

Damit sie so lange wie möglich zusammen sein konnten, hatten sie sich bereits in Kiew getroffen.

In Moskau gingen sie gleich am Morgen des ersten Tages – es war ein Freitag, um sich trauen zu lassen, blieb ihnen nur dieser einzige Tag – zum Standesamt ihres Stadtbezirks. Aber dort sagte man ihnen, man könne sie nicht trauen, weil Schimon einen tschechoslowakischen Pass habe, in dem sein Vor- und Familienname tschechisch geschrieben stünden, das heißt mit lateinischen Buchstaben. Die Beamtin sagte wortwörtlich: »Ausländisch lesen hat man uns nicht gelehrt.« Ob sie es tatsächlich nicht konnte oder einfach nicht wollte … immerhin war ihre Heirat dem Gesetz nach bereits genehmigt. »Gehen Sie zur städtischen Milizverwaltung«, sagte die Beamtin.

Sie fuhren ans andere Ende der Stadt. Eine Frau im Majorsrang sagte, sie könne ihnen nicht helfen. Aber wahrscheinlich bekam sie doch Mitleid. Wahrscheinlich sahen sie beide einfach so unglücklich aus. Zwar brauchte Schimon nicht vor ihr niederzuknien wie damals in Krasnowidowo vor der Telefonistin, blickte aber so verzweifelt in ihre blauen Augen, dass sich in dieser Majorin etwas regte, und sie sagte: »Wenn Sie wenigstens irgendein offizielles Papier mit Ihrem Vor- und Familiennamen auf Russisch hätten!« Aber wer sollte ihm, den sie aus dem Land gejagt hatten, solch ein Papier ausstellen. »Vielleicht ein Notar?«, sagte sie nachdenklich.

Sie hetzten ins Stadtzentrum, in die Kirowstraße, in

der sich das Zentrale Notariat befand. Es war schon nach drei Uhr, und die Zeit wurde knapp. Entweder heute oder nie ... Auf dem Weg zum Notariat, wohin sie bereits rannten, um es noch zurück zur Majorin zu schaffen und dann ins Standesamt, ließ ein Vögelchen Lea etwas grünlich Weißes auf die Schulter, auf ihr schönes neues Kleid fallen. Sie versuchte, den Fleck wegzureiben, doch er blieb. Und da fiel ihr ein: Das soll Glück bringen.

Im Notariat gab es keine Schlange. Ein alter Notar mit Kneifer kam zu ihnen heraus, er sah aus wie einer aus der Kerenski-Regierung. Er hörte sie an, dachte schweigend nach, ging weg, kam dann kopfschüttelnd wieder und sagte, als überlege er immer noch: »Ich könnte Ihnen eine notarielle Bescheinigung geben, dass Sie, Schimon B., dann und dann geboren, heute bei mir waren.« Das war genau das, was sie brauchten! Mit diesem Blatt stürzten sie zur Majorin, um sich die Genehmigung zu holen. Ihnen schien sogar, dass sie erleichtert lächelte – aber vielleicht war sie einfach zufrieden, dass es mit ihrem Rat geklappt hatte. Sie setzte schweigend ihre Unterschrift auf das Papier, klatschte den Stempel drauf, und sie hetzten zurück zum Standesamt, um sich trauen zu lassen.

Im Standesamt kamen sie keuchend in letzter Minute an. Ein Mann, der wohl einen Totenschein abgeholt hatte, trat gerade aus dem Zimmer, und sie rannten einfach hinein, weil sie befürchteten, man könnte ihnen die Tür vor der Nase zuschlagen.

Das war ein kleines Büro. In der Mitte stand ein schäbiger Tisch mit drei Stühlen – einer für die Sachbearbeiterin und zwei für die Besucher. In der Ecke des Zimmers hing ein Papplautsprecher noch aus Vorkriegszeiten, aus dem eine völlig unpassende Musik schallte, der »Hummelflug«. Eine unscheinbare, recht füllige Angestellte in einem sommerlichen Viskosekleid von undefinierbarer Farbe und mit schwingendem Saum schrieb ihnen die Eheurkunde aus, machte eine Eintragung in ein dickes Heft und sagte zum Abschied: »Gratuliere, das macht fünf Rubel!«

Die Hochzeit wurde am Abend des nächsten Tages in der großen Wohnung von Mamas Bruder in der Istominka gefeiert. Alle saßen um einen großen Tisch herum, und Aschot, der Cousin, der immer gern bei Tischgesellschaften die Leitung übernahm, ließ die Gäste nicht einmal einen ordentlichen Bissen zu sich nehmen, sondern begann gleich mit den Trinksprüchen, die einer nach dem anderen ausgebracht werden mussten, so als fürchte er, dass die Zeit nicht für alle, die etwas sagen wollten, reichen würde. Schimon, der es nicht gewohnt war, so viele Gläser zu leeren, aber ahnte, dass er nur ein einziges Mal im Leben heiratete, trank brav nach jedem Toast sein Glas aus, ohne mit dem Essen nachzukommen. Und die Trinksprüche nahmen kein Ende. Nach dem zehnten, vielleicht aber auch erst nach dem fünfzehnten Glas erbleichte der Bräutigam, ging kurz austreten, legte sich gleich anschließend im Wohnzimmer auf das Sofa und schlief fest ein.

Als die Trinksprüche vorbei waren, wurde das Grammophon angeschaltet, man vergnügte sich und tanzte mit der Braut, bereits ohne den Jungvermählten und dennoch mit ihm, denn er lag im Zimmer und schlief den Schlaf des Gerechten. Und als die Braut sich satt getanzt hatte, ließ sie, nachdem die Gäste fort waren, den Bräutigam in der fremden Wohnung nicht allein, sondern legte sich zu ihm, an seinen Rücken. So schliefen sie bis zum nächsten Morgen.

Als Schimon aufwachte, fand er sich zu seinem Entsetzen in einer fremden Wohnung wieder, und hinter ihm liegend eine Frau in einem schönen blauen Brokatkleid. Sein Schrecken war so groß, dass er sich bis heute daran erinnert.

Zwei Tage später begleitete Lea Schimon zurück nach Kiew.

Ungefähr ein Jahr wartete sie auf die Ausreisegenehmigung. Als sie vom langen Warten nahe daran war, den Verstand zu verlieren, erhielt sie eine Benachrichtigung, sie könne ihren Reisepass abholen. Drei Tage vor Abfahrt des Zuges vom Kiewer Bahnhof in Moskau kündigte sie ihre Stelle.

Und nun saß sie tatsächlich mit ihrer kleinen Lenka im Zug. Sie waren allein im Abteil. Der Zug hielt in Tschop. Das war die Grenze. Hier wurde das Fahrgestell ausgetauscht und Pässe und Gepäck kontrolliert.

Čierna nad Tisou, Tschechoslowakei. Der Zug fuhr schneller, die Wagen schaukelten hin und her. Die Gleise waren jetzt schmaler. Lea saß mit Lenka ganz still im Abteil. Plötzlich geht die Tür auf, und der breit lächelnde Schimon steht da. Er kann sich kaum auf den Beinen halten, so sehr wirft es ihn hin und her. Aber das dauert nur eine Sekunde, im nächsten Augenblick stürzt er zu Lenka, und jetzt sind sie endlich alle zusammen.

Solch einen Freudentaumel, dass ihr der Atem stockte, hat Lea nur damals erlebt. Der Zug gehorchte den Gleisen nicht mehr und fuhr direkt auf der Erde, und die Räder drehten sich immer schneller und schneller, und der Zug raste in die gelbe Steppe und war nicht mehr zu bremsen, befreit von den Schienen. Den ihm entgegenrasenden Wald überflog er mit Leichtigkeit, er wand sich wie eine Schlange in der Luft und landete wieder auf der Erde, auf der es keine Schienen gab. Sie war glücklich und dankbar, so etwas wenigstens im Traum erlebt zu haben. Diesen Traum träumte sie noch viele Jahre lang.

Das grüne Licht oder ihr erster Abend

Das war der erste Abend, an dem sie zu dritt allein waren. Lenka war endlich in ihrem Bettchen eingeschlafen, in der linken Zimmerecke. Ihre beiden Zöpfchen lagen auseinander strebend auf dem Kissen.

Trotz ihrer Ankunft musste Schimon noch an diesem Abend mit einer Übersetzung fertig werden, die unbedingt am nächsten Morgen abzugeben war. Lea legte sich nicht schlafen, sondern sah ihm über die Schulter und begann den Text zu lesen, den er korrigierte.

»Du gehst wirklich nicht schlafen, lässt mich nicht allein? Ich bin so glücklich, dass du aufbleibst!«

Jetzt sah sie zum ersten Mal, was er übersetzte. Es war ein technischer Text, die Beschreibung irgendeiner Maschine. Damit das Licht Lenka nicht beim Schlafen störte, hatten sie ein grünes Tuch über die Lampe gehängt, und das weiche Licht fiel auf den Stoß weißer Blätter, die Schimon gestern voll getippt hatte und die jetzt von zartgrüner Farbe zu sein schienen. Lea setzte sich neben Schimon auf den Stuhl, und von Zeit zu Zeit korrigierten entweder sie oder Schimon etwas.

Und es gab ihre Köpfe, die sich nebeneinander über die grünen Seiten beugten, es gab ihre Nähe, ihr Atmen, den Geruch und die schlafende Lenka mit den abstehenden Zöpfchen – all das war da. »Ich bin also tatsächlich hier, es stimmt«, seufzte Lea erleichtert.

Der Text war lang, und bis sie ihn durchkorrigiert hatten, wurde es fast zwei Uhr nachts. Sie ordneten die Blätter, hefteten sie mit einer Büroklammer zusammen und legten sie zur Seite, so dass sie gleich wieder weiß wurden.

Lea prägte sich diesen Abend in allen Details ein, die Nacht, die Freude in Schimons Stimme und den Rest von Unsicherheit, ob das alles tatsächlich Wirklichkeit war.

Der Fragebogen

Als Lea mit sechzehn einen Ausweis bekam, zerriss sie ihre Geburtsurkunde. Und sie tat gut daran: Mit Erhalt des Ausweises wurde die Geburtsurkunde zu einem überholten Dokument – so dachte sie. Neben dem Ausweis war nun aber noch ein anderes Papier wichtig geworden – der Fragebogen. Allerdings hatte dieses Papier ein weitaus größeres Format als die Geburtsurkunde und umfasste mindestens vier Seiten. Das genaue Geburtsjahr dieses Papiers ist unbekannt. Der sowjetische Fragebogen wurde jedoch zum wichtigsten Dokument der sozialistischen Epoche. Der Ausweis, der die Identität belegte, gab nur dürftige Auskunft, zum Beispiel, was die Rubrik fünf betraf – die Nationalität. Die Angabe der Nationalität in dieser Rubrik war außer für die Völker, die Stalin seinerzeit durch ihre radikale Umsiedlung auszurotten suchte – die Kalmücken, Krimtataren, Tschetschenen, Inguschen, Wolgadeutschen und andere –, für die Mehrheit ohne besondere Bedeutung. Allerdings galten einige Bevölkerungsgruppen als minderwertig – zum Beispiel die Mordwinen –, und deshalb versuchten diese Menschen, ihre Nationalität zu verbergen, und ließen »Russe« in den Ausweis eintragen. Anders war es mit den Juden: Für minderwertig hielt man sie nicht, aber eingestellt und zum Studium zugelassen wurden sie nur begrenzt. Aber wenn jemand versuchte, hinter dem russischen Familiennamen der Mutter den jüdischen Vater zu verbergen, was auf den ersten Blick am Vatersnamen zu erkennen war, dessen Verwendung im Russischen allgemein üblich ist, fand das erfahrene Auge des Kaderleiters die unerwünschte jüdische Zugehörigkeit mit unfehlbarer Sicherheit heraus – hieß jemand zum Beispiel Iwan Lasarewitsch Petrow, so war er für diese Leute unabhängig von der Angabe in Rubrik fünf ein Jude.

Indessen wollte das System noch mehr von jedem wissen: Waren Sie im Ausland (und nicht nur Sie selbst, sondern auch Ihre nächsten Verwandten), haben Sie (oder Ihre nächsten Verwandten) Verwandte im Ausland, waren

Sie (oder Ihre nächsten Verwandten) Repressalien ausgesetzt, sind Sie (oder Ihre nächsten Verwandten) auf von Deutschen besetztem Gebiet geblieben, sind Sie (oder Ihre nächsten Verwandten) in Kriegsgefangenschaft oder eingekesselt gewesen, und natürlich: Ihre soziale Abstammung – reich oder arm? Und alle diese Fragen, einschließlich der zur Mitgliedschaft in der KPdSU (oder der Mitgliedschaft der nächsten Verwandten) oder in anderen Parteien (gemeint waren die Parteien der Sozialrevolutionäre und andere bis kurz nach der Oktoberrevolution), wurden in diesem Pflicht-»Dokument« gestellt, das den Ausweis ergänzte und Fragebogen hieß. Alle diese Fragen mussten wahrheitsgemäß beantwortet werden (sonst konnte man sich Repressalien ausgesetzt sehen, und die Verwandten übrigens auch). Ein sauberer Fragebogen erleichterte einem das Leben erheblich. Ein »beschmutzter« wurde zum Hindernis, das alle Türen verschloss.

Lea hatte in der UdSSR einen fast »sauberen« Fragebogen. In der Zeit, als sie sich zum Studium bewarb, wurde nicht nur ihr Vater, sondern auch ihr Großvater als Angestellter geführt: Weder sie noch ihr Vater durften im Fragebogen angeben, dass der Großvater Kapitalist gewesen war. Als der Vater 1937 Baku verließ, um sich vor einer unausbleiblichen Verhaftung zu retten, rettete er nicht nur sich, sondern verschaffte auch Lea die Möglichkeit, im Fragebogen in der Rubrik »Waren Sie (oder Ihre nächsten Verwandten) Repressalien ausgesetzt?« »nein« hinzuschreiben. Anderenfalls wären für Lea die Tore zur Universität und später zur Arbeit in der Akademie der Wissenschaften und im Staatlichen Plankomitee verschlossen gewesen. Den »sauberen« Fragebogen benötigte sie auch während des Studiums, denn auf Expeditionen mussten sie mit Karten arbeiten, die einen großen Maßstab hatten und als geheime Verschlusssachen behandelt wurden, und dazu brauchte man die »Zulassung« und für diese wiederum einen »sauberen« Fragebogen.

Das war ein merkwürdiges Gefühl der Abhängigkeit von diesem verfluchten Fragebogen und einer Ersatzfreiheit, wenn er »sauber« war. Ein »sauberer Fragebogen« bedeutete Zugehörigkeit zu der vom System akzeptierten loyalen Mehrheit. Lea hatte das bereits in der Kindheit verinnerlicht, als sie die Gespräche der Erwachsenen mit anhörte.

Mit einem »sauberen« Fragebogen geboren, kämpfte Lea auch weiterhin für seine »Reinheit«: Als Lenka geboren wurde, erzählte sie niemandem, wer der Vater ihres Kindes war. Erstens war sie nicht verheiratet, und zweitens konnte sie doch nicht im Fragebogen einen Menschen mit ganz offensichtlich »schlechten« Fragebogeneigenschaften angeben. Dann wäre ihr der Zugang zu geheimen Unterlagen entzogen worden, wie aber hätte sie dann ihre Arbeit verrichten können?

Als Lea im achten Monat schwanger von der Expedition in die Altai-Steppen zurückkehrte, fiel allen ihr dicker Bauch auf. Leiterin der Kaderabteilung im Institut war eine gewisse Swerewa – ein sprechender, von »Tier« abgeleiteter Name. Sie war im wahrsten Sinne des Wortes ein Untier, vor dem alle zitterten.

Diese Swerewa bestellte Lea zu sich und durchbohrte sie mit ihrem Blick. Wozu hat sie mich kommen lassen, wenn sie sowieso schon alles weiß?, dachte Lea. Gleich fragt sie mich, wer mein Mann ist und warum ich ihn nicht im Fragebogen angegeben habe, ging es ihr durch den Kopf. Mein Gott, ich habe doch noch keinen. Sagt man die Wahrheit, schmeißen sie einen raus!

Die Kadertante fragte mit eisigem, drohendem Ton, der Lea Angst einjagen sollte (das hatte man ihnen wunderbar beigebracht): »Sind Sie schwanger?«

Als ob das nicht zu sehen war! Nach der bejahenden Antwort fragte die Kadertante noch strenger, wie bei einem Verhör: »Haben Sie geheiratet?«

Ach, das ist für sie also die Hauptsache!

Die Swerewa hätte das nun in den Fragebogen eintragen müssen, nachdem Lea nicht ihrer Pflicht nachgekommen war, von ihrer Heirat Meldung zu machen.

»Ich habe keinen Mann und auch nicht die Absicht zu heiraten«, verteidigte Lea ihren Fragebogen.

»Wer ist der Vater?«

»Es gibt keinen Vater«, sagte Lea leise und dachte bei sich: So ein Unsinn! In der Amtssprache hieß das: Sie war nicht verheiratet, und somit brauchte sie ihn auch nicht im Fragebogen anzugeben.

»Sie sind also alleinstehende Mutter?«, seufzte die Kadertante auf, erleichtert, dass sie nichts verschlafen hatte.

»Ja«, entgegnete Lea ebenfalls erleichtert und dachte: Mein Fragebogen bleibt Gott sei Dank sauber, und es ist mir scheißegal, wie ich jetzt angesehen werde – als alleinstehende Mutter, wie die Swerewa gesagt hat.

VIII. PRAG

Ein ganz neuer Anfang

Lea kam zu jener Zeit nach Prag, als die Prager einen Sowjetmenschen schon von weitem auf der Straße und sogar aus dem Straßenbahnfenster an der Haltestelle erkannten. Sie erkannten die Russen nicht einfach nur am Aussehen, sondern vor allem am starken und aufdringlichen Geruch des teuersten und beliebtesten sowjetischen Parfüms »Rotes Moskau«, das der Legende nach schon in den zwanziger Jahren von Franzosen für Russland entwickelt worden war.

Lea kam, als der »Sowshenexport« (Export sowjetischer Frauen), wie die Tschechen damals sagten, Prag überrollte. Sie kamen nach Prag als Ehefrauen, deren Männer bereits Karriere gemacht hatten oder für eine Karriere ausgewählt waren. Das waren russische Frauen tschechoslowakischer Studenten, die man zum Studium nach Moskau, Leningrad, Kiew, Nowosibirsk und andere Städte geschickt hatte, nachdem sie vorher nach den besten Kaderkriterien ausgewählt worden waren, das heißt nach ihren »sauberen« Fragebögen, die sie geeignet machten als zukünftige »Träger« und »Einführer« des sowjetischen Systems und der sowjetischen Ideologie in der neuen sozialistischen Tschechoslowakischen Republik. Sie hatten hohe Posten inne und gehörten zur privilegierten Schicht.

Lea unterschied sich vom übrigen »Sowshenexport« dadurch, dass sie zu einem Ehemann gekommen war, den niemand einstellen wollte.

Als sie aus Moskau wegfuhr, war sie überzeugt gewesen, dass sie selbst in Prag sofort eine Arbeit finden würde. Natürlich war das recht optimistisch, sie kannte weder die Sprache noch die Mentalität der Menschen noch das Land.

Vor der Abreise hatte sich Lea vom Direktor des dem Staatlichen Planungskomitee unterstellten Instituts, in dem sie in Moskau gearbeitet hatte, ein Empfehlungsschreiben an den Direktor des Prager Instituts der Akademie der Wissenschaften mit der Bitte besorgt, ihr bei der Arbeitssuche behilflich zu sein.

Ungefähr eine Woche nach der Ankunft ging sie an einem sonnigen warmen Apriltag ins Institut der Akademie der Wissenschaften, das sich im Prager Zentrum befand, in dem alten prachtvollen Gebäude einer nicht mehr existierenden Bank.

Auf einer breiten pompösen Treppe stieg Lea in den ersten Stock hinauf und trat ins Arbeitszimmer des Institutsdirektors Vladimír Kaigl. Der Direktor streckte ihr die Hand entgegen ohne aufzustehen. Er hatte ein rundes lächelndes Gesicht und sehr helle blaue Augen. Die farblosen Haare klebten ihm am Kopf. Der Direktor las den Brief, lächelte Lea breit an und dankte für den Gruß seines Moskauer Kollegen. Er sprach nicht lange mit Lea – offenbar hatte er Mühe mit dem Russischen. Dann rief er jemanden an, und wenige Minuten später betrat ein langer dünner Mann das Zimmer, nicht älter als Schimon. Er zerfloss geradezu mit einem unterwürfigen Lächeln – eine Sowjetbürgerin, und zwar direkt aus Moskau. Er sprach fließend Russisch.

Kaigl sagte, sie hätten eine Stelle in der von diesem jungen Mann geleiteten Abteilung, er werde sich weiter um Lea kümmern.

Lea verabschiedete sich von Kaigl und ging mit Zdeněk Wagner, so hieß der junge Mann, eine Etage tiefer in dessen Arbeitszimmer. Er brachte sich halb um vor Freundlichkeit. Dann reichte er Lea einen Fragebogen und sagte, sie solle ihn ausfüllen und ihm in den nächsten Tagen zurückbringen. Als sie mit der Straßenbahn nach Hause fuhr – nach Veleslavín brauchte man mindestens eine halbe Stunde –, dachte Lea: Sollte wirklich alles klappen – einfach so? Sie rekapitulierte ihr Gespräch, nichts deutete auf irgendwelche Schwierigkeiten hin: Sie hatten eine Stelle, die ihrer Qualifikation entsprach, und der Direktor hatte auch gesagt, dass sie sie nehmen wollten. Wagner sollte eigentlich nur die Formalitäten erledigen.

Zu Hause wartete Schimon ungeduldig auf Lea. Als sie Wagners Namen nannte und ihm den Fragebogen zeigte, sagte er: »Daraus wird nichts. Dein Name sagt ihm nichts (in Leas Pass stand ihr Mädchenname), aber sobald du in den Fragebogen meinen Namen einträgst, ist die Sache erledigt. Wagner war einer meiner Totengräber in Moskau. Höchstens dein sowjetischer Pass kann dir helfen.«

Was konnte Wagner von Schimon wissen?

Anfang 1947 war Schimon, von Geburt tschechoslowakischer Staatsangehöriger, von Moskau nach Prag gegangen, wo zu dieser Zeit bereits zwei seiner älteren Brüder lebten, die 1945 mit der Armee von General Svoboda in die tschechoslowakische Hauptstadt gekommen waren. Anfang 1949 fuhr Schimon nach dem Abitur wieder nach Moskau, diesmal zum Studium, und wurde an der Historischen Fakultät der Lomonossow-Universität immatrikuliert. Aber nicht als politisch auserwählte Person, er wollte einfach in Moskau studieren und wurde auch tatsächlich angenommen. Obwohl er sein Studium mit mehr als einem Semester Verspätung aufnahm, bestand er innerhalb von vier Monaten glänzend die Prüfungen für die beiden ersten Semester, aber bereits ein Jahr später wurde er aus Moskau nach Prag zurückgeschickt – aufgrund einer Denunziation seines guten Freundes M., eines offiziell delegierten tschechoslowakischen Studenten. Dieser Student berichtete der tschechoslowakischen Landsmannschaft, die alle tschechischen und slowakischen Studenten in Moskau vereinte, dass Schimon ihm gegenüber in persönlichen und vertraulichen Gesprächen den Stalin-Kult, den antisemitischen »Kampf gegen den Kosmopolitismus« und anderes mehr verurteilt habe.

Damit nicht genug, betrachtete es die Landsmannschaft als unmoralisch, dass Schimon sich nicht jeden Tag rasierte, und entdeckte noch andere, nicht minder schwere Untugenden und entschied, ihn nach Prag zurückzuschicken. Auf der Versammlung protestierte die Studentin Mirka Holejšovská schriftlich, worauf man ihr mit dem selben Schicksal drohte, falls sie ihren Widerspruch nicht zurückzog. Sie fügte sich. Ansonsten hatten nur noch zwei den Mut, sich der Stimme zu enthalten. Das war 1950.

In Prag wurde Schimons Fall in der Zentralen Kontrollkommission des ZK der Kommunistischen Partei beraten. Er wurde aus der Partei ausgeschlossen, und zum Abschied sagte ein Mitglied der Kommission zu ihm: »Scher dich weg und sag Danke, dass du nicht eingesperrt worden bist!« Sie verboten ihm weiterzustudieren und schickten ihn zum Arbeiten in eine Fabrik, an eine Karusselldrehbank.

Ausschließlich Arbeit in der Fabrik oder auf dem Bau war Schimon jetzt erlaubt. Er begann sich mit Übersetzungen etwas dazuzuverdienen, was schließlich sein Beruf wurde. Die Übersetzungen musste er unter fremdem Namen anfertigen. Er existierte und existierte nicht. Zu allem Überfluss »verdarben« seine beiden älteren Brüder ihm endgültig den Fragebogen. Als Schimon nach Prag zurückkehrte, waren sie schon nicht mehr dort: Der Älteste lebte als Handelsattaché der Tschechoslowakei mit seiner Familie in Brasilien, als er nach Prag zurückbeordert wurde. Zu dieser Zeit lief bereits der Slánský-Prozess, und mit auf der Anklagebank saß sein unmittelbarer Vorgesetzter, der stellvertretende Minister für Außenhandel Eugen Löbl. Er kam nicht zurück nach Prag und wurde politischer Flüchtling. Den zweiten Bruder veranlasste die Entwicklung in der Tschechoslowakei, Prag illegal zu verlassen und zunächst nach Berlin und dann nach Wien zu gehen.

Als Lea nach Prag kam, arbeitete Schimon zu Hause unter fremden Namen, die ihm seine Freunde liehen, saß den ganzen Tag am Schreibtisch, der am Fenster stand, und tippte seine Übersetzungen auf der Maschine. Einmal denunzierte ihn sogar ein Nachbar: ein verdächtiger junger Mann, der nicht zur Arbeit geht und den ganzen Tag an der Schreibmaschine sitzt. Schimon wurde an einen gewissen Ort bestellt, aber zum Glück ging alles gut aus.

Schimon half Lea also, einen tschechoslowakischen Fragebogen auszufüllen – nach dem Muster des sowjetischen, nur etwas kürzer. Aber um Leas Fragebogen zu »beschmutzen«, bedurfte es nicht vieler Fragen, es reichte der Name ihres Mannes.

Lea brachte den Fragebogen ins Institut. Wagner lächelte noch und bat sie, eine Woche später wiederzukommen zu einem ausführlicheren Gespräch über ihre zukünftige Arbeit; Lea war für ihn hauptsächlich deshalb interessant, weil sie in Moskau im Forschungsinstitut des Staatlichen Plankomitees gearbeitet hatte – eine ausgezeichnete Empfehlung.

Beim nächsten Mal empfing Wagner Lea höflich, aber zurückhaltend und trocken. Er lächelte nicht mehr und sagte völlig ungeniert, leider habe sich alles geändert, eine freie Stelle hätten sie nicht mehr. Und Lea begriff, dass sie in ein Land gekommen war, in dem noch vor kurzem auf allen verantwortlichen Posten neben hiesigen Amtsträgern sowjetische Berater gesessen und ihnen beigebracht hatten, auf »sowjetische Art« zu leben. In ein Land, in dem das sowjetische System bereits Wurzeln geschlagen hatte. Lea war die Frau eines Mannes, der gleichsam für vogelfrei erklärt worden war. Jetzt stand er in ihrem Fragebogen – und das sah beängstigend aus: ohne Arbeitsplatz, aus der Partei ausgeschlossen, ohne Erlaubnis, das Studium fortzusetzen, dazu mit zwei Brüdern im Westen, die aus der Tschechoslowakei geflohen und deswegen verurteilt worden waren.

Nach Wagners Ablehnung ging Lea noch einmal zu Kaigl. Zu ihrer Verwunderung lächelte der sie nach wie vor an, allerdings nicht mehr ganz so breit. Er sagte, er wisse von Wagner bereits alles, leider sei in seinem Institut nichts zu machen. Da fragte sie, ob er ihr nicht zu etwas anderem raten könne. Nicht gleich, sondern nach einigem Nachdenken, sagte er: »Gehen Sie zu Dr. Hospodka. Bei ihnen da läuft irgendeine Umstrukturierung im Verkehrsinstitut, und sie brauchen Fachleute. Ich rufe ihn an.«

Lea wusste, dass sie unbedingt Arbeit finden musste, nicht nur für sich, sondern für alle drei: Wenn in ihrer kleinen Familie niemand offiziell arbeitete, konnten sie nicht einmal einen Kindergartenplatz für Lenka bekommen – nach den damaligen Sozialgesetzen der Tschechoslowakei hatten sie keinen Anspruch darauf. Wenn sie keine Anstellung hatte, wurden sie alle drei als asoziale Familie geführt, ohne die Rechte, die den Menschen mit Arbeit zustanden.

Lea rief Dr. Hospodka an. Er lud sie zu sich ins Institut ein, ein Forschungsinstitut des Verkehrsministeriums. Hospodka war dort der stellvertretende Direktor und Leiter eines neu zu gründenden großen Bereichs mit einigen Abteilungen. In eine dieser Abteilungen passte Lea mit ihrer Fachrichtung als »Wirtschaftsgeograph für wirtschaftsgeographische Regionalisierung«. Nach dem Gespräch stellte Hospodka Lea dem Institutsdirektor vor.

Sie bekam wieder einen Fragebogen, den sie zu Hause ausfüllen sollte. Es war also das gleiche Spiel, in dem du nur deine eigenen Karten kennst und alles davon abhängt, was der Gegner ausspielt. Lea hatte schlechte Karten – ihren Fragebogen. Aber neben einem kleinen Trumpf – dem Schreiben aus Moskau, das Kaigl dazu veranlasst hatte, Hospodka anzurufen – einen etwas größeren: den einfachen graugrünen sowjetischen Ausweis, der sich im Ausland in einen roten Pass verwandelt hatte und einige Vorteile versprach. Man musste nur wissen, mit welcher Karte die Gegenseite herauskam, und auf sein Glück bauen.

Lea füllte abermals den Fragebogen aus, schickte ihn mit der Post ab und wartete. Eigentlich hatte sie nach der Erfahrung mit Wagner kaum Hoffnung. Hospodka meldete sich lange nicht. In der Zwischenzeit zogen sie in ihre erste Wohnung und hatten noch nicht einmal ein Telefon. Eines Tages erschien ein unbekannter junger Mann und stellte sich als Antonín Peltrám vor. Lea war als Hausfrau Anfängerin und kochte gerade die erste Kirschkonfitüre ihres Lebens. Überall standen Berge von schmutzigem Geschirr von den vergangenen drei Tagen herum, außer auf dem Herd, auf dem der Topf mit der Konfitüre dampfte. Die kleine Lenka stürzte zu dem Gast, hüpfte an ihm hoch und hängte sich an ihn.

Das alles war Lea unangenehm. Für sie, die aus Moskau kam, war es eine große Überraschung, dass offizieller Besuch so einfach bei ihr zu Hause aufkreuzte, um ihr nun im Namen Hospodkas mitzuteilen, dass die Sache Fortschritte mache, man aber noch ein bisschen warten müsse. Es gebe noch einige Schwierigkeiten, aber Hospodka hoffe, dass bis zum Herbst alles geregelt sei.

Schimon blieb pessimistisch. Und plötzlich, das war schon im Oktober, kam Peltrám, der sich nun als zukünftiger Vorgesetzter entpuppte, wieder zu ihnen und sagte, Lea könne am 1. November im Institut anfangen. Er berichtete, dass der Institutsdirektor sich des Fragebogens wegen nicht getraut habe, Lea einzustellen. Hospodka versuchte vergeblich, ihn zu überzeugen. Als der Direktor im Herbst in den Urlaub fuhr und Hospodka ihn vertrat und alle Papiere zu unterzeichnen hatte, unterschrieb er auch Leas Einstellung. Hospodka riskierte viel, hoffte aber auf Lea und ihren sowjetischen Pass. Einige Jahre später erzählte er Lea, er habe ihr einfach helfen wollen.

Das Institut wurde für Lea in all den Jahren ihres Lebens in Prag ein zweites Zuhause.

Eine Variante der Lösung des Wohnungsproblems

Die Kellnerin Maschka schlief mit dem zerzausten Wolodja, der gleich vom ersten Bierglas betrunken wurde. Er war ein russischer Tscheche, früher Sportlehrer in Schimons Schule, nun ebenfalls Übersetzer und damit beschäftigt, ein Sportwörterbuch für Tschechen und Russen zusammenzustellen, was für ihn eine edle Aufgabe war, aber seine Kräfte überstieg und ihn deshalb quälte. Sein zweites Problem war, Maschka zu seiner Frau zu machen. Ihr Exmann war bei der Staatssicherheit gewesen, und aus diesem Grund hatte sie zwei riesige helle Zimmer in Vinohrady, einem der schönsten Stadtteile Prags, allerdings in einer Gemeinschaftswohnung, die früher einer alten russischen Ballerina gehört hatte, die hier Tanzunterricht gab. Nach dem Einmarsch der Roten Armee 1945 war sie auf Nimmerwiedersehen in Sibirien verschwunden. Dem Staatssicherheitsmann gelang es damals mit Geschick, die beiden Zimmer für seine zukünftige russische Frau Maschka zu ergattern. In den übrigen drei Zimmern wohnte ein Polizist mit Frau und Tochter.

Maschka war ein streitsüchtiges Weib, ein brünetter Zigeunerinnentyp. Sie war als ganz junges Mädchen von den Deutschen zur Zwangsarbeit aus der Ukraine verschleppt worden und dann für immer in Prag hängen geblieben. In ihrem Leben war sie schon durch alle Feuer und Wasser gegangen. Endgültig müde davon, sehnte sie sich jetzt nach Familienleben, konnte sich aber nicht zum Zusammenleben mit Wolodja entschließen. Aus diesem Grund stritten und trennten sie sich die ganze Zeit, was einfach war: Jeder hatte seine eigene Wohnung.

Wolodja sah die Lösung des Problems darin, dass er Maschka von ihrer Wohnung befreite und in seine Einzimmerwohnung holte. Schließlich hatte er Maschka fast so weit, ihre zwei Zimmer seinem ehemaligen – absolut unsportlichen, aber gutherzigen – Schüler Schimon für gutes Geld zu »verkaufen«. Er machte ihr klar, wie vorteilhaft es wäre, ihre Wohnung gegen Geld zu tauschen. Gerade waren Lea und Lenka in Prag eingetroffen, Schimon hatte Geld, aber keine Wohnung. Das Versprechen des früheren Sportlehrers, alles zu regeln, ließ auf die Lösung des Wohnungsproblems der jungen Familie hoffen, auch wenn sie auf illegale Weise geschah.

Wolodja kam zu Schimon, um sich über Maschka zu beschweren, ein Wörterbuch auszuleihen oder einen Zehner für Bier, oder das eine wie das andere, und versprach, Maschka zu überreden, koste es, was es wolle. Die Wochen und Monate gingen dahin, und der Plan schien bereits gestorben zu sein. Doch eines Morgens rief Wolodja plötzlich an und sagte, dass Maschka heute früh zu allem ja gesagt habe und dass Schimon mit der Familie so schnell wie möglich in die so genannte Wohnung umziehen müsste, solange Maschka es sich nicht anders überlegte. Die Wohnung würde die Frau des Polizisten öffnen, und Maschka selbst wolle am selben Tag noch um zwei Uhr die Zimmerschlüssel bringen – im Austausch gegen die vereinbarte Geldsumme. Alles war sehr vage: Lohnte es überhaupt die Mühe? Wenn Maschka es sich plötzlich nun wieder anders überlegte? Aber Lea sagte: »Wir fahren!« Sie besorgten sich schnell einen kleinen Laster, Freunde halfen, die Sachen aufzuladen (damals hatten sie Gott sei Dank nur wenig), angekommen, trugen sie die Sachen in die Zimmer, in denen noch Maschkas Möbel und ihr übriger Kram standen.

Die Frau des Polizisten lächelte Lea freundlich an. Sie war offensichtlich froh, dass sie endlich die unberechenbare und zänkische Maschka loswurden, die manchmal einfach so polternd vom Stuhl sprang, um den armen Polizisten zu wecken, der gerade vom Nachtdienst heimgekommen war. Sie selbst kehrte oft spät aus der Kneipe zurück, jedes Mal mit einem anderen Liebhaber.

Schon standen fast alle Sachen in der Wohnung, als Maschka erschien. Man sah deutlich, dass sie sich wieder unschlüssig war, ob sie die Wohnung abgeben sollte oder lieber nicht. Sie setzte sich auf den einzigen freien Stuhl in der Mitte des Zimmers, das nun mit Leas und ihren eigenen Sachen voll gestellt war, saß da, ohne ein Wort zu sagen, und sah zu, wie die neuen Mieter sich abschleppten. Würde sie es sich noch einmal anders überlegen, oder nicht? Schließlich holte sie die Schlüssel aus der in ihrem Schoß liegenden Tasche, hielt sie aber noch fest in der Hand. Als Schimon das Kuvert mit dem Geld aus seiner Tasche zog, blieb sie noch ein bisschen sitzen und reichte Lea dann die Schlüssel.

Jetzt war nur noch eine »Lappalie« zu erledigen – die Wohnung auf ihren Namen umzumelden.

Die Milchpfütze

Isaak Moissejewitsch lebt nicht mehr, Leas Tante hingegen, obwohl schon uralt, befindet sich im noch relativ angenehmen Anfangsstadium des Verfalls. Zwar erinnert sie sich an fast nichts mehr, ist aber nach wie vor lieb und freundlich und sagt allen, was ihnen gut tut. Wo sie gearbeitet hat, das hat sie allerdings nicht vergessen, und wahrscheinlich verschenkt sie deshalb an alle Bücher aus ihrer Hausbibliothek. Ob sie sich daran erinnert, dass sie in der

KPdSU war, weiß Lea nicht, denn sie hat vergessen, die alte Tante danach zu fragen, sie hat auch gar keine Lust dazu.

Isaak Moissejewitsch war einer der bedeutendsten Professoren an der Geographischen Fakultät. Viele wollten seine Vorlesungen hören, aber nicht jeder bekam die Möglichkeit, und Semester- und Diplomarbeiten konnten sowieso nur die begabtesten Studenten bei ihm schreiben. Falls er Feinde hatte, haben sicher selbst die ihn verehrt. Ja, so ein Mensch war das. In der Fakultät wurde sein Name nur mit Ehrfurcht ausgesprochen, als wäre es der eines Heiligen. Die Studenten, die das Glück hatten, seine Vorlesungen hören zu dürfen, verehrten sich deswegen selbst noch mehr.

Isaak Moissejewitsch war klein von Wuchs. Die dunklen Haare, früh ergraut, und die großen dunklen Augen verrieten ihn weniger als seine Aussprache. Er sprach mit starkem jiddischem Akzent und unrussischem »r«. Es hieß, er komme aus einem Schtetl bei Kiew, und als er Anfang der fünfziger Jahre sein Buch *Kiew* herausbrachte, tat er es angesichts der verworrenen Zeiten unter einem Pseudonym – »Martschenko«. Als Lea studierte, befasste sich der Professor mit der Geographie der Tschechoslowakei und gab nun bereits unter eigenem Namen eine Monographie heraus, die zum Klassiker der wirtschaftsgeographischen Literatur wurde. Das dicke rote Buch mit den großen schwarzen Buchstaben und dem langen Wort »Tschechoslowakei« steht bis zum heutigen Tag zusammen mit anderen Standardwerken zur Geographie in Leas Bücherregal. Lea hatte nicht das Glück, seine Vorlesungen hören zu können, und auch nicht eine Semester- oder ihre Diplomarbeit bei ihm zu schreiben. Dafür ergab sich die Gelegenheit, dass sie Isaak Moissejewitsch bei sich zu Hause empfing.

Das geschah bereits Ende der fünfziger Jahre, nach der Entlarvung des Stalinismus, dem Chrustschow'schen Tauwetter, den Ereignissen in Ungarn, und zwar nicht in Moskau, sondern in Prag. Isaak Moissejewitsch war mit Leas Tante bekannt, die damals in der Zentrale der wissenschaftlichen Bibliotheken arbeitete, von der aus die wissenschaftlichen Institutionen mit neuen Büchern versorgt wurden. Über sie kam man auch an privat schwer erhältliche Bücher heran. Und so pflegte Isaak Moissejewitsch bei Leas Tante seine Bücher zu kaufen. Als die Tante von ihm erfuhr, dass er in Universitätsangelegenheiten nach Prag fahre, gab sie ihm Leas Telefonnummer. Der Professor rief an, und Lea lud ihn natürlich gleich zum Mittagessen ein.

Der Professor nahm die Einladung gern an, und Lea fühlte sich plötzlich ein bisschen bedeutender als alle ihre ehemaligen Kommilitonen, alle Geographen durften sie beneiden: Isaak Moissejewitsch kam sie besuchen! Sie war sehr stolz, und Schimon freute sich ebenfalls über den Gast. Lea erinnerte sich immer, wen sie mit welchen Gerichten bewirtet hatte: für Oleg Jefremow kochte sie Borschtsch, Nikolai Krjutschkow aß bei ihr Pelmeni, Wjatscheslaw Tichonow und Stanislaw Rostozki lobten ihren Braten, für Marlen Chuzijew allerdings schaffte sie es nicht, in Prag etwas zu kochen, dafür hatte sie ihn viele Jahre später eine ganze Woche in Hamburg zu Gast. Womit sie aber Isaak Moissejewitsch bewirtete, kann sie sich beim besten Willen nicht mehr erinnern. Als sie sich zu dritt an den Tisch setzten, vergaßen sie sofort das Essen, und die kleine Lenka nutzte ihre stürmische Unterhaltung aus, um aus der Küche so viel Milch für ihre Puppen ins Kinderzimmer zu schleppen, dass sich auf dem Fußboden eine riesengroße Milchpfütze bildete.

Sie saßen an dem runden Esstisch im großen Zimmer, in der Wohnung, in die sie gerade erst gezogen waren und in der fast noch keine Möbel standen. Lea erinnert sich nicht mehr, womit das Gespräch begann, aber bis zur Geographie sind sie nicht gekommen. Isaak Moissejewitsch erzählte ziemlich unschuldig, wie wichtig die Sowjetunion für die Tschechoslowakei sei und wie sehr die Tschechen und Slowaken die Russen im weitesten Sinne des Wortes liebten. Schimon widersprach ihm mit Argumenten, die zu seinen Anschauungen als Parteimitglied in Gegensatz standen. Außerdem konnte er nicht wissen, ob es vielleicht eine Provokation war. Die Tschechoslowakei war zwar ein befreundetes Land, aber immerhin Ausland, das so genannte sozialistische Ausland. Unerhört, was Schimon und Lea für Ansichten vertraten – die Sowjetunion, das heißt der Sozialismus, den der »große Bruder« hier eingeführt hatte, hätte angeblich der Tschechoslowakei, dem tschechoslowakischen Volk, seiner Wirtschaft, der tschechoslowakischen Vorkriegsdemokratie größten Schaden zugefügt und unermessliches Leid über sie gebracht.

Zu Leas Verwunderung widersprach Isaak Moissejewitsch schwach und ungeschickt – es war ja auch praktisch unmöglich, dem als intelligenter Mensch zu widersprechen. Schimon begann bereits aggressiv zu werden: Er hatte in ihm einen Gleichgesinnten erwartet und war jetzt enttäuscht.

Das Essen war zu Ende. Isaak Moissejewitsch tätschelte Lenkas Wange, belehrte die Gastgeber, sie dächten in die falsche Richtung, und verabschiedete sich freundschaftlich. Leas Mutter erzählte später erschrocken, er sei zur Tante gegangen, die ebenfalls in der Partei war, und habe sich bei ihr beklagt, was für Ansichten er bei Lea zu hören bekommen hätte. Der Tante war das unangenehm, aber sie erzählte es nur Leas Mutter. Eigentlich hätte Isaak Moissejewitsch von derartigen Ansichten natürlich an entsprechender Stelle Meldung machen müssen, aber er zog es vor, sich nur bei Leas Tante zu beklagen.

Mamas Maniküre

Mama malte sich nie die Brauen an und nie die Augen, selten nur die Lippen, nie ging sie zum Friseur, aber ihre Fingernägel manikürte sie immer, sogar in der armseligen Wrasheski-Gasse. Bloß im Krieg nicht. Aber als Papa aus dem Krieg heimkehrte, hatte sie schon wieder lackierte Fingernägel.

Mama hatte sehr schöne zarte Hände. Sie trug weder Ringe noch Armreifen – das erschien ihr angesichts des harten Alltags unsinnig. Allerdings war die Farbe des Lacks nicht immer schön, wie sich Lea erinnert, ihr jedenfalls gefiel sie nicht: es war eine ordinäre, grelle Farbe. Woher sollte sie auch andere nehmen? Sie manikürte sich die Hände immer selbst und sagte immer, so eine Maniküre könne ihr niemand anders machen.

Als Lea am Morgen zu ihr ins Krankenzimmer kam, waren das Erste, was ihr in die Augen stach, Mamas angemalte Fingernägel. Das wirkte irgendwie absurd – das Krankenbett, das Operationshemd, das nach der Narkose durchsichtige Gesicht, die großen grauen, wie erschrocken geweiteten Augen und die Hände mit den lackierten Fingernägeln, die auf der weißen Decke lagen. Und als Mama um Wasser bat und das Glas in die Hand nahm, nahm sich diese grellrote Farbe durch die Bewegung der Hände noch unerträglicher aus.

Lea sagte nur: »Warum hat dir keiner den Lack abgemacht?« Aber Mama versteckte die Hände und sagte leise: »Wir haben doch am Abend davor Geburtstag gefeiert.« Am Morgen hatte sie noch mit Papa beim Frühstück getanzt, als im Radio ein Charleston gespielt wurde. Und da ging es los – der Anfall – der Notarzt – das Krankenhaus – die Operation. Obwohl ihr das Sprechen schwer fiel, fragte sie besorgt: »Warum bist du mit den Kindern nach Moskau gekommen?« Lea wollte Mama Mut zusprechen, und sie entgegnete, sie habe aus Prag besondere Medikamente mitgebracht, jetzt werde alles wieder gut.

Am Abend ging Lea noch einmal zu ihr, brachte den Nagellackentferner von Mamas Frisiertisch mit und machte mit Watte den Lack ab. Sie hielt ihre Hände, jeden einzelnen Finger, so behutsam, wie sie nur konnte, um Mama zu zeigen, wie sehr sie sie liebte. Als sie wegging, dachte sie erleichtert: Jetzt ist alles in Ordnung. Morgen besuche ich sie mit Lenka und Maxim.

Am nächsten Morgen gab es Mama nicht mehr.

Alena

Alena war hoch gewachsen und temperamentvoll, und auf ihrem Kopf thronte ein Dutt, wie man ihn in den sechziger Jahren trug. Sie war schön und hatte große gutmütige Augen, und sie lachte gern. Alena war Schauspielerin von Beruf, im Leben und im Herzen, und als sie später notgedrungen Kneipenbesitzerin wurde, spielte sie auch diese Rolle glänzend, aber weder das eine noch das andere brachte ihr Glück.

Lea ging gern zu Alena zu Besuch. Alena lebte mit den Eltern und dem Bruder mitten im Herzen von Prag, in einem alten Haus, das, wie es Lea damals schien, nicht als Wohnhaus erbaut war, in dem aber dennoch Menschen lebten. Ihre Wohnung lag in einer der oberen Etagen, zu der man die Treppe ewig lange hochsteigen musste. Und zwischen den Stockwerken musste man noch jedes Mal um eine Ecke biegen, und weiter ging es hoch, bis man schließlich im richtigen Stockwerk angelangt war, dann noch einmal durch einen Korridor, der aussah wie eine Galerie. Wenn Lea endlich vor Alenas Wohnungstür stand, drückte sie auf den Klingelknopf und wusste nie, ob ihr jemand die Tür aufmachen würde, wer öffnete und ob Alena überhaupt zu Hause war, obwohl sie immer hoffte, dass sie da war, sonst wäre sie nicht diese endlose, kafkaeske Treppe hochgestiegen.

Diese Besuche bei Alena waren für Lea wie ein Geschenk. Wenn sie dienstlich ins Ministerium musste – und das lag ebenfalls im Stadtzentrum –, ging Lea, wenn sie mittags aus Chuchle, wo sich ihr Institut befand, in die Stadt kam, als Erstes bei Alena vorbei. Unterwegs kaufte sie ein Päckchen frisch gemahlenen Kaffee. Im Gehen atmete sie den wunderbaren Duft ein. Auch die Verpackung schien aus diesem aromatischen Kaffee gemacht zu sein. Frauentaschen entströmender Kaffeeduft, in der Tram oder auf der Straße – so ausgeprägt gab es ihn nur in Prag! In keiner anderen Stadt hat Lea das je erlebt: als ob der Kaffee gerade erst geröstet und gemahlen worden wäre. Überall riecht Kaffee wie Kaffee – einfach gut, in Prag aber besonders gut.

Die Tür wurde von Alena oder ihrer Mutter geöffnet, manchmal auch von ihren Gästen. Diese Gäste erschienen plötzlich – noch nass, von einem Handtuch umhüllt – aus dem Badezimmer und flanierten durchs Wohnzimmer, in dem Lea mit Alena saß, in ihr Zimmer.

Das riesengroße Zimmer war voll gestellt mit bunt zusammengewürfelten antiken Möbeln, mitten im Zimmer stand ein schwarzes Klavier. Egal, ob es draußen sonnig oder trübe war – im Zimmer herrschte immer Dämmerlicht: Die hohen Fenster waren fast ganz mit schweren Gardinen verhängt, das restliche Licht wurde von hohen Palmen und Gummibäumen verschluckt, die überall in Töpfen herumstanden – auf den Fensterbrettern und dem Fußboden. Es herrschte ein fröhliches, interessantes

Chaos – hier hatte man sich am Vortag bis spät in die Nacht hinein vergnügt: Der Deckel des Klaviers war noch hochgeklappt, Aschenbecher mit Kippen standen herum, leere und halb volle Gläser überall, auf dem Klavier, auf einem Tischchen und auf dem Boden neben dem Sofa. Leere Weinflaschen, Tassen mit Kaffeesatz, ein aufgeschlagenes Buch von Mňačko, die tschechische Literaturzeitung, die Zeitschrift *Burda*, ein aufgeschlagenes Heft mit einem Drehbuch, ein schwarzer Zylinder, eine alte Damentasche, moderne grüne geometrische Clips aus Amerika und seltsamerweise ein Handtuch und Gesichtscreme. Es lässt sich gar nicht alles aufzählen, was jedes Mal in einer neuen wirren Anordnung sich in diesem großen dunklen Raum zusammenfand. Es schien, als würde hier nie aufgeräumt – das hätte Lea auch bedauert, wenn alle diese Spuren des letzten oder vorletzten und aller anderen zurückliegenden Abende für immer in einer hergestellten Ordnung verschwunden wären – dann wären die Spuren der Gespräche weg gewesen, der Diskussionen über Kunst, Film, Theater, Literatur und natürlich auch die des Klatsches und Tratsches über das Privateste der vielen berühmten Leute, die hier ein und aus gingen.

Wer saß gestern am Klavier? Der Liedermacher Petr Hapka? Alena führte so etwas wie einen Salon besonderer, unverwechselbarer Art, in dem man die überraschendsten Gäste treffen konnte.

Lea setzte sich in den Sessel, ließ sich innerlich fallen und betrachtete dieses von Menschen hinterlassene Chaos. Hier vergaß sie, dass sie ein anderes Leben führte – von morgens bis abends Arbeit, Kinder, Einkäufe, Haushalt.

Alena freute sich über ihren Besuch – wie sie sich wahrscheinlich über jeden freute. Sie erzählte, wer gestern da gewesen war, erinnerte sich, wie damals, als sie die Chytilová hier hatte, in diesem Zimmer ihre gemeinsame Idee zum *Gänseblümchen*, dem berühmten Film der tschechoslowakischen »Neuen Welle«, geboren wurde, und was für ein Ding sie sich gestern wieder geleistet hatte, um nicht vor Langeweile zu sterben.

Im Theater hat Alena nur selten gespielt, im Film noch seltener. Aber dafür tanzte sie dann im Münchner Zirkus »Krone« und schrieb das Buch *Zirkus Krone und ich*, führte eine Kneipe in einer bayrischen Provinzstadt und musste viel durchmachen. Sie selbst war verantwortlich für die vielen Missgeschicke, die vielen unwahrscheinlichen Geschichten in ihrem Leben, die meist tragikomisch waren und am Ende doch gut ausgingen.

Jahrzehnte später kehrte Alena nach Prag zurück, kaufte eine Wohnung in Barrandov, und Lea fuhr sie von Deutschland aus besuchen. Schon von der kleinen Diele aus sah sie, dass alles mit Sachen voll gestellt war. In der kleinen Wohnung mit drei winzigen Zimmern stand die ganze Einrichtung von damals, nur dass sich die massiven antiken Möbel in den kleinen Zimmern mit den niedrigen Decken ziemlich absurd ausnahmen. Es gab keine Kippen und halb vollen Gläser mehr. Im Gegenteil, überall herrschte völlige Ordnung, aber wie immer eine sehr eigenwillige: eine vom Chaos durchwobene Ordnung. Es schien, als seien alle Sachen aus allen Schränken und Schubladen herausgelegt worden, weil ihre Besitzerin sie sich selbst und anderen vorführen wollte.

Alena ging langsam und ein bisschen schwerfällig durch die Wohnung – als wäre sie nie schlank gewesen und hätte nie getanzt –, mit einem Korb, den sie an ihrem Arm schaukeln ließ, als trüge sie Blumen darin oder ein Kätzchen oder einen kleinen Hund. Tatsächlich lag in dem Korb auf einem Kissen etwas Schwarzes – ein Telefon, wie Lea schließlich erkannte.

Unmöglich, an einem Tag alles zu betrachten, was Alena vor ihr ausbreitete, und die vielen Geschichten zu hören, die die vielen Gegenstände begleiteten, wo Alena sie aufgetrieben hatte. Lea saß in einem alten Sessel und dachte: Jetzt kann ich Alena wieder öfter besuchen. Sie hörte zu, wie die Freundin nach Anweisung des Arztes ihr eigenes Blut besprach – typisch Alena! –, es sollte durch einen Schlauch herauslaufen, und dann, gereinigt, durch einen anderen Schlauch in den Körper zurückkehren: Alena ging zweimal in der Woche zur Dialyse. Allerdings besorgte Lea der Freundin jetzt statt Kaffee – den durfte Alena nicht mehr trinken – lustige Elefanten, die in unendlicher Zahl und Variation die Wohnung bevölkerten.

Spätherbst oder der Sekretär

Dieser frühe Abend auf den dunklen Straßen ohne Beleuchtung in Střešovice, dem vornehmen Prager Villenviertel, hat sich Lea durch den Wind eingeprägt, der unangenehm ins Gesicht blies und mit ihrer Frisur machte, was er wollte. Es war Spätherbst, und abends wurde es schon ungewohnt früh finster. Der Herbst hatte seine Schönheit bereits eingebüßt. Die dünnen Zweige waren in der Dunkelheit nicht zu sehen, und die wenigen letzten Blätter, die sich, zitternd im starken Wind, noch an ihnen hielten, schienen frei in der Luft zu hängen. Durch die dunklen, nackten schweren Äste, die unheimliche, groteske Figuren bildeten, waren weder Sterne noch der Mond zu sehen, sogar die Luft schien leblos und schwarz.

Sie gingen durch Střešovice und suchten eine Straße und eine Villa, wo jemand preiswert einen alten Sekretär verkaufte. So stand es in einer winzigen Annonce mit Telefonnummer in der Zeitung.

Hinter den Bäumen waren die Nummern der Villen nicht so einfach auszumachen. Endlich fanden sie das gesuchte Haus. Es lag im Dunkeln, nur ein Fenster im Erdgeschoss war schwach beleuchtet. Die Tür wurde einen Spaltbreit von einer alten Frau in nachlässiger Hauskleidung geöffnet. Zuerst blickte sie sie argwöhnisch an, doch dann machte sie die Tür weiter auf, und sie betraten eine kleine dunkle Diele, die mit Schränken und Tischen voll gestellt war.

Links wurde eine andere Tür geöffnet, in einem spärlich erhellten Zimmer sahen sie einen grauhaarigen Mann unbestimmten Alters, der blitzende Brillengläser in einem Metallgestell trug. Er begrüßte sie und bat sie herein. Dieses Zimmer war ebenfalls mit alten Möbeln voll gestellt, an den Wänden und über verschiedenen Tischen und Wandregalen hingen Bilder in schweren alten Rahmen – alles bunt durcheinander, wie bei einem Trödler. Im zweiten Zimmer, das ebenfalls voller Möbel war, stand neben der Tür der Sekretär, den sie verkaufen wollten. Es war ein schönes Barockstück mit Intarsien aus verschiedenen Hölzern, einer Unmenge kleiner Schubladen und einer großen herausziehbaren Schreibplatte, bespannt mit grünem Tuch. Für den Anfang könnte er Lea als Schreibtisch dienen. Lea versuchte, zwei, drei Schubladen herauszuziehen, aber sie waren voll gestopft mit Papier und Krimskrams. Der Sekretär gefiel ihnen auf den ersten Blick, und sie sagten, sie wollten ihn kaufen.

Lea und Schimon gingen in das erste Zimmer zurück, in dessen Mitte ein runder Tisch stand, auf dem eine verwaschene Spitzendecke lag. Jetzt bot man ihnen Platz an, und der alte Herr erzählte, er sei Apotheker gewesen und habe in der Prager Altstadt eine große Apotheke gehabt. Früher habe ihnen die ganze Villa gehört, bevor die Kommunisten an die Macht gekommen seien, hätten sie in allen drei Geschossen mit ihren Kindern und der Dienerschaft gewohnt. Nach dem Umsturz von 1948 hätten ihnen die Kommunisten nur diese winzige Wohnung gelassen, die früher für den Hausmeister bestimmt war und in die sie nun ihre ganzen Möbel aus den zwei Stockwerken hineinstopfen mussten.

Zum Leben reichte es hinten und vorne nicht: Die Frau, die noch nicht alt war, verdiente ein bisschen mit Putzen.

Das war keine sehr lange und auch keine sehr kurze Erzählung, gerade so, dass man etwas über das Schicksal einer Familie aus dem Prager Střešovice erfuhr. Natürlich nickten Lea und Schimon teilnahmsvoll. Ihnen taten diese beiden alten Menschen tatsächlich Leid.

Tags darauf wurde der Sekretär zu ihnen nach Hause geliefert. Sie stellten ihn neben die Balkontür in dem noch völlig leeren großen Schlafzimmer. Der Sekretär verschönerte das Zimmer gleich so sehr, dass weitere Sachen nun überflüssig schienen.

Hinter einer der oberen Schubladen entdeckte Lea ein kleines Geheimfach. Darin lagen alte Papiere, die niemand mehr brauchte. Dennoch blätterte sie sie schnell durch und entdeckte unter vergilbten alten Rechnungen ein noch nicht ganz so altes Papier. Sie faltete es auseinander. Darauf stand, dass die Apotheke und die Villa nach dem Einmarsch der Nazis von dem Apotheker arisiert worden seien. Sie legte das Papier ins Geheimfach zurück. In einer der unteren Schubladen fand Lea einen alten, schönen Rahmen, doch ohne Foto, die letzte und breiteste untere Schublade konnte sie kaum öffnen, so voll gestopft war sie mit alten Zeitungen und Zeitschriften. Ganz unten lagen Ausschnitte aus Zeitungen über den Mord an Reichsprotektor Heydrich, den von London aus abgesetzte tschechoslowakische Fallschirmspringer liquidiert hatten.

Dann kam der August 1968. Und mit ihm eine andere Okkupation. Jetzt versteckte Lea in der unteren Schublade die Reportage über die Versammlung im Slawischen Haus, Zeitungsausschnitte über sowjetische Panzer, die in Prag eingedrungen waren, und die Wahrheit über Jan Palach, und breitete über all das die *Rudé Právo*.

Als Lea emigrierte und in der Wohnung alles so ließ, wie es war, dachte sie: Vielleicht sehe ich alles auf wundersame Weise noch einmal wieder? Die Wohnungsschlüssel hinterlegte sie bei Freunden, für alle Fälle.

Sie kehrten tatsächlich zurück, aber fast dreißig Jahre später. Während dieser Zeit hatte man ihnen die Wohnung weggenommen, alles war wer weiß an wen und wohin verteilt worden.

Als Lea und Schimon einmal durch bekannte Prager Straßen spazieren gingen, kamen sie zu dem Haus der Freunde, denen sie damals ihre Schlüssel gegeben hatten. Sie wechselten Blicke miteinander und klingelten an der Tür. Dana schien sich über ihr Kommen zu freuen und bat sie herein. Im Wohnzimmer entdeckte Lea ihren Sekretär, in dem Regal ihr Radio »Grundig«, und an der Wand hing Leas geliebte alte Uhr. Sicher hatte Dana längst vergessen, dass das alles einmal Lea gehört hatte. Und Lea sagte auch nichts.

Der Prager Frühling

Lea hatte sich die Zeit nicht ausgesucht, wann sie von Moskau nach Prag zog. Die sowjetischen Behörden hatten sie bestimmt. Und gut daran getan. Lea und Lenka kamen genau auf dem Höhepunkt des Frühlings nach Prag, als die Bäume blühten und die ganze Stadt geschmückt war mit diesen rosaweißen Gärten, die auch zu anderen Jahreszeiten für ihre Schönheit berühmt sind – großen und kleinen, vor den Blicken verborgen durch Zäune und nur von oben zu entdecken, vom Hradschin aus, wo die Prager Burg steht, von dort kann man auch die Dächer der Altstadt sehen.

Aber Mitte Mai begann noch ein anderer »Prager Frühling« – das traditionelle Musikfestival. Um diese Zeit waren die Kirschen schon beinahe verblüht, dafür blühte der Flieder, und die Stadt lebte von ihrem Ruhm und von der Musik, es schien, als vergehe der weiße Flieder unter den Klängen der »Neunten« von Beethoven, mit der das Festival traditionell beendet wurde. Dann war auch der Frühling vorbei.

Und dann gab es noch jenen »Prager Frühling« im Jahr 1968, der eigentlich ein Sommer war. Ein Sommer, der in Prag in diesem Jahr so »heiß« war, dass er sich fürs ganze Leben einprägte. Prag, das bereits Leas Stadt geworden war.

Tatsächlich begann alles im Frühling.

Zu Anfang des Frühjahrs kam Jiří Řada aus Bratislava zu einer Plenartagung des ZK nach Prag, ein alter Freund. Er übernachtete bei ihnen und erzählte von Dubček, von den Thesen des neuen Generalsekretärs, die Jiří bei sich hatte. Fast die ganze Nacht sprachen sie über die Ereignisse, die erst der Anfang großer Veränderungen waren, die damals niemand erwartet hatte, auf die aber alle ihre Hoffnungen setzten.

Dann kamen Dubček und die Versammlung im Slawischen Haus, an der alle teilnehmen wollten, aber nur einige wenige Platz fanden. Lea und Schimon wurden von Jan Procházka durchgeschleust. Um in den Saal zu gelangen, wo die Kundgebung stattfinden sollte, mussten sie in einer Art Vorraum warten, wo sich alle versammelt hatten, die später auf dem Podium sitzen sollten. Kuratko war auch da, er übersah Schimon geflissentlich, obwohl er ihm vertraut war aus den fünfziger Jahren in Moskau, als er dort als Kulturattaché gearbeitet und versucht hatte, Schimon durch eine Denunziation als angeblicher imperialistischer Spion zu ruinieren. Und dann geschah etwas, woran man kaum glauben konnte: Procházka verkündete im überfüllten Saal: »Es gibt keine Zensur mehr! Sie wurde gerade abgeschafft!!!« Der Parlamentspräsident Josef Smrkovský appellierte an die Vernunft … und all das ließ die Menschen im Saal in revolutionäre Ekstase geraten.

Eine solche – politische – Aufregung hatte Lea noch nie erlebt. Davon hatte sie nur gelesen. Und noch heute bekommt sie eine Gänsehaut, wenn sie an diese Ereignisse denkt.

In diesem Sommer trennte sich niemand vom Radio. Alle hatten Angst, etwas zu verpassen, und natürlich befürchtete man, dass die Russen eingreifen würden. Aber wie? Auf welche Weise würden sie versuchen, diese Entwicklung zu stoppen, die sich nicht mit ihrem totalitären System vereinbaren ließ? Schimon sagte: »Sie schicken Panzer!« Um sie zu beschwichtigen, nannte Dubček diesen Prozess »Sozialismus mit menschlichem Antlitz«, manchmal auch einfach »demokratischen Sozialismus«.

Unterdessen ging das Leben weiter.

Im Herbst sollten deutsche und englische Schulen eröffnet werden, die mit der vierten Klasse begannen – eine kleine Errungenschaft des »Prager Frühlings«. Im Sommer mussten ihre künftigen Schüler eine Art Aufnahmeprüfung ablegen. Es bestand aus einem Gespräch vor einer recht großen Kommission und sich anschließenden Tests.

Der achtjährige Maxim sollte in die vierte Klasse kommen, und Lea brachte ihn mit der Straßenbahn zur künftigen Englischschule, wo er die Prüfung ablegen sollte. Lea und Maxim erschienen völlig unvorbereitet. Sie wussten auch gar nicht, wie man sich auf so eine Prüfung hätte vorbereiten können. Nach dem Gespräch kam Maxim zufrieden aus dem Klassenraum und auch ein bisschen enttäuscht, dass alles so schnell gegangen war. Den Bescheid sollten sie nach einiger Zeit mit der Post erhalten.

Ganz in ihrer Nähe, in der Kladská-Straße in Vinohrady, sollte hingegen eine Deutschschule eröffnet werden. Und Lea entschied, dass es sinnvoll sei, sich auch dort zu bewerben. Als Maxim aus dem Prüfungszimmer herauskam und die schwere geschnitzte Jugendstiltür mit Mühe hinter sich schloss, fragte er: »Wo kann ich noch so eine Prüfung machen?« – ihm kam es vor wie ein lustiges Spiel. Jetzt blieb ihnen nur abzuwarten, ob er an einer der Schulen aufgenommen würde.

In diesem Sommer fuhren viele Familien ins Ausland, jetzt ließ man fast jeden ausreisen, ohne Einschränkung. Es war bereits Anfang August, Lea und Schimon nahmen die Kinder und fuhren für zehn Tage an den Plattensee.

Sie waren erstaunt. Das Wasser dieses riesigen Sees war derart milchig, dass sogar die darüber stehende Sonne matt erschien. Hunderte von Kindern tobten im Wasser, und es schien noch trüber zu werden. Schimon stand am Ufer, das kleine Transistorradio ans Ohr gepresst. Aber alles blieb ruhig: Sie kehrten wohlbehalten nach Prag zurück, die russischen Panzer waren noch nicht da. In dieser Zeit war lediglich »Čierna nad Tisou«, das Treffen der tschechoslowakischen und sowjetischen Parteiführung an der gemeinsamen Grenze beider »Bruderstaaten«, und der »Prager Frühling« ging seinen Gang. Breshnew kam nach Bratislava und sprach wieder mit Dubček. Eine Entspannung der Situation trat damit allerdings nicht ein, im Gegenteil.

Die Kinder fuhren wie jedes Jahr für drei Wochen ins Sommerlager, bis Ende August.

Ein schrilles Telefonklingeln riss sie aus dem ersten Tiefschlaf. Schimon nahm den Hörer ab. Es war zwei Uhr nachts am 21. August 1968. Pan Burger, der Fahrer eines Ministers, der sich in seiner Freizeit um ihren »Simka« kümmerte, schrie mit heiserer Stimme in den Hörer: »Die Russen sind in Ruzyně!« Da hörten sie auch schon das Brummen schwerer Flugzeuge, die über Prag kreisten und dann auf dem Flughafen Ruzyně landeten. Auf der Straße klappte eine Autotür nach der anderen, Motoren wurden angelassen. Als wäre ein Krieg ausgebrochen!

Natürlich schliefen sie nicht mehr ein. Die Kinder waren zum Glück im Sommerlager. Ob nun wieder wie damals, im Mai 1945, unliebsame russische Emigranten und Tschechen verhaftet wurden, ob es zu Wohnungsdurchsuchungen kam wie in den Tagen der »Heydrichiade«? Die Worte von Pani Janková fielen ihnen ein, die vor ihnen in dieser Wohnung gewohnt hatte – sie hatte erzählt, wie die Gestapo von Wohnung zu Wohnung gegangen war und »Partisanen« gesucht hatte, dass jegliche Zusammenkünfte verboten waren und Pani Janková deshalb gleich, nachdem ihre Gäste gegangen waren, den Tisch abräumte und die Kaffeetassen und Weingläser abwusch. In jenen Tagen hatte Pani Janková eine kleine Damenpistole in den Rauchabzug geworfen, die Professor Janku lange vor dem Krieg seiner Frau aus Amerika mitgebracht hatte. Lea hatte sie gefunden, als sie die Wohnung modernisierten und den alten grünen Kachelofen abrissen. Diese Pistole aus mattem rostfreiem Stahl lag jetzt in Schimons Schreibtisch.

Sie stürzten sofort los, um die Teller vom Tisch zu räumen, die Weingläser, die noch von gestern darauf standen – Wolodja, ein befreundeter Moskauer Journalist der *Iswestija* und seine Frau Nona hatten bis spät in die Nacht bei ihnen gesessen –, und am Morgen trug Schimon die Pistole zusammen mit dem Müll hinaus, ehe es bei ihnen an die Tür klopfte.

Lea rief ihre Kollegen an, und sie beschlossen alle, an diesem Tag nicht ins Institut zu fahren: die gesamte Chuchler Chaussee stand voll sowjetischer Panzer, man wäre sowieso nicht durchgekommen, weder mit dem Auto noch mit dem Bus.

Vor dem Gebäude des Tschechoslowakischen Rundfunks ganz in ihrer Nähe wurde schon gekämpft, und der Rundfunk fiel in die Hände der Okkupanten. Sofort begann das Fernsehen regelmäßig von der landesweiten

Lage zu berichten und wurde zum Zentrum des Widerstands. Der Feind war in die Stadt gekommen, und dieser Feind – das war jenes Land, aus dem Lea stammte und in dem noch ihr Vater lebte und ihre nächsten Verwandten, Freunde und ehemalige Kollegen. Dieser Feind sprach ihre Sprache, aber er war auch ihr Feind, denn sie war mit diesem kleinen Volk, mit seinen Hoffnungen verwachsen. Hier war ihr Zuhause, das Zuhause ihrer Kinder.

Der Tag begann. Das Telefon klingelte immerzu. Schimon wurde gebeten, nach Smíchov zu fahren und in seinem Auto Flugblätter mitzunehmen, die nun illegal waren. Auf der Brücke über die Moldau hielt ihn eine sowjetische Patrouille an – alle Wagen wurden kontrolliert. Schimon stieg aus und fragte die blutjungen Soldaten, seine in tadellosem Russisch gehaltene Rede mit saftigen Flüchen spickend, was sie von ihm wollten. Die verdutzten Soldaten ließen das Auto passieren, ohne den Kofferraum zu öffnen. Lea lag unterdessen nach einer schlaflosen Nacht und zwei Päckchen Zigaretten mit Migräne im Bett, einen nassen Lappen auf der Stirn.

Auf der Straße war das Getöse schwerer Motoren zu hören. Lea ging auf den Balkon, den nassen Lappen auf die Stirn gepresst. Durch die sonst stille, im Grün versinkende Straße fuhren einer nach dem anderen offene Lastwagen, die ihr bekannt vorkamen, sie sahen genauso aus wie die, mit denen Lea auf Expedition gefahren war, die gleichen vertrauten Nummernschilder, die riesengroßen weißen Buchstaben und Zahlen, die direkt auf die grüne Seitenwand geschrieben waren. Auf den Lastern saßen in mehreren Reihen junge Soldaten mit Maschinenpistolen, die Mündung nach oben gerichtet. Ein kleines bisschen tiefer gehalten, und der Schuss würde mich treffen, dachte Lea, während sie auf den Konvoi hinunterblickte. Die stumpfsinnigen Gesichter und die Maschinenpistolen in den Händen der Soldaten zeugten von der Entschlossenheit, jedem Befehl zu folgen. Und plötzlich überfiel Lea der Gedanke, wenn sie selbst eine Kalaschnikow hätte, würde sie ohne weiteres ein, zwei Salven vom Balkon schießen. Was das bedeutete, auf Menschen zu schießen, war ihr in dem Augenblick nicht bewusst. Dass es Blut bedeutete, Tod.

Unter dem Fenster stand auf der Straße Wolodja und sagte in mühsamem Tschechisch, dass er Koffer für Nonna brauche, die zusammen mit den Kindern und anderen russischen Familien mit einem Militärflugzeug nach Moskau gebracht würde. Er selbst blieb noch eine Weile in Prag. Später wurde er aufgrund seiner Sympathie für die Tschechen von der *Iswestija* entlassen und durfte viele Jahre lang nicht als Journalist arbeiten.

Am Abend hielt direkt auf dem Bürgersteig an der Ecke ein kleiner Laster – ein junger Mann entfernte die letzten Straßenschilder. Irgendwie wurde ihr danach auf kindliche Weise leichter zumute: Sollten sie jetzt nach Listen Verhaftungen vornehmen wollen, würden sie sie ohne Straßenschilder nicht mehr finden.

Von der dreizehnjährigen Lenka kamen aus dem Sommerlager, wo sie sich immer noch mit Maxim befand, eine Postkarte und ein Brief auf Tschechisch.

22.8.68

Hallo, Papa und Mama!
Bei uns ist alles in Ordnung, überhaupt, um uns braucht Ihr keine Angst zu haben. Seid Ihr aber vorsichtig in Prag. Alles Übrige erzähle ich Euch, wenn ich wieder da bin, Ihr wisst, warum. Am 21. August haben wir alle schrecklich geweint. Mama, es ist furchtbar.

Gruß Lena und Maxim

23.8.68

Liebe Eltern!
Uns geht es gut, hier ist es still und friedlich. Gestern haben wir russische Soldaten gesehen. Wir haben sehr gelacht, weil sie schrecklich blöd aussahen. Wir hören Radio und sehen fern. Und diesen russischen Sender »Vltava«. Und lachen dabei: das Volk, behaupten sie, will angeblich Novotný und begrüßt dankbar die sowjetischen Soldaten. Sie sollen sich zum Teufel scheren! Seit gestern sind wir ruhiger. Aber es wird erzählt, in Prag ist es viel schlimmer. Schreibt, ob bei Euch alles in Ordnung ist und ob Euch auch nichts passiert ist.

Mami, Papi, geht nicht aus dem Haus.

Wir haben Angst um Euch.

Gestern habe ich Opa einen Brief nach Moskau geschrieben und ihm erklärt, wie die Lage bei uns ist. Ich lege Euch eine Abschrift des Briefes bei.

Das Päckchen habe ich bekommen, die Postkarte auch.

Vielen Dank. Gestern habe ich Euch eine Postkarte geschrieben, aber ob Ihr sie kriegt, weiß ich nicht.

Schreibt unbedingt, wie bei Euch die Lage ist, damit ich keine Angst zu haben brauche. Schreibt auch, wenn ihr keine besonders guten Nachrichten habt!!! Und seid vorsichtig!!! Denkt unbedingt an uns!

Ahoi! Schreibt, wenn Ihr könnt.

Lena und Maxim

PS Habt keine Angst um uns, hier ist es still, und wir können uns nicht vorstellen, dass irgendwo gekämpft und geschossen wird.

Ihrem Großvater in Moskau schrieb Lena auf Russisch.

Lieber Opa! Ich schreibe Dir aus dem Pionierlager in der Nähe der deutschen Grenze. Heute haben wir erfahren, dass sowjetische und andere Truppen in der Tschechoslowakei einmarschiert sind. Wir haben alle schrecklich geweint. Wir brauchen sie nicht, diese Soldaten. Sie sollen sich wieder nach Hause scheren. Wir haben unseren eigenen Sozialismus, und niemand soll sich in unsere Angelegenheiten einmischen. Ihr denkt doch nicht etwa, dass wir Dubček, Svoboda, Cerník usw. nicht mögen. Es stimmt überhaupt nicht, wir mögen sie, wir haben sie selbst gewählt! Bei uns hat es keine Konterrevolution gegeben, bei uns war alles still und friedlich. Die ersten Schüsse kamen nicht aus unseren Gewehren, sondern aus Euren. Wir schießen überhaupt nicht, wir führen keinen Krieg! Wie konnte die Sowjetunion nur so handeln, wir dachten, sie ist unser Freund. Die sowjetischen Soldaten schießen auf das Nationalmuseum auf dem Wenzelsplatz, es ist zerstört! Die Häuser auf der Vinohrader Straße, wo Du spazieren gegangen bist, haben gebrannt, sowjetische Soldaten haben sie in Brand geschossen!!

Opa! Versuche bitte, das einigen Leuten klug zu erklären! Es leben Dubček, Svoboda und unser demokratischer Sozialismus! So schreiben unsere Zeitungen, so spricht man im Radio (von einem geheimen Ort) und überall.

Ansonsten ist bei uns alles in Ordnung. Maxim und alle anderen sind gesund. Meine Zensuren sind ein bisschen schlechter ausgefallen, aber nicht so schlimm, keine Angst. In Musik haben wir ein erfolgreiches Konzert gegeben, alles ist gut. Maxim ist gut in der Schule. Opi, komm möglichst bald, wenn Du kannst. Ich warte sehr auf Dich. Ich küsse Dich 1000 mal.

Deine Lena und Maxim

PS Schreib mir nicht ins Lager, wir fahren bald nach Hause.

PPS Für den Genossen, der diesen Brief an der Grenze liest: Onkel, Sie sind doch ein Mensch, Sie können mir glauben, durch diesen Brief wird es in der UdSSR keine Revolution geben, und das Volk wird nicht in Aufruhr geraten. Sie können ihn ruhig weiterschicken – alles ist wahr, und nichts gelogen.

Lena

Maxim wurde schließlich in beiden Schulen angenommen. Aber am 1. September brachte Lea ihn doch in die deutsche Schule, die näher lag. In den Septembertagen war es noch gefährlich, längere Wege durch die Stadt zu machen.

Auf der anderen Straßenseite, am Rieger Park, standen Panzer. Die blutjungen russischen Soldaten, einfache Kerle vom Dorf, standen von Tschechen umringt und sagten, sie wüssten selber nicht, warum sie hier seien und wo sie überhaupt seien. Sie hätten den Befehl zum Aufsitzen bekommen, und »das war's«. Die Menschen legten rote Nelken auf die Panzer.

An manchen Stellen wurde noch geschossen, und ganz in ihrer Nähe, in der Eckkneipe gegenüber dem Sportzentrum, wo die Hauptstraße entlangführte und der Trolleybus abbog, war der Stab einer sowjetischen Einheit untergebracht, ein Wachtposten mit Maschinenpistole stand immer davor oder ging vor der Kneipe auf und ab. Jeden Morgen sahen Lea und Maxim, wenn sie mit dem Trolleybus vorbeifuhren, diesen MPi-Schützen, und Lea war jedes Mal unwohl dabei. Aber sie vergaß nie, dem Soldaten ins Gesicht zu sehen. Natürlich war es immer ein anderer, aber alle standen mit derart versteinertem Gesichtsausdruck da, dass man meinen konnte, es wäre ein und derselbe Wachtposten. Die Soldaten richteten ihren Blick auf den vorbeifahrenden Trolleybus, der beim Abbiegen seine Fahrt verlangsamte, wandten sich aber gleich wieder ab, als ob das etwas Unerlaubtes wäre: Jeglicher Kontakt mit der Bevölkerung war ihnen verboten.

Um die Mittagszeit rief ihr alter Freund Gabriel Laub an, ein Journalist und Schriftsteller, und sagte, dass ihn jemand nach Österreich mitnehme. Er ließ alles stehen und liegen und fuhr für immer nach Wien und dann nach Hamburg.

Am Abend kam Leonid, ein ehemaliger Klassenkamerad von Schimon, und sagte, er wolle sich verabschieden, sie hätten schon alles gepackt und sogar die Bilder aus den Rahmen genommen und zusammengerollt – sie würden in aller Herrgottsfrühe losfahren. Am nächsten Tag rief Leonid gegen Mittag an und sagte, sie seien beim Auspacken, sie bleiben hier. Die Emigration schreckte sie mehr als die Okkupation.

Abends ging eine russische Patrouille auf und ab, die Soldaten schauten durch das runde Fensterchen der Haustür. Pani Zimáková, die Nachbarin von unten, sagte zu Lea: »Gott sei Dank wohnen Sie in unserem Haus! Wie gut, dass Sie Russisch sprechen!« Sie erinnerte sich noch an 1945 und die Plünderungen durch die sowjetischen Soldaten und sah in Lea ihre Beschützerin. Aber alles blieb ruhig.

Auf der Straße standen an jeder Ecke Autos, die bis oben hin voll geladen waren. Die Zurückbleibenden, die Älteren, verabschiedeten sich von den Jungen, den Kindern und Enkelkindern. Die Menschen waren dabei, das Land zu verlassen.

Viele ihrer Freunde waren schon weg. Mit denen, die dageblieben waren, rückten sie noch enger zusammen. Auch Mischa, Schimons Bruder, war mit seiner Familie weggegangen.

Im Park lag nach wie vor eine sowjetische Einheit. Manchmal waren von dort kurze Feuerstöße zu hören – die Soldaten schossen auf nahe stehende Häuser: Wenn die Jalousien an den Fenstern aus den Fingern glitten und nach oben schnellten, gab es ein trockenes, knackendes

Geräusch, das die schreckhaften russischen Soldaten für einen Schuss hielten, und sie feuerten sofort los.

Am 19. November rief Leas Vater aus Moskau an. Zu seinem Geburtstag hatten sich alle nahen Verwandten bei ihm versammelt. »Wir denken alle an euch«, sagte er, »und trinken auf dich und deine Familie.« Lea entgegnete entrüstet: »Ihr braucht nicht auf uns zu trinken, haut lieber von hier ab, ihr Okkupanten!«

Papa erstarrte und sagte weder etwas zu Lea noch zu seinen Gästen. So eine Zeit war das damals.

Als Jan Palach zu Grabe getragen wurde, standen sie auf dem Balkon von Dascha Wichnarová in der Pariser Straße.

Heute kann man sowohl in Prag als auch in Moskau laut »Okkupation« sagen, damals aber war dieses Wort illegal, man konnte es nur unter Gleichgesinnten aussprechen, wozu allerdings nicht nur der Freundeskreis gehörte, sondern praktisch das ganze Volk, mit Ausnahme eines kleinen Häufchens von kommunistischen Kollaborateuren.

So war es, bis Husák kam. Da sprachen immer weniger Menschen dieses Wort aus. Jetzt durfte man nur noch vom »Einmarsch der sowjetischen Truppen« sprechen. Trotzdem war das wie ein Krieg, nur ohne Front und fast ohne Blutvergießen. Der Feind war gekommen, mit Panzern, Flugzeugen, Artillerie, und hatte angefangen zu schießen, man fürchtete ihn, er war stark und wollte ein kleines Volk unterwerfen und es zwingen, auf seine Weise zu leben. Dieses kleine Volk entschied sich gegen den bewaffneten Kampf. Es wollte sich mit Worten verteidigen und siegen, unterlag jedoch.

Aus Moskau kamen unsere liebsten Freunde Wolodja und Lisa zu Besuch. Wolodja war in Prag verliebt, er ging spazieren, malte und schaffte es sogar, mit einem Tschechen Freundschaft zu schließen – auf Russisch, und das im Jahr 1969 in Prag! Als Lea mit ihm einkaufen ging, sagte sie aber: »Wir werden in Räubersprache reden.« Wie in der Kindheit, als sie sich mit den Freundinnen diese Sprache ausdachte, damit die Jungen sie nicht verstanden: Vor jede Silbe musste man ein »ber« setzen – Berwoberloberdja, berwir berkauberfen berdieberses Berjaberkett. Diese Sprache war schnell gelernt, die anderen durchschauten sie nicht, und das Russische hörte man auch nicht gleich heraus.

Auf der Jindřisšká-Straße traf Schimon M., seinen früheren guten Freund und Totengräber aus den fünfziger Jahren. M. lief auf der gegenüberliegenden Straßenseite mit der gebeugten Haltung eines geschlagenen Menschen – man verfolgte ihn wegen seines neuen Buches, in dem er sich für einen »demokratischen Sozialismus« aussprach. Schimon, wie immer gutmütig, ging zu M. hinüber, der nun selbst ein Opfer war, und streckte ihm nach achtzehn Jahren die Hand entgegen: »Ich grüße dich!«

Das Klavier

Als sie in die Emigration gingen und Prag, wie sie damals dachten, für immer verließen, konnten sie nur das Allernötigste mitnehmen. Und hauptsächlich das, was in den alten »Simka« passte. Lea nahm ihr gesamtes Fotoarchiv mit und rettete Stück für Stück ihre damalige Kollektion alter russischer Ikonen. Nicht mitnehmen konnten sie jedoch das große Bild des bekannten tschechischen abstrakten Malers Robert Piesen, das im Wohnzimmer über dem großen alten Esstisch hing und fast die ganze Wand einnahm. Dieses in dunkelbraunen bis schwarzen Tönen gehaltene Gemälde versinnbildlichte den Wechsel der Zeiten durch den starken Kontrast zu dem daneben stehenden Barocksekretär aus dem 19., vielleicht sogar 18. Jahrhundert, dem antiken, mit altertümlichem Stoff bezogenen Sofa, das fast aus dem Landgut Lobkovice hätte sein können, und dem großen Ölporträt aus der Rembrandt-Schule, das gegenüber hing.

Natürlich mussten sie auch das Klavier zurücklassen, obwohl es das kostbarste Wertstück der Familie war. Wussten sie auch, dass sie alle diese Dinge nie wieder sehen würden, konnten sie sie weder verkaufen noch verschenken, um nicht den leisesten Verdacht zu erregen, dass sie flüchten wollten. Sie mussten auf der Hut sein, denn jeder konnte sie denunzieren. Und sich selbst brachten sie ebenfalls Stück für Stück, wie die Ikonen, über die Grenze der Republik. Zunächst fuhr Schimon dienstlich nach Hamburg, dann reiste Lenka über die Ferien zu Freunden nach Belgien zum Französischlernen, und dann fuhr Lea selbst mit Maxim los. Die Grenze stand nach der Okkupation bis etwa Oktober 1968 sperrangelweit offen. Dann wurde sie auf energisches Drängen der Okkupanten auf fast sowjetische Weise geschlossen, und nun mussten sie auf Umwegen nach einer Möglichkeit suchen, das

Land zu verlassen. Natürlich hatte jedes Stück, das sie zurückließen und das in den letzten Jahren und manchmal mit großer Mühe und großer Liebe angeschafft worden war, seine Geschichte und war oft auf die eine oder andere Weise mit einem Menschen verbunden, wie zum Beispiel das Bild von Robert Piesen mit dem Namen Jan Werich. Die längste Familiengeschichte aber hatte das Klavier, das sie von Leas Eltern bekommen hatten und das in Prag im Kinderzimmer stehen blieb.

Schwarz und spiegelblank poliert, stammte es aus der Zeit des Jugendstils. Zwei bronzene Kerzenhalter über der Tastatur und eine kleine Plakette aus Elfenbein, das links an der Tastatur befestigt war, und auf dem stand, dass dieses Klavier der Firma »Schröder« 1902 in Sankt Petersburg in einem Handelshaus gekauft worden war, dessen Namen Lea vergessen hatte, bezeugten das Datum seiner »Geburt«.

Gekauft hatte es ein reicher Onkel von Leas Mama und nach Wladikawkas transportieren lassen, wo damals Mamas gesamte riesige Familie wohnte und wo sie selbst geboren wurde und aufwuchs.

Mamas Onkel war, obwohl er selbst nicht Klavier spielen konnte, sehr musikalisch. Er fuhr nach Sankt Petersburg, um persönlich ein Klavier mit erstklassigem Klang auszusuchen. Und tatsächlich war der Klang dieses Instruments so schön, dass einem alle anderen weniger musikalisch vorkamen, sofern man das von einem Klavier sagen kann. Gemessen an diesem Instrument, schienen alle anderen dumpf zu klingen und die Tasten wie ein Specht auf Holz zu klopfen. Überdies war das Klavier noch sehr schön – es war ja auch als Zierde des Salons ausersehen, in dem Hauskonzerte stattfanden.

Dann aber kam das Jahr 1917. Das bolschewistische Regime in Wladikawkas wurde von Kirow errichtet, und die Bolschewiki erließen die Verfügung, dass bei der Enteignung wertvoller Güter ein Klavier nur im Besitz eines Eigentümers belassen werden durfte, in dessen Familie jemand darauf spielte oder spielen lernte. So bekam es Lea von ihrer Mama erzählt. Um das Instrument zu retten, bat der Onkel seinen Bruder, Mamas Vater, es für eine gewisse Zeit bei sich hinzustellen. Mamas Familie war arm, aber alle Kinder hatten Klavierunterricht.

Der Onkel, ein reicher Juwelier, wartete nicht darauf, dass die Zeiten für ihn noch schlechter wurden, und floh mit seiner ganzen Familie vor den Bolschewiki ins Ausland. So blieb das Klavier in der Familie von Leas Mama. Mama – sie war damals sechzehn – übernahm es, zu den neuen Machthabern, zu Kirow persönlich zu gehen und ein Papier zu besorgen, das bestätigte, dass das Klavier bei ihnen bleiben durfte. Lea hatte diese Bescheinigung gesehen, das mit der Zeit vergilbte und zerfallende Papier, das ihre Mama sorgsam als Beleg für ihre Selbständigkeit, ihre schon in jungen Jahren bewiesene Tatkraft, aufbewahrte. Über das Schicksal von Mamas Onkel ist nichts bekannt, das Klavier der Marke »Schröder« aber begann mit diesem Zeitpunkt einen weiteren langen und schweren Weg.

Bald danach starb Mamas Vater an dem damals grassierenden Typhus, und sie selbst zog mit ihrer Mutter nach Baku. Natürlich nahmen sie auch das Klavier mit.

Als Leas Mama heiratete, begann das Klavier zusammen mit dem jungen Paar von einem Ort zum anderen zu wandern. So kam es zuerst für kurze Zeit in die Gymnasitscheskaja-Straße, wo Leas Eltern bei dem armenischen Großvater und der armenischen Großmutter wohnten und wo Lea geboren wurde. So dass sie von klein auf den Klang des Instruments hörte und sich an seine ungewöhnliche Musikalität gewöhnte: Ihr Bettchen stand gleich neben dem Klavier, und Papa spielte oft auf ihm für die Gäste oder einfach für sich selbst, er konnte jede Melodie nach dem Gehör spielen, auch Opernarien. Dann zog das Klavier mit ihnen nach Amiradshany, später nach Woskressensk.

In Woskressensk hatte Lea vor dem Krieg, allerdings lustlos und ziemlich faul, ein bisschen auf ihm geübt, wenn sie sich für die nächste Musikstunde vorbereitete. Aber weiter als bis zu den Etüden von Maikopar und Czerny war sie nie gekommen. Der Krieg begann, und bald erfuhr der gewohnte Alltag des Klaviers im Wohnzimmer der gut eingerichteten friedlichen Vorkriegswohnung eine genauso lange Unterbrechung wie das friedliche Leben jener, bei denen es wohnte.

Als Leas Eltern aus Woskressensk in die Evakuierung gingen, nahmen sie das Klavier und die Bücher mit. Sie schraubten die Kerzenhalter ab, verpackten es wie die Bücher in eine große Holzkiste und stellten es zusammen mit den anderen Sachen unter die Pritschen im Güterwagen, mit dem sie ins ferne Baschkirien reisten. Hier befreiten sie es aus der Kiste, schraubten die festlichen Kerzenhalter wieder an und stellten es in das ärmliche Barackenzimmer, in dem noch nebeneinander zwei Betten standen, ein Tisch, ein Hocker und ein manchmal qualmender Ofen, der mit Holz geheizt wurde. Papa spielte kaum mehr auf ihm.

Als Leas Mama aus Sterlitamak wegzugehen beschloss, schraubte sie abermals die Kerzenhalter ab, holte Zimmerleute, und die verpackten das Klavier erneut. Und zwar in eine seltsame Kiste, wie aus zwei Teilen gemacht, aus ungehobelten Brettern, über die man nicht wie über das Klavier zärtlich mit der Hand streichen konnte: Man zog sich dabei bloß einen Splitter ein. Im Sommer 1943 fuhren Mama und Lea, von einem Dampfer zum anderen umsteigend, nach Stalingrad. Das Klavier fuhr über die russischen Flüsse als Reisegepäck langsam hinterher. Nach Stalingrad waren sie auch nur vorübergehend gekommen, deswegen stand das Klavier im fünften Stock unausgepackt da, immer noch zwischen diesen groben Brettern, und weil es keinen Schrank und keinen Tisch gab, legten sie alles Mögliche drauf: Bücher, Schulhefte, Kleidung, manchmal sogar Töpfe und Teller. Natürlich verschönerte diese hässliche, unfömige Kiste ihr kleines Zimmer nicht, sondern nahm nur Platz weg, aber sie wussten ja, dass sich in dieser Kiste ihr schönes, so »musikalisches« Klavier befand, und das Wichtigste war – sie hatten es bei sich.

Dann erhielt Mama endlich die Genehmigung, nach Baku zu fahren, und sie schickten das Klavier wieder allein auf die Reise, diesmal mit der Eisenbahn. Nach einigen Wochen kam es wunderbarerweise, so wie auch damals in Stalingrad, in Baku an. Es war noch Krieg, und Mama wusste nicht, was mit ihnen weiter geschehen, wohin es sie verschlagen würde, und konnte sich deshalb noch nicht entschließen, es auszupacken. So blieb das Klavier weiter zwischen den Brettern gefangen.

Es stand nun in der Kiste quer im Zimmer, mit dem Gesicht zum Fenster, mit dem Rücken zeigte es zu Großmutters Teil des riesigen Wohnzimmers. An seiner Rückwand stand Großmutters großer dunkler alter Schrank.

Als der Krieg zu Ende war, kehrte der Vater von der Front zurück, und Leas Familie zog nach Moskau. Natürlich nahmen sie das Klavier wieder mit. Das war 1946, aber die Zeit bis 1953 musste es in Moskau in einem Lager verbringen, immer noch in der Holzverschalung. Weder im Zimmer in der Wrasheski-Gasse noch in Krasnaja Presnja war Platz, erst als sie in ihre erste Nachkriegswohnung zogen, holten sie es zu sich, und es war wieder bei ihnen.

Die Bretter waren mit der Zeit zwar gelb, aber davon nicht glatter geworden, man zog sich nach wie vor Splitter ein. Sie befreiten das Klavier von den rohen Brettern. Und da sahen sie, dass die lange Einkerkerung, das endlose Umladen und Transportieren auf Lastwagen, Eisenbahnwaggons, auf Dampfern, das Schleppen von Stockwerk zu Stockwerk, das Gerüttel und Anstoßen und die Feuchtigkeit verheerende Folgen gezeitigt hatten – dort, wo früher die Leuchter gewesen waren, an der Vorderseite des Klaviers, gähnten Löcher, das Furnier blätterte ab, der Lack war stumpf geworden. Das Klavier glänzte nicht mehr. Papa rückte wie immer den Stuhl heran, schlug den Deckel hoch, rieb sich die Hände, lächelte in der Vorfreude auf das Spiel, ließ die Finger über die Tasten huschen …

und sagte enttäuscht, dass man nicht mehr darauf spielen könne – es war völlig verstimmt. Es musste sofort gehandelt werden, um das Instrument zu retten, es zu neuem Leben zu erwecken, solange es nicht zu spät war. Solch eine Restaurierung kostete viel Geld, das die Familie nicht besaß. Die Eltern beschlossen dennoch, sich Geld zu borgen und das Klavier wieder in seinen Vorkriegszustand zu bringen.

In der Wohnung erschienen Kunsttischler, die sich als Erstes den Korpus vornahmen, der am meisten gelitten hatte. Sie kamen jeden Tag und blieben ziemlich lange. Manchmal schienen sie überhaupt nicht mehr gehen und für immer bei ihnen bleiben zu wollen. Sorgfältig und behutsam restaurierten sie die zarte schwarze Haut des Instruments. Die Leuchter beschlossen sie nicht wieder anzubauen: Das Instrument sollte ein moderneres Aussehen erhalten. Endlich lebten sie nach langen Jahren der Entbehrungen – von 1941 bis 1953 – wieder in einer eigenen Wohnung, wo sie ein Wohnzimmer hatten, wenn auch nur am Tage, nachts verwandelte es sich in das Schlafzimmer der Eltern. Von den alten schönen Möbeln der Großeltern war nichts mehr geblieben – außer diesem Klavier.

Nach den Tischlern kam ein Klavierbauer, der die Wirbel und die samtenen Hämmerchen reparierte, und schließlich noch der Klavierstimmer. Papa setzte sich wieder ans Klavier und fing an zu spielen. Das Instrument entfaltete unter seinen Fingern seinen unübertroffenen intensiven Wohlklang von einst. Aber die Umzüge hatten ihre Spuren hinterlassen. Die Wirbel hielten schlecht – sie fixierten die Saiten nicht genügend –, und das Instrument war schnell verstimmt, wie ein Mensch, der viel durchgemacht hat.

In Moskau stand das Klavier nicht lange. Als Lea zu Schimon nach Prag zog, nahm sie Töpfe, verschiedene Küchengeräte, einen Kühlschrank, einen Fernseher und natürlich das Familienklavier mit. Mama und Papa schenkten es der neuen Familie, damit sie das Instrument an ihre Enkel übergeben konnte.

In Prag stand das Klavier immer im Kinderzimmer, und Lenka und Maxim lernten mit wechselndem Erfolg auf ihm zu spielen: Lenka kam bis zu Beethovens »Elise«, und Maxim schaffte es gerade, die ersten Klavierstunden zu nehmen. Dann verließen sie Prag und waren davon überzeugt, dass sie niemals würden zurückkehren können. Schimon wurde wegen Republikflucht verurteilt, und alle ihre Sachen wurden beschlagnahmt, das Klavier natürlich auch. Sich selbst rettend, ließen sie es im Stich. Wo es jetzt steht, bei wem, ist unbekannt. Vielleicht ist es auf einer Müllhalde gelandet. Sie liebten es ja so, wie es war, denn selbst verstimmt hatte es einen wundervollen Klang.

Das Erste, was sie in Hamburg gekauft haben, war – natürlich – ein Klavier. Das billigste, das zu haben war. Unauffällig braun, ohne Glanz, ohne Plakette. Und der Klang war genauso unauffällig.

IX. HAMBURG, WIEDER EIN NEUANFANG

Die Flucht

In Panik, in halb zerrissener Kleidung, flohen sie aus einem Haus in den Wald und wieder in irgendeine Hütte.

Sie rannten, von der Angst getrieben, von einem Haus zum anderen, sie merkten nicht einmal, dass sie schon lange nichts gegessen und getrunken hatten. Ihnen auf den Fersen folgten deutsche Soldaten mit Maschinenpistolen. Gleich würden sie sie einholen, sie sahen schon ihre Gesichter unter dem Stahlhelm und hörten fast schon das »Hände hoch!«. Aber jedes Mal gelang es ihnen wieder, zu entkommen oder sich zu verstecken.

Dann begann diese quälende Jagd von vorn. Und oft, wenn es keinen Ausweg mehr gab und sie dachten, jetzt sei alles aus, gleich würden sie sie fassen und töten, kam das rettende Erwachen: Lea war zu Hause, niemand verfolgte sie, sie sah sich von diesem Schrecken der ausweglosen Flucht und der Todesgefahr erlöst. Es gab keine deutschen Soldaten, es gab keinen Krieg, und sie musste niemanden fürchten. Solche Verfolgungsjagden träumte sie meist mehrmals im Jahr.

Nun sind es schon über dreißig Jahre, dass Lea nicht mehr davon träumt – seitdem sie in Hamburg lebt.

Diese Träume verschwanden, als Andreas, bei dessen Mutter sie ganz zu Anfang ihres Hamburger Lebens zur Untermiete wohnten, aus der Schule kam und mit Lea

Spaghetti kochte, auf seine Weise natürlich, und dann mit Lenka Karten spielte, die damals noch kein Wort Deutsch konnte. Als die bezaubernden und überaus sympathischen Nachbarn in dem Haus, in dem sie danach wohnten, ihnen bei den ersten Alltagsproblemen im Westen halfen, so als ob sie schon dreißig Jahre zusammen wohnten, und Herr Wulf, sein Pfeifchen schmauchend und lächelnd, immer die richtige Lösung fand – sei es ein verstopftes Rohr oder der Anschluss des Timers, den er selbst für sie gebastelt hatte; Lea sprach damals noch nicht Deutsch, ihr erstes deutsches Wort »hübsch« brachte ihr Frau Wulf bei. Als ihre neuen Bekannten, die schnell zu ihren Freunden wurden – Peter Hahn und seine Frau –, ihnen mit ihrem alten Mercedes halfen, auf der Straße Sperrmüll – ihre ersten Möbel – einzusammeln. Und der Junge, der das Gepäck zu ihnen nach Hause brachte, beim Weggehen freundlich »tschüs!« sagte.

Der Kaktus

Lea trat ans Fenster. Die graue Betonwand auf der anderen Straßenseite wurde vom Auge irgendwie nicht wahrgenommen. Dafür blieb der Blick, wie immer, an dem riesengroßen Kaktus hängen. Eigentlich hätte es ihm hier auf dem Fensterbrett zu eng sein und ihn ins Freie hinausziehen müssen.

Lea beugte sich hinunter, schrie plötzlich auf, prallte von ihrem Liebling zurück und fasste sich ans Auge. Sie schaffte es gerade noch, die Zigarette irgendwo auszudrücken. Die langen Blätterzungen des Kaktus mit den metallharten Stacheln spießten in alle Richtungen, und einen dieser Stacheln hatte sie nicht bemerkt. Der Kaktus stach sie schmerzhaft, direkt neben dem Auge.

Lea lag mit geschlossenen Augen da. Ein, zwei Tage Ruhe. So hatte es der Arzt verordnet. Die horizontale Lage sei die beste Medizin. Auf einmal wurde ihr nichts abverlangt. Alles war zum Stillstand gekommen. Mit geschlossenen Augen sah Lea jetzt vieles, wofür sie früher nie Zeit gehabt hatte. Farben und Gerüche dieser Visionen waren wie im Leben. Sie versuchte sogar, über sich selbst zu lachen: Na, jetzt hast du dir deinen Kaktus genug angeguckt, hilft alles nichts – dieser Kaktus auf deinem Fensterbrett blüht sowieso nicht, da kannst du glotzen, so viel du willst. Sie lächelte sich selber zu: Sie fand gern in allem etwas Komisches. Das bereitete ihr eine kleine Freude und lenkte sie von den unangenehmen und schwierigen Dingen ab. Das heißt nicht etwa, dass sie unernst gewesen wäre, aber sie betrachtete alles – auch das Ernste – mit einem Sinn für das Komische. Als sie langsam erwachsen wurde, sagte Mama zu ihr: »Dein Lachen ist nicht weiblich, mein Mädchen.« Lea lachte laut, offen, kräftig. Sie fand ganz eindeutig Spaß daran: an dem Gedanken, der sie erheiterte, und am Lachen selbst, so wie andere Leute an gutem Essen Spaß haben.

Plötzlich flossen alle diese Bildchen zu einem einzigen zusammen. Und da wurde Lea bewusst, dass sie in den letzten Jahren fast aufgehört hatte zu lachen. Sie seufzte und versuchte, sich anders hinzulegen, um diese unangenehme Entdeckung zu verscheuchen, doch da fiel ihr ein, dass sie sich nicht bewegen durfte. Sie begann wieder ruhig zu atmen.

Nein, sie hatte das Lachen nicht verlernt. Wie oft hatte man ihr im Institut gesagt, dass sie zu laut lache, andere hingegen fühlten sich gerade von ihrem Lachen angezogen – sie konnten das nicht. Das ist bestimmt so wie mit der Stimme, dachte sie, der eine hat sie, der andere nicht. Ich habe keine Stimme, aber lachen kann ich. Doch wie komme ich bloß darauf, dass ich aufgehört habe zu lachen? Und wann habe ich aufgehört? Wahrscheinlich seitdem die Kinder groß geworden und in alle Richtungen davon sind.

Ihre Gedanken kehrten wieder zu den Kindern und dem Kaktus zurück. Als die Kinder klein und zu Hause gewesen waren, hatte Lea viel gelacht, aber von Blumenpflege nichts verstanden. Morgens genoss sie die Wärme und den Geruch der erwachten Kinder, sogar noch, als sie schon größer geworden waren, und abends ihre Wildheit, immer bot sich ein Anlass für laute Gespräche und um zusammen zu lachen. Tagsüber arbeitete sie oder sorgte auf die eine oder andere Weise für sie. Immer war etwas zu erledigen. Und alle Pflanzen, die sie nach Hause brachte, welkten und verkümmerten anstatt zu wachsen.

Es heißt, mit Pflanzen müsse man sprechen, damit sie gedeihen. Aber damals hatte sie weder Zeit noch Geduld, und es kam ihr nicht einmal der Gedanke, länger bei einer Pflanze stehen zu bleiben. Und nun beneideten plötzlich alle Lea und wunderten sich, dass ihre Pflanzen so schnell, ja sogar ungestüm wuchsen.

Das begann, als die Kinder noch zu Hause, aber schon erwachsen geworden waren und ihr »eigenes Leben« hatten. Nun umsorgte sie jeden Morgen anstelle der Kinder ihre Pflanzen, sah sich die neuen Blättchen und Triebe an. Und wenn sie an einem Kaktus eine neue Knospe fand, war das für sie wie ein Geschenk.

Morgens war es still. Lea rauchte eine Zigarette nach der anderen, betrachtete ihre Pflanzen und dachte an die Kinder, an ihre Arbeit und überhaupt an alles auf der Welt. Manchmal bemerkte sie, dass die Blumen außer Wasser und Licht auch frische Erde brauchten und Stützen. Dann lief sie in der Wohnung umher, topfte um, richtete auf, stellte abgebrochene Stängel ins Wasser. Die Stängel trieben Wurzeln, und Lea setzte sie in Töpfe mit Erde. So entstanden neue Blumen, die sie Freunden und Nachbarn schenkte.

Einmal, vor einigen Jahren – das war in Südfrankreich am Meer –, wohnte sie in einem Hotel mit Garten. Wenn sie morgens aus dem Zimmer trat, stand sie direkt im Garten, dessen Wege mit weißem Kies bestreut waren. Es war ein warmer südlicher Herbst. Unter den Füßen knirschten die Steinchen, und gigantische Kakteen – genau solche, wie sie in Blumentöpfen bei ihr auf dem Fensterbrett wuchsen – reckten ihre großen Blätter in alle Richtungen. Lea genoss ihren Anblick und betrachtete mit einer ihr selbst unverständlichen Hoffnung die neuen Triebe – die »Kakteenkinderchen«, wie sie sie nannte –, die zu Füßen ihrer gigantischen Eltern wuchsen.

Als Lea einmal vom Meer zurückkehrte, sah sie diese Kakteenkinderchen in Häufchen auf dem Weg liegen, mit

Wurzeln, an denen noch Erde hing. Ein Mann war dabei, den Garten in Ordnung zu bringen, und riss diese Kinderchen von ihren Eltern los, um sie dann wegzuwerfen. Lea konnte nicht Französisch, aber offenbar verstand der Mann sie und fragte, das heißt, er zeigte auf die Kakteenkinderchen: »Wollen Sie die haben?« – »Oui«, sagte Lea. Sie wollte sie retten. Der Gärtner gab ihr einen schon recht großen Prachtkerl und drei ganz kleine Kaktuskinder. Lea wickelte sie vorsichtig ein, legte sie ins Auto und nahm sie mit in den Norden, wo sie allerdings nur auf dem Fensterbrett weiterleben konnten.

Den Prachtkerl pflanzte sie in einen Extratopf, zwei kleine zusammen, den dritten aber schenkte sie der damaligen Freundin ihres Sohnes. Zeit verging. Die Kakteen wuchsen und gediehen. Zwei Jahre später, als sie einmal von Pflanze zu Pflanze ging und sie betrachtete, musste sie plötzlich vor Freude lachen – jetzt hatten diese Kakteen neue Triebe, ihre eigenen Kaktuskinderchen! Dann wurde es zu eng im Zimmer, und sie pflanzte alle Kakteen zusammen in einen riesengroßen Topf um.

Und nun hatte dieser Kaktus sie heute so schmerzhaft gestochen. Aber Lea war ihm nicht böse und sogar froh, weil sie jetzt ruhig mit geschlossenen Augen daliegen musste und Dinge sah und sich in Erinnerung rief, für die sie früher nie Zeit gehabt hatte.

Heiligabend

In Prag hatte Lea erfahren, dass ihr Geburtstag auf den Heiligen Abend fiel und dass trotz des rigiden Sozialismus Weihnachten hier für alle ein großes Familienfest war, sogar für die kommunistischen Väter und Mütter, die mit gezwungenem Lächeln, das eher nach Entschuldigung aussah, behaupteten, sie feierten Weihnachten nur, um ihren Kindern eine Freude zu machen.

In den geschmückten und festlich erleuchteten Prager Geschäftsstraßen eilten nach Feierabend Massen von Menschen mit Beuteln und Taschen in den Händen und unterm Arm direkt nach Hause oder erst zu den Nachbarn, um bei ihnen die Geschenke für Heiligabend zu verstecken. Diese zeitigen, dunklen Prager Dezemberabende haben sich Lea tief eingeprägt – wie alle anderen lief ja auch sie nach der Arbeit durch die Geschäfte, um für Lenka und Maxim Weihnachtsgeschenke einzukaufen. Die Auswahl war nicht besonders groß, meist machte sie ihre Weihnachtseinkäufe im »Haus des Kindes«.

In ihrem ersten Jahr in Prag schmückte sie in der noch nicht eingerichteten Wohnung am Heiligabend eine hohe zerzauste Tanne nicht für sich, sondern für Lenka – obwohl Lenkas Geburtstag schon eine Woche vorbei war. Sie legte, wie es sich gehörte, Überraschungsgeschenke unter den Baum: Im Kindergarten wurde die ganze Zeit nur von Weihnachtsgeschenken geredet. Jedes Jahr schmückte sie dann in Prag für die Kinder eine Tanne und gab sich die größte Mühe, alles so zu machen wie ihr Papa. Hier in Prag wurde sie von allen bemitleidet, weil sie genau am Heiligen Abend Geburtstag hatte – wegen der Geschenke.

Lea wunderte sich sehr, als sie erfuhr, dass so ein Feiertag wie Weihnachten, den alle Menschen feiern, ein Fest nur im Kreis der Familie ist und dass man am Heiligen Abend keine Besuche macht. Ihren Geburtstag allerdings feierte sie weiter am 24. Dezember, ungeachtet des Problems mit den Gästen. An diesem Tag besuchten sie ihre allein stehenden Freunde – es kamen nicht viele zusammen, dafür war es mit ihnen besonders schön. Zum Abendessen machte Lea tschechischen Weihnachtskarpfen, nach ihrem Rezept im Backofen, und auch viele andere Gerichte, die ihre Gäste gern aßen und die es an diesem Abend auf keiner anderen Prager Festtafel gab.

In Hamburg dann ergab es sich irgendwie, dass sie ihren Geburtstag entweder einen Tag vor oder nach Heiligabend feierte, sicher weil von ihren alten Freunden nur Gabriel Laub hier wohnte, der wie früher in Prag sehr gern zu ihnen zum Weihnachtsessen kam. Dafür waren es jetzt Geburtstage mit Dutzenden von Gästen. Und es wurde auch getanzt. Die Musikkassette stellte Maxim wie ein echter Diskjockei auf Leas Bitte zusammen. Lea war immer die Erste, die zu tanzen begann, bei den Rhythmen von Harry Belafonte juckte es ihr in den Beinen. Natürlich änderte sich die Musik jedes Jahr, und es kamen auch immer neue Gäste. Lea liebte diese Feste. Was sie nicht mochte, waren die Tage davor, wenn die Einkauferei und Kocherei losging. Nie wusste sie mit Bestimmtheit, wie viele Gäste kommen würden, und kochte viel zu viel, damit es ja nicht zu wenig war!

Dieses Mal fiel Heiligabend auf einen Montag, die Party sollte am Dienstag sein. Am Samstag bereits machte sich Lea an die Zubereitung der ersten Gerichte – sie fing mit dem Rindfleisch an, das sie im Backofen nach ihrem Rezept schmorte, dann kochte sie auf mährische Art mit Paprika und Knoblauch gewürztes Fleisch, das kalt gereicht wurde, in dünne Scheiben geschnitten. Als Nächstes kam der Borschtsch dran in einem riesigen Zehnlitertopf, ein Berg Plinsen mit Fleischfüllung, und für den Fall, dass die Plinsen nicht reichten, backte sie noch eine Kulebjaka, eine große Pastete mit Weißkohl und Pilzen. Dazu kamen Salate und Hühnerleber – die ersten Jahre der Emigration waren nicht so üppig – auf chinesische Art.

An diesem Samstag stand Lea von früh bis zum Mittag in der Küche am Herd. Obwohl schon sehr müde, war sie guter Laune. Sie freute sich, dass sie Anfang des neuen Jahres in der Universität anfangen würde, was ihr wie ein Traum vorkam. Schließlich ließ sie die Gerichte auf kleinem Feuer köcheln, damit alles gar wurde, hüllte die Buchweizengrütze in eine Decke, goss Bratensoße über das Fleisch in der Backröhre und beschloss, sich für ein paar Minuten hinzulegen.

Sie ging in das kühle, leicht abgedunkelte Schlafzimmer. Hier war es still, nichts brodelte, nichts spritzte unter den tanzenden Topfdeckeln hervor. Weder das Klappern von Schimons Schreibmaschine hörte sie noch die laute Musik aus Maxims Zimmer. Sie legte den Kopf auf das kühle weiche Kissen, und darin versinkend, leitete sie gleichsam ihre ganze Erschöpfung hinein. Wie schön wäre es, dachte sie, wenn diese langen, dunklen Abende mit dem vorweihnachtlichen Getriebe schon vorbei wären. Lea drehte sich auf die Seite und fühlte plötzlich, dass etwas Festes sie an der rechten Brust drückte. Sie rückte ein wenig ab, weil sie dachte, das sei ein Knopf am Kopfkissen. Aber es drückte immer noch. Vielleicht war es ein Knopf an ihrer Bluse? Sie tastete die Bluse ab und stellte verwundert fest, dass die Bluse einen Reißverschluss hatte! Im Liegen berührte sie ihre Brust, vorsichtig, von der Angst erfüllt, »es« zu entdecken. Tatsächlich, da war er, ein großer, fester »Knopf«.

Zunächst blieb Lea schweigend liegen. Dann sprang sie plötzlich vom Bett auf und lief aus dem Schlafzimmer – lachend und schreiend, als hätte sie eine frohe Entdeckung gemacht: »Ich habe Krebs!« Schimon hob den Kopf von der Schreibmaschine und sah Lea konsterniert an. Maxim kam auf das Geschrei hin aus seinem Zimmer gerannt. Lenka war zum Glück weit weg, in Ottawa. Wie freudig – zumindest hätte jemand, der sie nicht kannte, so denken können – zeigte Lea auf ihre Brust: »Ich habe Krebs, fühl mal!« Sie hörte nicht auf zu lachen, während es ihr durch den Kopf ging: Das Wichtigste für den Abend ist fast fertig! Plötzlich verlor sie jegliches Zeitgefühl: Dieser »Knopf« bedeutete das Ende, aber wann – in zwei Tagen, in einem halben Jahr? –, das konnte sie sich in diesem Augenblick noch nicht bewusst machen. Sie wollte nur niemandem die Laune verderben – weder Schimon noch Maxim noch sich selbst. Deshalb lachte sie, um zu zeigen, dass das nicht weiter schlimm war: Ihr seht doch, ich bin fröhlich wie immer! Schimon berührte ihre Brust und bekam einen Schreck – da war wirklich etwas Fremdes, ziemlich Großes, Hartes, was da nie zuvor gewesen war. Er sagte: »Sofort zum Arzt!« Als ob der Arzt die Rettung wäre! Er wollte es einfach nicht glauben, und für Gewissheit konnte nur ein Arzt sorgen. Aber es war der Samstag vor Weihnachten. Sie konnten doch nicht den Notdienst rufen! Es war natürlich schade, dass der Notarzt in solchen Fällen keine Schnelldiagnose stellte. Als sie überall angerufen hatten, war klar, dass fast alle Ärzte zwischen Weihnachten und Neujahr im Urlaub waren. Nur ihr Freund Harald, der vor kurzem eine Praxis eröffnet hatte, hielt, welch glücklicher Zufall, gleich nach Weihnachten wieder Sprechstunde. Sie mussten also noch drei Tage warten – drei Feiertage. All diese Tage dachte Lea darüber nach, was das Wichtigste sei, was sie noch vor dem Ende erledigen müsste. Aber außer dem Chaos der Familienfotos, die sich in den letzten Jahren angehäuft hatten, fiel ihr nichts ein. Also – zuerst die Fotos in Ordnung bringen. Gut, aber was wird mit meiner Stelle an der Uni?

Ihren Gästen erzählte sie nichts, das hatte sie in Hamburg bereits gelernt. Dabei zerriss es sie förmlich vor Mitteilungsbedürfnis! Den ganzen Abend über war sie lustig wie immer, fotografierte viel mit der neuen Polaroid, tischte auf, freute sich, dass es den Gästen schmeckte, aber dieser harte »Knopf« in der Brust ging ihr natürlich nicht aus dem Sinn. Von Zeit zu Zeit prüfte Lea, ob er noch da war, aber er war noch da, wie sollte er auch nicht?

Am zweiten Tag nach den Feiertagen ging Lea zur Sprechstunde in die Universitätsklinik, zu einer damaligen jungen medizinischen Koryphäe. Die sympathisch aussehende Koryphäe tastete Leas Brust ab, sagte ihr auf den Kopf zu, das sei ein Tumor, wahrscheinlich ein bösartiger, riet ihr, sich sofort in der Chirurgie anzumelden, und schickte sie zur Mammographie. In der Chirurgie hatte Lea Glück, sie konnte gleich für den nächsten Tag einen Operationstermin bekommen. Zwei Stunden später saß sie im ungemütlichen Warteraum der Radiologie. Eine gesprächige alte Frau erzählte – hocherfreut, eine Zuhörerin gefunden zu haben – einer jungen Frau umständlich von ihrer Krankheit. Lea saß schweigend da, sie wollte sich weder die Krankheitsgeschichten anderer Leute anhören noch ihre eigene erzählen. Was sie hatte, war ja noch nicht mal eine richtige Krankheit, das war einfach ein Ding in ihr, das ihr Leben bedrohte. Diese idiotische Sache mit den Fotos ging ihr nicht aus dem Kopf. Wie schaffte sie es, sie rechtzeitig zu ordnen, damit die Kinder sich zurechtfänden? Woher die Zeit nehmen, wenn ihr nur noch eine kurze Spanne blieb? Lea versuchte krampfhaft, nicht an den »Knopf« zu denken, und das schien ihr sogar zu gelingen.

Eine unscheinbare junge Ärztin mit Dauerwelle holte sie aus der Kabine. Sie las die Überweisung der Koryphäe und tastete Leas Brust ab. Ihre Hände waren wunderbar angenehm. Die Berührung ihrer Finger hatte auf Lea eine beruhigende Wirkung. Nachdem sich die Ärztin die Röntgenaufnahme angesehen hatte, sagte sie, das sei kein Tumor, sondern eine ziemlich große banale Zyste, sie könne sie mit einer Spritze punktieren. Lea wunderte sich nicht einmal und dachte nur: Und das ist alles? Dr. Speer tastete ihre Brust, die Zyste lokalisierend, noch einmal behutsam ab, und Lea vertraute diesen erfahrenen Händen sofort.

Die Ärztin bereitete die Spritze vor und führte sie ganz vorsichtig zwischen den auf Leas Brust liegenden Fingern ein. Von diesem Moment an erschien Lea alles, was die Ärztin tat, wie ein Wunder. Allmählich füllte sich die Spritze mit hellgrauer Flüssigkeit, die nur am Ende von zwei roten Blutstropfen rosa gefärbt wurde.

Als Lea am 2. Januar zur Uni ging, erzählte sie dort erst recht niemandem von der Geschichte, obwohl es sie heftig danach verlangte. Sie dachte nur: Zum Glück ist auch dieser Heilige Abend vorbei!

Der Flug

Daran, wie es dazu gekommen war, konnte sie sich nur vage erinnern. Aber sie lief auf Händen. Es fiel ihr wunderbar leicht, sich von der Erde abzustoßen, so dass es eher eine Fortbewegung in kurzen Flügen war. Mit den Händen fühlte sie die Erde besser als mit nackten Füßen.

Den Händen machten die Unebenheiten der Erde nichts aus, obwohl sie sich zum ersten Mal mit den Handflächen darauf stützte, und die Finger fühlten alles, was sie berührten: Das war sandige Erde, warm und angenehm, mal mit Steinchen, mal mit trockenen abgebrochenen Stängeln. Beim Fliegen benahm es ihr den Atem, aber nicht unangenehm – Angst hatte sie keine. Denn sie flog nicht hoch, und es gefiel ihr, von oben auf alles herabzublicken. Sie betrachtete alles um sich herum, wägte ab, wo sie am besten landen könnte. Die beiden Hände berührten die Erde gleichzeitig, und jedes Mal gab ihr das eine Fülle von Empfindungen. Es war nicht das gewohnte Links-rechts, Links-rechts.

Sie flog von irgendwas weg, umflog etwas anderes, damit man sie nicht entdeckte. Sie mied die Straßen und flog mal tiefer, mal höher. Manchmal stellten sich ihr kleine Hügel und Bäumchen in den Weg. In der Sonne glänzten leere Getränkedosen – entweder von Menschenfüßen formlos getreten oder von Autoreifen platt gedrückt und weggeschleudert. An manchen Stellen waren es so viele, dass sie mit ihren Aufschriften, ihren unnatürlich grellen Farben, dem Rost oder ihrer Deformation die Augen ermüdeten, und die Erde verlor durch sie ihre Harmonie. Manchmal begegnete Lea Bushaltestellen, an denen sie lieber hinten herum vorbeiflog, wobei die auf den Bus wartenden Menschen ohnehin nicht aufblickten. Und auch das war ganz neu für sie: Sie sah alle, aber die Leute bemerkten sie nicht. Dann landete sie auf der Erde und begriff, dass sie es satt hatte, auf Beinen zu laufen.

Schon immer war ihr das lästig gewesen, aber sie hatte sich bemüht, es so zu machen, wie es sich gehörte – gehen, stehen bleiben, wieder gehen, das gewohnte Links-rechts, Links-rechts. Und die ganze Schwere des Körpers und die Schwere des Lebens sammelten sich allmählich in ihren Beinen an, und die Beine trugen sie nicht mehr.

Sie überlegte, wie man es anstellen könnte, im gewöhnlichen Leben mit diesem ewigen Links-rechts, Links-rechts aufzuhören. Wahrscheinlich genügte es, sich nur ein kleines bisschen abzustoßen – und dann würde sie wieder leicht und vergnügt über die Erde schreiten.

Eine sehr nette alte Dame

Ganz verschiedene alte Damen können einem begegnen. Einer besonders netten mit ihrem Dackel Lili begegnete Lea oft im Stadtpark und freute sich jedes Mal darüber. Leas Rüde Scharon lief auch immer gleich auf Lili zu und begrüßte sie, indem er sie auf Hundeart beschnupperte und freudig mit seinem weißen Schwanz wedelte.

Die hochgewachsene alte Dame begrüßte Lea ebenfalls freundlich. Sie waren einfach froh, einander zu sehen und guten Tag zu sagen, was zu den sympathischen Traditionen des Hamburger Stadtparks gehörte. Man redete über das Wetter, über Hunde und Hündchen, manchmal über Krankheiten. Und alles war so nett, so schön, der Mensch war nicht allein, doch zugleich hinderte ihn niemand daran, allein mit sich zu sein, mit seiner Stimmung, wenn er das wollte.

Es begann schon dunkel zu werden, der Park leerte sich. Sie gingen langsam, Scharon vorneweg, Lili hinter ihnen. Da sagte die alte Dame plötzlich: »Lili ist schon alt, dreizehn Jahre, mein verstorbener Mann hat sie mir geschenkt.«

Dann fragte sie Lea, woher sie komme. Leas Akzent verriet sie jedes Mal, und alle wollten natürlich wissen, woher sie stammte. Lea sagte, sie käme aus Russland. Die Alte erwiderte, das habe sie sich gedacht. Und dann plötzlich: »Meine Enkeltochter hat geheiratet – leider einen Schwarzen«, sie presste die Lippen zusammen, »und lebt jetzt mit ihm und den Kindern in Amerika.«

Sie gingen nun schneller.

»Gott sei Dank hat mein Mann das nicht mehr erlebt«, seufzte sie. »Zuerst hat mir das auch sehr zu schaffen gemacht, aber jetzt habe ich mich damit abgefunden. Aber für ihn wäre das ein furchtbarer Schlag gewesen.«

Lea sah sie an und wusste nicht, was sie sagen sollte, so versuchte, sie mit ihrem Blick alles auszudrücken, was sie in diesem Moment dachte: Verwunderung, Widerspruch, sogar ein bisschen Mitgefühl, sie wollte der alten Dame auch einfach zeigen, dass sie ihr zuhörte.

Die hochgewachsene alte Dame, die von oben auf sie herabsah, hatte ihrem Blick wahrscheinlich etwas entnommen und fügte hinzu: »Das ist kein Rassismus. Sie sind einfach anders!« Sie wollte offenbar, dass Lea sie verstand und ihr beipflichtete.

Sie schwiegen und bogen zum See ab.

»Ja, das war sehr schwer.« Und eine Sekunde später: »Zum Glück hat mein Mann das nicht mehr erfahren, er ist ja Offizier bei der Waffen-SS gewesen.«

»Er war also SS-Mann?«, fragte Lea, die den Begriff in ihr bekannte Worte übersetzte.

Die alte Dame nickte.

»War er an der russischen Front?« Lea wusste selbst nicht, warum sie nach der russischen Front fragte.

»Ja«, sagte die alte Dame, »er war nur an der russischen Front.«

»Mein Gott, wen hat er da nicht alles umgebracht!«

Im Park war es ganz dunkel geworden, und sie beeilten sich, dieser Dunkelheit zu entkommen. Scharon lief nicht mehr so weit voraus, und Lili trippelte neben ihnen her, die Beine der Alten fast berührend.

»Wissen Sie, wir haben viel durchgemacht.« Offenbar wollte die Alte ihr Herz erleichtern.

Lea verstand nicht gleich. Wieso sie? Während des Krieges oder danach?

Die alte Dame fügte hinzu: »Nach dem Krieg«, und seufzte erneut.

Lea konnte es sich denken. »Während der Entnazifizierung?«

»Ja, stellen Sie sich vor, uns wurden von seiner Rente vier Jahre Dienst bei der SS abgezogen.«

»Und was würde Ihr Mann von den heutigen Neonazis denken?«, fragte Lea plötzlich, auch für sich selbst ganz unerwartet.

»Oh, ich glaube, er wäre zufrieden! Ganz bestimmt!«, antwortete die alte Dame und wandte sich mit einem frohen Lächeln zu Lea. Sicher hatte sie ihn sehr geliebt.

»Und Ihre Kinder?«

Ihre Kinder waren im Krieg geboren.

»Nein, die sind nicht froh«, sagte die alte Dame. »Wissen Sie, an allem sind die Politiker schuld. Warum haben sie so viele Ausländer ins Land gelassen?«

Trotz der Neugier und dem Wunsch, von der alten Dame so viel wie möglich zu erfahren, konnte Lea nicht länger an sich halten und sagte ohne jede Logik: »Und was ist mit dem Fleischer, der zu mir gesagt hat, als ich ein besseres Stück Fleisch haben wollte: ›Sie sind Ausländerin, halten Sie lieber Ihren Mund und nörgeln Sie hier nicht rum‹, der ist doch kein Politiker?!«

Ja, das war nicht ganz logisch von Lea, aber sie musste endlich widersprechen.

Die alte Dame entgegnete nichts, blieb aber plötzlich stehen und sagte empört: »Stellen Sie sich vor, wir hätten hier plötzlich Bürgerkrieg und alle Ausländer würden sich gegen uns, die Deutschen, bewaffnen, stellen Sie sich vor, was das für uns bedeuten würde!« Sie suchte kein Mitgefühl bei Lea mehr, ihre Stimme war plötzlich ganz hart und energisch geworden.

Sie verließen gerade den Park. Lea winkte zum Abschied und ging schnell mit Scharon zu ihrem Auto. Die alte Dame nahm Lili an die Leine und ging ohne Eile mit ihr über die Straße, sie wohnte gleich neben dem Park.

Der blaue Clown

Eva war als Kind nach Theresienstadt gekommen, zurück kehrte sie als junges Mädchen. In Theresienstadt war Eva genauso alt gewesen wie Lea während der Evakuierung in Sterlitamak.

Jetzt gingen sie alle gemeinsam durch Theresienstadt, durch die leeren Straßen, die einstige Kasernen- und dann Lagerstadt machte einen verlassenen Eindruck, obwohl jetzt in denselben Häusern ganz normale Menschen ein ganz normales Leben lebten. Riesige ausländische Luxusbusse und die endlosen Gruppen mit Fremdenführer erinnerten jedoch daran, dass hier einmal ein gänzlich anderes Leben gelebt worden war. In diesen alten Häusern. Auf den breiten Straßen. Vor noch nicht so langer Zeit. Während des Krieges, als es hier das KZ gegeben hatte.

Von diesen Menschen war keiner übrig geblieben. Die bestimmt fest verschlossenen Eingangstüren der alten Häuser waren so breit, dass sie eher an Tore erinnerten, hinter denen man riesengroße Höfe vermuten konnte.

Zu einem dieser Tore, das offen stand, führte sie Eva. Hinter dem Tor lag ein kleiner Hof mit einem hinter Efeu versteckten Haus, darin zwei winzige Säle mit niedrigem altem Gewölbe. Das uralte Gemäuer trug Überreste einer hebräischen Inschrift.

»In den Jahren des Konzentrationslagers war hier eine geheime Synagoge«, erzählte Eva. Und ein Keller, in dem sich die Kinder heimlich versammelt und gesungen hatten und wohin auch sie gegangen war. Und mit dichtem sattgrünem Gras bewachsene Gleise, die direkt hier, auf der Straße, geendet hatten und jetzt nirgendwohin mehr führten. Auf ihnen waren damals die Neuen hergebracht oder die Waggons bereitgestellt worden, mit denen man die für den Tod Selektierten wegschaffte – mit der ganzen Familie oder einzeln.

Dann führte Eva sie zu dem Ort, wo sie »gewohnt« hatten, wo alles so geblieben war wie damals – ihre alten Koffer, die die arischen Mütter für sie gepackt hatten, als sie ihre Mädchen nach Theresienstadt schickten. Die jüdischen Väter, die wegen ihrer arischen Frauen für eine gewisse Zeit vom KZ verschont geblieben waren, hatten diese Koffer nicht tragen, ihre Töchter nicht begleiten dürfen – vielleicht auf den letzten Weg. An den Koffern klebten noch die Zettel mit ihren Namen, und hinter diesen Namen erstanden die Bilder von Kindern, die hierher gebracht worden waren und nicht wussten, warum. Wie hätte man ihnen das auch erklären sollen? Alles lag so da, als wären sie gerade hinausgegangen, wären von ihren jämmerlichen Pritschen geklettert, die jetzt ihr Kinderzimmer waren, und hätten ihre Bücher dort liegen lassen, ihre Hefte, die kleinen Kinderbrillen und manchmal sogar eine Puppe.

Eva führte sie immer weiter und weiter und erzählte dabei, und man sah, dass sie hier gelebt hatte und alles kannte. Sie erinnerte sich daran, als ob die Jahre in Theresienstadt gar nicht so schrecklich gewesen wären. Wahrscheinlich durchlebt man als Kind eine schwere Zeit einfach als Erwachsenwerden.

Es war ein sehr heißer Tag, obwohl der Himmel irgendwie farblos und nicht zu sagen war, wo die Sonne stand. Plötzlich entdeckte Lea eine blaue Stoffpuppe, die mit dem Gesicht nach unten lag, im Staub des Asphalts dicht am Bürgersteig. Ob die jemand verloren hat?, fragte sich Lea. Die Straße war vollkommen leer, während ihres ganzen Spaziergangs war ihnen kein einziger Kinderwagen begegnet, kein einziges Kind. Nirgendwo spielten Kinder, von nirgendwo Kinderstimmen. Lea hob die Puppe auf, und ein sehr lieber und schrecklich trauriger blauer Clown mit weiß angemaltem Gesicht blickte sie an. Die Haare auf dem Kopf waren verklebt, und sein blaues Kostüm aus gestricktem Wollstoff war schmutzig. Nur die lachenden und gleichzeitig traurigen Augen und der noch traurigere Mund – obwohl er bis zu den Ohren freundlich grinste – waren vom Staub und Dreck der Straße verschont geblieben. Der Clown sah Lea an, als wollte er ihr etwas erzählen, jetzt gleich hier in Theresienstadt, wie das damals alles gewesen war. Und Lea glaubte ihm fast, dass es stimmte, dass er seitdem hier lag, aber der Verstand sagte ihr: Das kann nicht sein! Es kann nicht sein, dass ihn seitdem niemand aufgehoben, gerettet oder wenigstens zur Seite geräumt hat. Lea legte den Clown zurück, nun mit dem Gesicht nach oben. Vielleicht gehört er doch jemandem?, ging es ihr durch den Kopf. Für einen kurzen Augenblick vermischten sich hier, auf dem erhitzten Asphalt, im menschenleeren Theresienstadt, alle Zeiten.

Lea hatte sich schon weit entfernt, als es ihr plötzlich Leid tat, ihn so allein auf der Straße liegen zu lassen, und sie rannte schnell, fast so wie damals als kleines Mädchen, zurück und hob den Clown auf, damit er ihr noch mehr erzählte, als Eva es getan hatte: Sie konnte ja etwas vergessen haben. Clowns aber vergessen nie etwas. Vor allem nicht das, was ihnen Kinder erzählen oder ins Ohr flüstern, wenn sie mit ihnen spielen. Bestimmt hatten sie ihm etwas Trauriges und auch etwas Lustiges zugeflüstert, und als Antwort hatte er sie zum Lachen gebracht, so gut er konnte, sie mit seinen lustigen Clownsaugen angesehen und seine ewige Traurigkeit vor ihnen verborgen.

Lea holte die anderen im Laufschritt ein. Eva schmunzelte nur, als sie den schmutzigen blauen Clown in Leas Händen sah: Für sie war es nur eine alte Puppe vom Müll.

Zu Hause wusch Lea den Clown und kämmte seine Haare, und nun schaute er sie dankbar, aber immer noch traurig an. Lea aber wartet immer noch darauf, dass er ihr etwas von seinem früheren Leben erzählt und von dem, was die Kinder ihm damals zugeflüstert haben.

Ronnie Golz (Hg.)